JN436987

조선의 자랑스런 전주 사람들

조선의 자랑스런 전주 사람들

인쇄 2015년 3월 25일
발행 2015년 4월 1일

지은이 이희권
발행인 서정환
펴낸곳 신아출판사
주소 전북 전주시 완산구 공북 1길 16
전화 (063) 275-4000 · 0484 · 6374
팩스 (063) 274-3131
이메일 sina321@hanmail.net shina2347@naver.com
출판등록 제465-1984-000004호
인쇄 · 제본 신아출판사

ISBN 979-11-5605-191-6 03910

값 15,000원

Printed in KOREA

조선의 자랑스런 전주 사람들

신아출판사

머리말

최근 지역사(地域史)에 대한 관심이 높아지면서, 자기 지역사회의 정체성(正體性)에 대한 담론(談論)이 활발하게 진행 중인 것으로 알고 있다. 여기서 우리가 말하는 정체성이란, 한 지역집단이나 개인이 다른 지역집단이나 다른 사람에 대하여 가지는, 상대적인 자기만의 특성이라고 말할 수 있다. 그렇기에 정체성을 정립(定立)한다는 것은, 한 지역집단이 다른 지역집단과 차별화가 가능한 자기 지역사회의 역사 · 문화적 전통을 탐구하고 규명하여, 자신이 누구인가를 밝혀내는 일이라고 말할 수 있을 것이다.

따라서 우리 전라인의 정체성 정립을 위해서는, 먼저 전라도가 유사 이래로 축척하여 온 역사 · 문화 · 정치 · 사회 · 지리적 전통을 총체적으로 분석 · 규명하지 않으면 안 된다. 그런 기초 위에서만 다른 지역과 차별되는 전라도의 특성, 즉 정체성이 도출(導出)될 수 있을 것이기 때문이다. 저자가 조선왕조시기의 전주의 인물들을 집중적으로 연구 · 고찰한 것도, 전주인 · 전라인의 정체성 정립을 위한 자그만 시도(試圖)라고 감히 말하고 싶다.

본 연구는, 『완산지(完山誌)』 인물 조에서 전주의 인물로 소개하고 있는 인물들 중에서, 저자가 문집(文集)을 구할 수 있었던 분들을 우선적으로 선별하여 진행하였음을 밝혀둔다. 조선왕조시기 전라도의 수도(首都)였던 전주(全州), 그 시기 세칭(世稱) 인재(人材)의 부고(府庫)로 일컬어졌던 호남의 웅진(雄鎭) 전주에, 지금까지 지역인물연구서 한 권 없었던 아쉬움을 깨고 이 책을 선보이게 되어 기쁘다. 이 글을 쓰는 동안 저자 스스로 전주사람임에 자부심을 느끼며 많이 행복하였다. 애향심이란 것도 아마 이러한 것이리라.

이 책이 출간되기까지 시종 자료를 정리하고 도와준 소공영 · 김진돈 선생과 신아출판사 서정환 사장에게 감사의 뜻을 전한다.

2014년 12월 저자 씀.

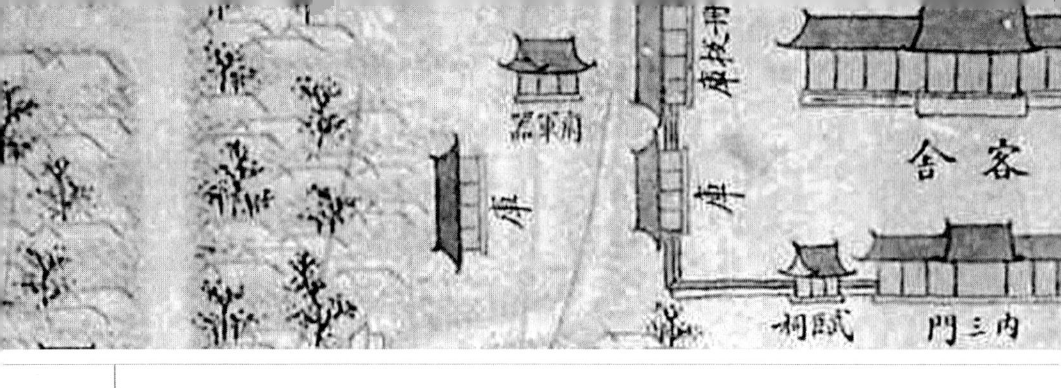

목차

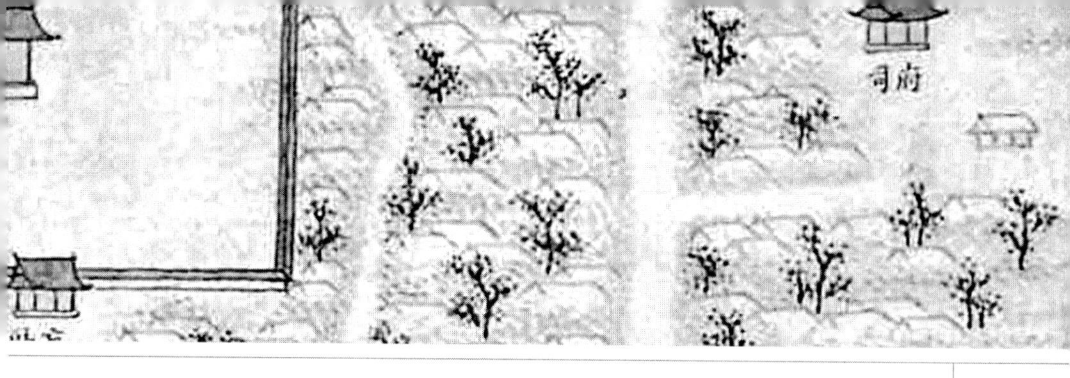

부록

만육(晩六) 최양(崔瀁)

1

최양(1351~1424)의 자(字)는 백함(伯涵)이고 호는 만육(晩六)이며 본관은 전주(全州)이다. 고려왕조 충정왕 3년(1351)에 아버지 지(贄)와 어머니 연일(延日) 정(鄭)씨 사이에서 태어났다. 그의 나이 14살 때 외삼촌인 정몽주(鄭夢周 : 1337~1392)의 문하에서 글을 배웠는데, 글을 배울 때에는 간절하게 묻고(切問), 밤에 물러나서는 쉽게 알 수 있는 주변의 일부터 생각(近思)하여, 게으른 기색이 전혀 얼굴에 나타나지 않았고, 거만한 태도를 취하지도 아니하였으며, 일상생활에서의 행동거지가 모두 규범을 따랐으므로, 정몽주는 자신이 최양의 외삼촌일 뿐만 아니라 나이도 14살이나 연상이었지만, 양의 이름을 부르지

만육 최양 신도비 (완주 소양)

않고 자(字)를 부르면서 말하기를, "나이가 비록 나보다 뒤지지만 도(道)는 나보다 앞선다."고 칭찬하였다.[1)]

그는 우왕 2년(1376)에 26세의 나이로 문과에 급제한 뒤, 우왕 6년(1380)에 남원 운봉에 출몰하던 왜구 아지발도(阿只拔都)를 정벌하기 위하여 이성계가 양광(楊廣)·전라·경상도 도순찰사(都巡察使)가 되어 출정할 때, 정몽주와 함께 이성계의 종사관(從事官)으로서 출정하였고, 우왕 9년에 32세의 나이로 예문관 검열(檢閱)이 되었으며, 다음 해에 성균관 사예(司藝)를 거쳐 예문관 직제학이 되었다. 그리고 우왕 11년(1385)에는 성균관 대사성(大司成)이 되어 정몽주와 함께 성절사(聖節使)로서 명나라에 가서, 고려정부에서 아직 납부하지 못한 조공(朝貢)을 면제받는 외교력을 발휘하기도 하였으며,[2)] 다음 해에 추밀원 직제학(樞密院直提學), 사간원 대사간, 정당문학(政堂文學)을 역임하고, 1389년에 목은(牧隱)·포은(圃隱)과 함께 공양왕을 추대하고 뒤이어 보문각대제학·문하찬성사(門下贊成事)에 올랐다.

공양왕 3년(1391)에 이르러 그는, 국세가 크게 기우는 것을 보면서 관직을 그만두고 산림에 은둔할 생각을 가지고 있었는데, 다음 해 4월에 이성계를 추대하려는 조준(趙浚)을 정몽주가 해하려다가 도리어 정몽주가 선죽교에서 피살되자, 곧바로 진안(鎭安)의 백운면 반송(盤松)리에 있는 중대(中臺)산으로 자취를 감추고 3년을 지내다가, 태조 4년(1395)에 선영(先塋)이 있는 완산(完山)의 봉강(鳳岡) 후와동(後瓦

1) 『晩六先生逸稿』, 「연보」, 공민왕 13년 記事 참조.
2) 『晩六先生逸稿』, 「연보」, 홍무 18년 기사 참조.

洞)으로 옮겨 살았다.

그는 묘소 곁에 영모당(永慕堂)을 짓고, 물을 끌어다가 영모당 곁에 연못을 만들고 계단을 쌓아 채마밭을 만들었으며, 주위에 대나무를 심고 매화와 국화를 섞어 심었다. 그리고 그곳에서 휴식하면서 산에서 나무하고 논과 밭을 갈았으며, 들에 나가서는 들판의 사슴들과 어울리고 대청에 앉아서는 숲속의 새와 벗하며, 속세에서 모습을 감춘 채 30여 년을 살았다. 정종 2년(1400)에 그에게 녹(祿)으로 준 완산의 공전(公田) 100결(結)도, 그는 고려조정에서 받은 녹이 충분하다는 핑계로 끝내 받지 아니하였다.

세종 6년(1424) 5월에 최양이 전주 봉강(鳳岡)의 사제(私第)에서 세상을 떠나자, 부음(訃音)을 들은 세종대왕은 3일 동안 정무(政務)를 정지하고 고기 없는 반찬으로 식사를 하였으며, 조정 대신에게 제문(祭文)과 제물(祭物)을 보내어 제사지내게 하였는데, 그 제문에 이르기를, '학문과 도덕은 이천(伊川) 정이(程頤)와 같고, 절의(節義)와 청직(淸直)은 엄광(嚴光)과 같다.'하였다.[3] 그 해 6월에, 태조 · 세종이 전후하여 완성한 공신녹권(功臣錄券)인 금감록(金鑑錄)을 최양의 집에 전하였는데, 금감록에서도 최양을 주(周)의 백이(伯夷) · 숙제(叔齊), 제(齊)나라의 왕촉(王蠋), 한(漢)나라 엄광(嚴光)에 비견(比肩)되는 절개와 지조가 있는 인물로 기리고 있다.

---

3) 『晩六先生逸稿』, 「연보」, 영락 22년 기사 참조.

2

고려왕조의 우왕 9년(1382)에 최양의 나이 32세로 예문관의 검열(檢閱)에 출사(出仕)하여 고려가 멸망한 1392년에 관계(官界)를 떠났으니, 그가 벼슬살이를 한 기간이 고작 10년 밖에 되지 않는 짧은 기간이었지만, 그 사이에 그는 국가와 국민의 편에 서서 사고하고 주장하고 제안하였다.

그는 능력을 본위(本位)로 하는 인재등용을 주장하고 문벌(門閥)을 부정하였다. 특히 그의 군자(君子) · 소인론(小人論)은 독특한 주장이었는데, 그는 군자는 양(陽)이고 소인은 음(陰)이라고 상정(想定)하고, 양이 나타나면 음이 숨고, 음이 성(盛)하면 양이 쇠미(衰微)해지는 법인데, 군자와 소인의 관계도 음과 양이 굽히고 펴는(屈伸) 것과 같은 까닭에, 둘을 모두 버릴 수도 없고, 둘을 모두 임용할 수도 없다고 하였다. 말하자면 그 속성(屬性)상 군자는 소인을 억제하고 자신들의 도(道)를 실행하려 하고, 소인은 군자를 몰아내고 자신들의 술책을 시행하려 하니, 어느 한 편을 몰아내고 어느 한 편을 억압하느냐에 따라서 국가의 안위(安危)가 결정된다고 생각하였다[4].

그는 군자 · 소인을 정의(定義)하기를, 군자는 공정한 마음(公心)으로 마음을 다스리고 정의(義)로써 일을 처리하며, 어려운 일로써 임금에게 권면하고 바른 길을 아뢰어 사심(邪心)을 막는 사람들이며, 소인은 사심(私心)으로써 마음을 다스리고 세(勢)를 좇고 이(利)를 따르며,

---

4) 『晩六先生逸稿』, 권2, 「陰陽華夷辨疏」 참조.

임금의 비위를 맞추어 환심을 사고, 영합(迎合)하고 아첨하며 뜻을 받들어 순종하는 사람들이라고 규정하였다.[5] 결론적으로 그는 세력과 이끗을 좇으며 아첨하고 순종하기를 좋아하는 소인배들을 경계하고, 공의(公義)로우며 항상 군주를 바른 길로 인도하는 군자들을 임용할 것을 주장하고 있었던 것이다.

그는 또 정부가 관작(官爵)과 시호(諡號)를 내리고 수레와 예복(車服)을 하사하는 것은, 나라가 어진 이를 배양하고 선비를 우대하려는 때문이며, 관청(官府)을 설치하고 관직을 제수(除授)하는 데에는 본래 정해진 제도가 있는데, 권신(權臣)들이 국정을 독점하면서 뇌물로 관직을 얻는 까닭에, 임금의 직첩(職牒)이 내려지기도 전에 아모가 어떤 벼슬에 오를 것이라는 소문이 길가에 떠들썩할 지경이라고 비판하였다. 뿐만 아니라 근래에 첨설직(添設職)이 남발(濫發)되어 그 숫자가 길에 넘쳐나게 되면서, 농부나 나무꾼들조차 저들을 하잘것없는 사람들로 천하게 여기기 때문에, 사대부들에게는 자기 몸을 생각지 않고 임금에게 극간(極諫)하는 지절(志節)이 없고, 병사들에게는 의리를 위하여 목숨을 바치거나 목숨을 걸고 나라를 지킬 마음이 없게 되었다면서, 관리를 임용할 때에 그 사람의 공적을 고찰하고 덕행을 살펴서 임명할 것을 주문하였다.[6]

특히 우왕이 즉위한 이후로 간신(奸臣)들이 정권을 독점하고 관리를 임용하면서, 그 인물의 현(賢) · 불초(不肖)를 논하지 않고 발탁하고

5) 위와 같음.
6) 『晩六先生逸稿』, 권2, 「請正設官分職啓」 참조.

만육 최양 재실 (완주 소양)

채용함으로 인하여, 관작과 시호를 내리고 수레와 예복을 하사하여 존비(尊卑)와 귀천의 등급을 나타내던 명기(名器)가 어지럽게 뒤섞이고 관작이 문란해졌다고 분석하고, 인물을 친소(親疎)로 살피지 말고 오직 현 · 불초만으로 살펴서, 그 관직에 합당한 인물을 가려서 임용할 것을 주장하였다.

3

그는 문벌이 토지를 겸병(兼竝)하는 것을 반대하고 나라의 근본인 백성들을 염려하던 애민사상가였다. 그가 우왕 12년에 올렸던 것으로 생각되는 전제소(田制疏)에서 그는 아래와 같은 주장을 펴고 있다.

> 군흉(群凶)을 다 멸하고 사전(私田)을 개혁하여 새로운 전기(轉機)를 맞이하였는데, 세신거실(世臣巨室)들이 근거 없는 소문을 퍼트리고 인심을 선동하여, 사전을 회복하려 합니다. 그런데도 전하(殿下)는 이런 때를 당하여 국용(國用)을 비축(備蓄)하여 백관(百官)의 봉록(俸祿)과 3군(三軍)의 병식(兵食)을 풍족히 하려하지 않고, 도리어 거실(巨室)의 근거 없이 퍼뜨리는 소문을 혐의(嫌疑)하여 생민(生民)의 큰 피해를 생각지 않고, 사전(私田)을 외방(外方)에 회복하여 간활(姦猾)들의 토지 겸병(兼竝)의 문호(門戶)를 열어주고 있습니다.[7]

위에서 보는 바와 같이 최양은, 사전을 겸병하려는 세실거족(世室巨族)들의 행태를 비판하면서, 기층민(基層民)의 생계를 걱정하고 있었다.

또 그는 분전(分田)이 법도에 맞지 않은 폐단을 다음과 같이 주장하기도 하였다.

> 360개에 이르는 장처전(庄處田)은 공상(供上)을 받기 위한 것이고, 전시(田柴)·구분전(口分田)은 사대부들의 생활을 넉넉하게 하여 염치를 권면하기 위한 것이며, 고을의 향(鄕)·소(所)·부곡(部曲)·진택(津澤)의 이서(吏胥)와 국역(國役)을 수행하는 자들에게 토지를 주는 것은 민생을 후(厚)하게 하여 나라의 근본을 강고(剛固)하게 하기 위한 것이며, 전국의 병사들에게 토지를 주는 것은 무비(武備)를 중히 하기 위한 것입니다. 그런데 근래 장처전(庄處田)·전시과(田柴科)·외역전(外役田)·군

7) 『晩六先生逸稿』, 권2, 「論田制疏」 참조.

전(軍田)이 모두 세신거실(世臣巨室)들의 가문에 들어가서, 공상(供上)이 때로 이어지지 않고, 조정의 일에 수고하는 사람들의 자녀양육에 도움을 주지 못합니다. 반면에 세신거실의 무뢰한(無賴漢)들은 집안에 편히 앉아서, 조세와 요역의 괴로움을 모르는 채 선대(先代)에 받은 사전(私田)을 조업전(祖業田)이라며 수백 결의 조(租)를 먹고 살면서, 사전(私田)을 나라의 토지로 여기지 않고 부모의 은덕이라고 여기는 까닭에, 그들에게는 나라를 위해 충성을 다할 생각이 없습니다. 게다가 싸움터에 나가 목숨을 아끼지 않고 싸운 병사들은 조그만 토지도 받을 수가 없으니, 진실로 탄식할 일입니다.[8)]

위 두 개의 상소문에서 보는 바와 같이, 최양은 토지제도의 문란으로 국용(國用)과 관(官)·군(軍)의 녹봉 지급이 어렵고, 민생(民生)이 곤궁에 처해있음을 분명하게 지적하고 있다.

최양은 공양왕 2년(1390)에도, "노비가 비록 천하지만 역시 하늘이 낸 백성(天民)인데, 으레 재물로 여겨 매매하고 때로는 우마(牛馬)와 교환하면서, 말 한 마리에 노비 2, 3명으로도 값을 지불할 수가 없으니, 소와 말을 사람의 생명보다도 중하게 여기는 것입니다.[9)]"고 그 폐해를 지적하고, 노비매매를 금지할 것을 아뢰고 있는데, 이 모두는 민생을 중히 여기던 그의 애민사상의 한 단면들을 보여주는 것이었다.

---

8) 『晩六先生逸稿』, 권2, 「論分田不法之弊」 참조.
9) 『晩六先生逸稿』, 권2, 「請禁奴婢買賣啓」 참조.

4

최양과 태조 이성계와는 그 관계가 아주 각별하였다. 이성계가 우왕 6년(1380)에 전라 · 양광(楊廣) · 경상도 도순찰사로서 남원 운봉의 왜구 아지발도(阿只拔都)를 정벌할 때, 최양은 정몽주와 함께 그의 종사관(從事官)으로서 참여하였으며, 1389년에 이성계가 창왕을 폐하고 공양왕을 옹립할 때에도 최양은 정몽주와 함께 공양왕을 추대하였다. 그러나 1392년 4월에 정몽주가 이방원(李芳遠)의 문객인 조영규(趙英珪) 등에 의해 살해되자, 최양은 아직 42세의 젊은 나이로 벼슬을 그만두고 전라도 진안의 중대산(지금의 팔공산)으로 숨어 살면서, 1395년에 태조가 영의정과 좌의정으로 출사(出仕)할 것을 요구하였지만 응하

만육 최양 둔적비 (진안 백운)

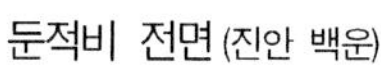
둔적비 전면 (진안 백운)

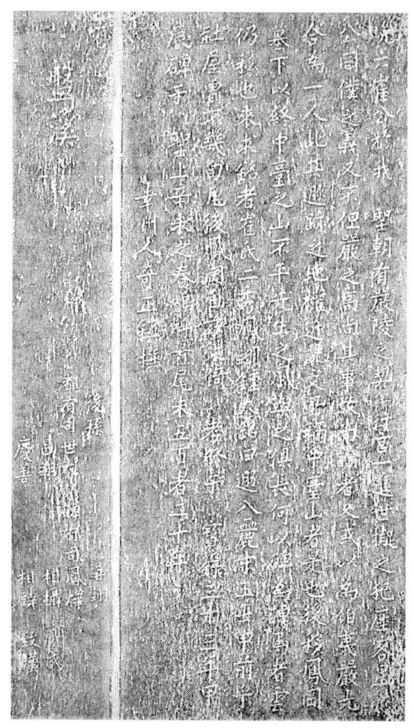
둔적비 후면 (기우만 찬)

지 않았으며,[10] 그의 선영(先塋)이 있는 완산(完山)의 봉강(鳳岡)리로 옮겨, 74세의 나이로 생을 마칠 때까지 이곳에서 살았다.

태조는 정종 2년(1400) 7월에도 온양으로 온천욕을 가서, 이유지(李攸之)를 시켜 예물을 갖추어 최양을 불렀으나 그는 병을 핑계하고 나아가지 않았으며, 이어서 예조참의 조영무(趙英茂)를 보내어 효유(曉諭)하였으나 군신(君臣)의 예를 행할 수 없다는 글을 올리고 부름에 응하지 아니하였다. 이에 태조가 예조판서 김약채(金若采)를 보내어, '만일

10) 『晩六先生逸稿』, 「연보」, 홍무 28년 기사 참조.

(그대가) 오지 않는다면 반드시 (내가 그대) 집으로 갈 것이다.'라고 타이르니 최양은 하는 수 없이 태조에게로 나아갔다. 이 때 태조는 '내 친구 최양이 왔느냐?'며 평상에서 내려와 악수를 하며 반겼지만, 최양은 '임금이 비록 저를 저버렸지만, 저는 차마 임금을 저버릴 수 없어서 사신을 따라왔습니다.'라고 대답하고, 태조가 주는 완산(完山)의 공전(公田) 800결(結)의 녹(祿)도 거절하였다.[11]

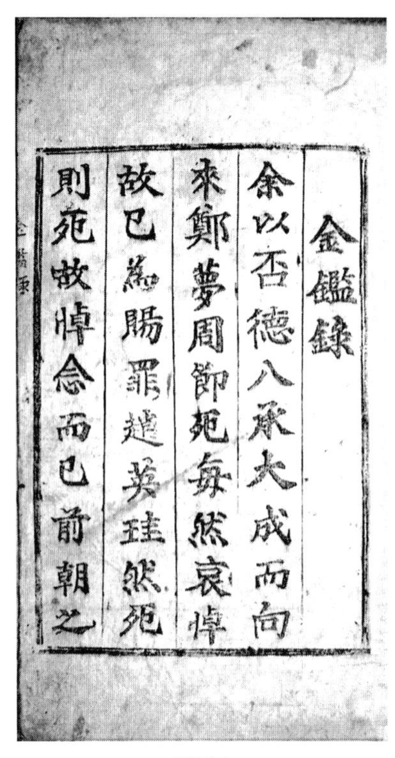
金鑑錄
余以否德入承大成而向
來鄭夢周節死無然哀悼
故已爲賜罪趙英珪然死
則死敢悼念而已前朝之

금감록

이 때 좌우에서 최양에게 죄를 주자고 하였지만 태조는, '내가 여기에 와서 (최양을) 만나고자 한 것은, 이같이 하고 싶었을 뿐이었다.'고 말하면서, 자신에게 있어 최양은, 옛날 한(漢)의 광무제(光武帝)에게 있어 엄광(嚴光)처럼, 평일의 친구[12]라는 말로서, 최양의 고려왕조에 대한 변함없는 충성심을 인정하였다.

당초에 태조가 기술하였고, 세종대왕이 그 뜻을 이어 기술 · 완성하여 최양에게 내려준 녹권(錄券) 금감록(金鑑錄)에서도, '두문

11) 『晩六先生逸稿』, 「연보」, 건문 2년 기사 참조.
12) 위와 같음.

동(杜門洞) 72명의 충신들은 어떤 이는 처자를 먼저 죽이고, 어떤 이는 스스로 불에 타죽은 자들이며, 그 밖에 어떤 이는 숨어 살면서 벼슬하지 아니하고, 어떤 이는 도망하여 산골짜기에 숨어 사는 자들로서, 내가 일찍이 충신과 열사로 생각하였는데, 혁명으로 나라를 바로잡을 때 절조(節操)를 세우는 사람들에게 흔히 있는 일이다. 주(周)의 백이(伯夷)와 숙제(叔齊), 제(齊)나라의 왕촉(王蠋), 한(漢)나라의 엄광(嚴光)이 모두 이 일과 다름이 없는 까닭으로, 혹시라도 벼슬에 나아오면 내가 천거하여 높이 등용하고, 때로는 시호를 내려주어 드러내었다. 고려왕조의 보문각대제학(寶文閣大提學) 최양이 바로 그 중 한 사람이다.'라고 밝히고 있다.[13]

주지하는 바와 같이, 백이와 숙제는 주나라 무왕(武王)이 은(殷)나라를 치려고 하자, 출정하는 무왕의 말 머리를 두드리며 신하의 도리가 아님을 간(諫)하였던 충신이고, 왕촉은 제(齊)나라 사람으로서 연(燕)이 제나라를 칠 때, 연의 악의(樂毅)가 왕촉이 어진 사람이라는 소문을 듣고 초빙하였으나 가지 않고 자결했던 충신이며, 엄광은 후한의 광무제가 간의대부(諫議大夫)로 임명하였으나 불응하고 부춘(富春)산에 은거하였던 충신이니, 태조와 세종이 최양을 백이 · 숙제 · 왕촉 · 엄광 등에 비견되는 충신으로 확인한 것이었다.

13) 『晩六先生逸稿』, 권3, 「金鑑錄」 참조.

5

최양이 1392년에 42세의 나이로 전라도에 내려와서 74세에 생을 마칠 때까지 33년을 이곳에서 살았으며, 30년을 전주의 용강리에서 지냈으니 그는 분명히 전주 인물이다. 조선왕조의 제향(帝鄕)인 전주에 살면서, 그는 조선왕조를 부정하면서 끝까지 고려왕조에 충성을 다한 고려왕조의 충신이었다.

최항(崔恒 : 1409~1474)은 그가 지은 절의찬(節義贊)에서,

주나라 무왕의 천하에 백이(伯夷)가 있은 후로 수양(首陽)산에 은(殷)의 세상이 아직도 남아있고, 동진(東晋)에 도잠(陶潛)이 있은 후로 율리(栗里)에 진(晉)의 운수(曆數)가 끊이지 않았으며, 고려왕조에 최양이 있은 후로 대승동(大勝洞)에 고려의 세상이 아직도 존재한다고 생각했다. 나아가 그는, 은(殷)의 주(紂)왕이 목야(牧野)에서 주의 무왕에게 패한 때 은나라가 망한 것이 아니라 백이가 굶어죽은 날에 망한 것이고, 진(晉)은 유유(劉裕)에게 보위(寶位)를 물려준 때 망한 것이 아니라 도연명(陶淵明)이 죽은 해에 망한 것이며, 고려는 조선왕조의 건국으로 망한 것이 아니라 최양이 죽은 때 망한 것이라 하였다. 이로써 최항은, 의리가 고결(高潔)하면 나라가 망하여도 망하지 않으며, 도리가 밝히 드러나면 몸이 죽어도 죽지 않는 것을 알게 되었다면서, 자기가 보기에는 최양이 백이와 도연명의 마음을 깨달아 알고, 백이와 도연명의 지절(志節)을 완성한 것이라고, 최대의 찬사를 아끼지 않았다.[14)]

---

14) 『晩六先生逸稿』, 권3, 「節義贊」 참조.

서준보(徐俊輔 : 1770~1856)는 철종 3년(1852)에 그가 지은 최양의 신도비명(神道碑銘)에서,

고려 말기에 삼인(三仁)이 있었으니 포은(圃隱) · 목은(牧隱) · 만육(晩六)이 바로 그들이라고 하여, 최양의 충절을 중국 은(殷)나라 말기의 3명의 충신(三仁)이었던 미자(微子) · 기자(箕子) · 비간(比干)의 충절에 비유하고 있다.[15)]

순조 34년(1834)에 최양의 시호를 충익(忠翼)으로 정하여 하사하였는데, 임금을 섬기면서 절의(節義)를 다한 것을 '忠'으로, 생각하는 것이 심오(深奧)한 것을 '翼'으로 표현하였다고 시호를 충익으로 제정한 배

호산서원 [정몽주] (완주 삼례)

15) 『晩六先生逸稿』, 권3, 「神道碑銘 幷序」 참조.

경을 밝히고 있다.[16] 이것은 순조조에서도 최양의 고려왕조에 대한 충절을 높이 승인한 것이었다.

최양의 평소에 지니고 있던 임금과 나라를 위한 충성심은, 아래와 같은 그의 시에도 잘 나타나 있다.

임금 사랑하기를 아버지 사랑하듯 하고,
나라 위하기를 내 가정 위하듯 하네.
밝은 해 온 세상 밝게 비출 때,
내 참된 마음도 환하게 비출 걸세.[17]

최양의 충성심은 말할 것도 없이 고려왕조를 향한 충성심이었으며, 그것은 이후에도 전혀 변함이 없었다. 이처럼 최양은 조선왕조시대를 살면서도 여전히 고려왕조에 대한 일관된 충성심으로 한평생을 살았던 고려의 충신이었다.

이러한 최양의 행적(行蹟)으로만 말한다면, 그는 고려의 국운이 다하는 때를 당하여 다만 고려왕조를 위하여 충성하였을 뿐, 조선왕조에는 아무런 도움을 주지 못한 인물로 이해 될 수 있다. 그러나 그렇게만 생각되지는 않는다. 순조(純祖) 때 예조판서 이지연(李止淵 : 1777~1841)이 최양에게 시호를 내릴 것을 청하면서 이미 지적한 바 있듯이,[18] 최양은 절의를 솔선수범(率先垂範)함으로써, 조선의 선비들로

16) 『晩六先生逸稿』, 권3, 순조 갑오(1834)년 教旨 참조.
17) 『晩六先生逸稿』, 권1, 詩, 「述懷」 참조.
18) 『晩六先生逸稿』, 권3, 「諡狀」

하여금 오늘에 이르기까지 인륜을 밝히고 충절을 숭상하며, 예의(禮義)에 밝다는 명성을 잃지 않게 하는 데에 크게 공헌한 측면이 있으니, 조선왕조에도 최양의 공이 있다고 할 만하기 때문이다.

최양의 절의(節義)가, 특별히 전라도를 충절(忠節)의 고장으로 거듭나게 하는 전기(轉機)를 제공하였다는 점에서, 최양은 자랑스러운 전주인(全州人)으로 평가될만하다고 생각되기도 한다. 그것은 영조 27년(1751)에 전라도 유생 최면헌(崔勉憲) 등이 최양의 시호를 청하는 진정서(上言)를 정부에 올린[19] 뒤, 정조 11년(1787)에는 전라도 유생 황의중(黃宜中) 등이,[20] 순조 29년(1829)에는 전라도 유생 김낙용(金洛龍) 등이 진정서를 올려서,[21] 순조 34년(1834)에 드디어 최양의 시호가 내려졌는데, 이 3차에 걸친 전라도 유생들의 진정은 후대에 충절을 권면하기 위한 장거(壯擧)로써, 모두 최양의 충절에 감화(感化)하여 나타난 현상으로 여겨지기 때문이다.

---

19) 『晩六先生逸稿』, 권3, 「請諡上言」 참조. P.124.
20) 『晩六先生逸稿』, 권3, 「請宣諡賜額上言」 참조. P.141.
21) 『晩六先生逸稿』, 권3, 「請諡上言」 참조. P.137.

추탄(楸灘) 이경동(李瓊仝)

1

이경동(1438~1494)은 고려왕조에서 정당문학(政堂文學)을 지낸 문정(文挺)의 현손이고,[1] 조선왕조의 개국공신 완성(完城)부원군 백유(伯由)의 동생인 중유(仲由)의 손자로서, 아버지 달성(達誠)과 어머니 경주이씨 사이에서 태어났다. 자는 옥여(玉如)이고 호는 추탄(楸灘)이며, 본관은 전주이다.

이경동 초상(명문의 고향)

그는, 단종이 퇴위하고 세조가 즉위하던 해에 전주로 낙향하여 곤지산(坤止山)에 은거하던 유분(柳坋 : 1430~1506)에게서 글을 배웠던 것으로 전해지며,[2] 세조 8년(1462)에 25세의 나이로 문과에 급제하여 세조 10년에 예문관 검열로 벼슬길에 올랐다. 세조 12년에 예문관 대교(待敎)를 거쳐 예종 즉위년(1468)에 이조정랑에 올랐으며, 성종 3년(1472)에 예조정랑, 5년에 사헌부 장령을 거쳐 8년에 집의가 되었다.

그 뒤로 성종 10년에 좌승지와 황해도 관찰사를 역임하고, 14년 이후 예조참판 · 형조참판을 거쳐 16년에 사헌부 대사헌이 되었으며, 20년

---

1) 『해동잡록(海東雜錄)』 권5, 이경동 참조.

2) 『용강원지(龍岡院誌)』 유일재사적(柳逸齋事跡), 유일재 묘지.

에 동지중추부사에 임명되었는데, 22년 3월에 어머니 상을 당하여 24년 3월까지 3년간의 여묘살이를 마친 뒤로, 아마도 조정의 부름에 나아가지 않고 추탄(楸灘)에 낚시를 드리우고 세상의 염려를 잊은 채 유유자적하였던 것으로 여겨진다.

이경동의 실직(實職)이 가선대부 종2품직에 이르렀으니, 전주 출신 인물로 높은 관직에 올라 이 고장의 명예를 드높인 몇 안 되는 인물 중 한 사람이다.

추천대 편액

추천대 전경
(전주시 황방산)

2

김안국(金安國 : 1478~1543)은 그가 지은 이경동의 행장(行狀)에서,[3] 이경동을 '강하되 격렬하지 않고, 강직하되 관용(寬容)하여, 충성은 해와 달을 가리고, 효성은 주야로 어버이를 보살피는 데 극진하였다.'고 하여 이경동의 지극한 충성과 효성을 기리었고, 또 '(이경동이) 누차 체직을 간청하여 강호(江湖)에 은거하며 추탄에 낚시를 드리우고 세상의 염려를 떨쳐버렸다.'고 기술하여, 이경동을 진퇴(進退)에 구차하지 아니 한 지절(志節)이 있는 유사(儒士)로 기리고 있다.

한편 이경동이 세상을 떠났다는 소식을 듣고 성종이 그를 애도하여 지었다는 만시(輓詩)에서, 성종은 이경동을 완산선이(完山仙李)라고 하여 이경동을 전주에 살던 신선이라고 표현하고 있고, 그의 죽음을 반진려(返眞廬)라고 하여 신선들이 사는 선향(仙鄕)으로 돌아갔다고 묘사하고 있는데,[4] 그 이유가 무엇일까? 그것은 아마도 이경동이 관직을 버리고 낙향하여 세상의 염려를 떨쳐버리고 유유자적하던 만년의 신선 같은 삶 때문이었음에 틀림이 없다.

그러나 『조선왕조실록』 어디에서도 이경동이 사직상소를 올리고 관직을 그만두었다는 기사를 확인할 수가 없을 뿐만 아니라, 그의 문집마저 없어서 알 길이 없다. 도대체 언제쯤 이경동이 벼슬살이를 그만두고 전주로 낙향 하였던 것일까?

---

3) 『황강원지(黃岡院誌)』 참조

4) 추천대비문(楸川臺碑文) 참조.

이경동은 젊은 시절부터 벼슬살이에 크게 미련이 있었던 것으로는 보이지 않는다. 다음은 『동문선(東文選)』에 실려 있는 이경동의 시의 일부이다.

온갖 계교(計巧) 이미 다 어긋났는데(百計已乖張),
할 일 없이 절조(節操)만 굽혀야 하네(無益祇自撓),
가을바람 멀리서 불어오니(秋風萬里至),
고향 돌아갈 마음으로 날마다 가슴 들먹이네(歸心日搜攪).[5]

위에서 알 수 있는 바와 같이, 이경동은 이미 벼슬살이에 실의(失意)하고 고향으로 돌아갈 것을 그리워하고 있었다. 『동문선(東文選)』이 처음 편찬된 것이 성종 9년(1478)이므로, 이 책에 실린 이경동의 시는 그가 벼슬길에 들어선지 그리 오래지 않은, 그의 나이 40세 이전의 시기에 지은 것으로서, 그의 젊은 시절의 생각이었음을 알 수 있다. 그러나 그가 곧바로 은퇴를 결행할 수는 없었다. 그가 은퇴를 단행할 수 없게 한 것은 그의 부모에 대한 극진한 효심(孝心)과 임금을 향한 충성심이었다. 이경동의 다음 시에서 이를 확인할 수 있다.

부모를 봉양하는 것이 자식의 책임이라는 것을(調膳子所職),
일찍이 잠시도 잊지 못하였지(未嘗忘一飯).
벼슬 그만 두는 게 부모의 뜻을 받드는 봉양 아니라서(棄官豈養志),
거취를 혼자서 결단하기 참 어렵겠네.(去仕難自斷)

---

5) 『동문선(東文選)』 권3, 이경동의 「用巧字」 題下의 5언 시 중의 일부이다.

그대여, 가서 직책에 힘쓰게나(君歸勉爲官),
충성과 효도가 서로 다른 일 아니라네(忠孝非兩端).[6]

위 시는 이경동이 안동판관(安東判官)으로 떠나는 친구를 위하여 지어준 시인 듯하다. 하지만 이것은 이경동이 자기의 생각을 비기어 읊은 것이다. 보는 바와 같이 이경동은 부모 봉양을 잠시도 잊지 않을 만큼 효성이 지극하였다. 그의 효성은 성종 22년 3월에 어머니상을 당하여, 스스로 기복(起復)의 여지를 차단하고 효(孝)를 실천하였던 3년간의 여묘살이에서 확인할 수 있으며, 이는 성종도 이경동을 애도하는 만시(輓詩)에서, '효도와 충성을 온전히 하였다[庶全忠孝]'하여 그의 효성을 인정한 바다. 게다가 이경동은 충성심도 투철하여, 임금에게 충성하는 것이 곧 부모에게 효도하는 것이라고 여겼으며, 관직에서 물러나서 부모를 봉양하는 것이 부모의 마음을 즐겁게 봉양하는 것이 아니라고 생각하였다. 때문에 이경동으로서는 부모가 생존해 있는 동안에는 벼슬살이를 그만둘 수가 없었을 것이다. 그가 관직에서 물러나 전주에 은거하며 추탄에 낚시를 드리울 수가 있었던 것은 어머니 상을 마친 이후의 일일 것이 분명하다. 그때 이경동의 나이 54세의 아직 젊은 나이였으니, 은퇴는 소신에 의한 매우 용기 있는 결단이었다고 생각된다.

---

6) 『동문선(東文選)』 권3, 이경동의 「贈別安東判官」 題下의 5언 시 중의 일부이다.

3

이경동은 시문(詩文)과 경학(經學)에 매우 뛰어났을 뿐만 아니라 문물제도에도 조예가 깊었다. 세조 2년(1456)에 세종 이래의 집현전을 폐지한 뒤로, 문사(文士)들을 분발케 하여 학문에 힘쓰도록 할 목적으로, 세조 5년에 젊고 총명한 문신들을 선발하여 예문관 관직을 겸임시켜 학문을 연구케 하였는데, 세조 10년에 이경동이 27세의 나이로 겸예문(兼藝文)에 선발되었으며[7], 또 그해 8월에 양심당(養心堂)에서 의정부와 6조의 참판 이상이 모인 가운데 경서를 강론하였다.[8]

그는 세조 12년 3월에 실시한 중시(重試)에서 장원하였으며[9], 그해 5월에 실시한 발영시(拔英試)에서 3등으로 합격하였다[10]. 뿐만 아니라 발영시에 합격한 사람들이 사은(謝恩)하니 세조가 이들을 사정전(思政殿)에서 인견(引見)하면서, 손수 시를 짓고 이에 화답(和答)케 하였는데, 이때 이경동이 지은 아래의 시가 최우수작으로 뽑혀 『조선왕조실록』에 수록되어 전해오고 있다.

> 임금께서 어진 정승을 구한지 12년에,
> 지금, 같은 일에 힘을 다할 신하가 3천명입니다.
> 소신(小臣)이 어찌 부열(傅說)의 재능이 있겠습니까마는,
> 마침 전하의 세상에 살고 있음에 은혜 입었습니다.[11]

---

7) 『세조실록』, 10년 7월 6일(정사).
8) 『세조실록』, 10년 8월 29일(경술).
9) 『국조문과방목』 참조.
10) 『세조실록』, 12년 5월 16일(병술).

추탄 이 선생 조대 유지비 (전주시 추천대)

또 성종 9년(1478)에는 승지들이 지은 표문(表文) 중에서 이경동의 표문이 1등으로 은대장원(銀臺壯元)을 차지하였고,[12] 10년에는 부(賦)와 시의 제목을 내어 승지와 주서(注書)들에게 글을 짓게 하였는데, 이경동이 부(賦)에서 수위(首位)를 차지하였다.[13]

이경동은 세조 12년에 노사신(盧思愼 : 1427~1498) · 서거정(徐居正 : 1420~1488)과 함께, 삼국시대 이래 고려 말까지의 편년체 사서(史書)인 『동국통감(東國通鑑)』의 편찬에 참여하였으며,[14] 13년에는 『경국대전』의 형전(刑典)을 수교(讎校)하는 데 참여하였고,[15] 이어 서경(書經)의 구결(口訣)을 교정하였다.[16] 성종 13년에 노사신 · 이극돈(李克墩 : 1435~1503) 등과 함께 『통감강목신증(通鑑綱目新增)』을 편찬하였고,[17] 14년에는 조선왕조의 기본 예서(禮書)인 『국조오례의(國朝五禮儀)』의 개정에 참여하였다.[18]

---

11) 『세조실록』, 12년 5월 16일(병술).
12) 『성종실록』, 9년 12월 5일(임진).
13) 『성종실록』, 10년 11, 5일(병술).
14) 『세조실록』, 12년 윤3월 29일(경자).
15) 『세조실록』, 13년 9월 26일(무자).
16) 『세조실록』, 13년 12월 1일(계사).
17) 『성종실록』, 13년 7월 3일(경오)
18) 『성종실록』, 14년 12월 12일(신미).

이처럼 이경동은 시(詩)·부(賦)·표(表)에만 능하였던 것이 아니고 경사(經史)와 전장(典章)에도 능하여, 조선 초기의 각종 편찬과 문물제도 정비에 크게 공헌하였음을 알 수 있다.

4

이경동은 그가 관직에 있는 동안 나라와 백성을 위한 여러 가지 개선책을 제시하였다.

① 조선 초기에 실시된 연분법(年分法)에서는 행정구역인 하나의 면(面)을 하나의 토지등급[田等]으로 정하여 연분사정(年分査定)을 하고 있었다. 이에 대하여 이경동은, 한 들판 안에서도 토질에 기름지고 메마름이 있는 것이어서, 한 면 안의 토질의 비척(肥瘠)이 같을 수가 없는 것인데, 연분등제(年分等第)를 매길 때 기름진 땅을 기준하여 상등(上等)으로 잡으면 백성들이 그 폐해를 입게 될 것이고, 메마른 땅을 기준하여 하등(下等)으로 잡으면 나라에 손해가 된다고 지적하고, 면(面) 내의 토지를 토질의 좋고 나쁨에 따라 그 등급을 여러 개로 나누어야 한다고 주장하였다.[19)]

② 성종 초년에 선군(船軍)을 부근 연해(沿海)지역의 백성들로 차정(差定)하고 있었는데, 이것은 오래된 제도가 아니고 최근에 내지(內地) 백성들이 선군에 입번(立番)키 위해 먼 해안까지 왕래하며 노고(勞苦)

19) 『성종실록』, 5년 9월 12일(갑자).

가 많다는 이유로 연해민으로 바꾼 것이었다. 이에 대하여 이경동은, 이후로 백성들이 편안한 것만을 좇아서, 그들이 입번할 때 옷과 양식을 싸가지 않고 단신으로 갔다가, 밤이면 집으로 돌아오고 배에 머물지 않는다고 그 폐단을 지적하고, 그 개선책으로서, 바닷가 사람들은 스스로 배를 저을 줄을 알고 있으니, 산군(山郡)의 사람들도 선군에 입번케 함으로써 물에 익숙하게 하여, 내외(內外)의 사람들에게 바닷길을 알게 하는 것이 나라를 길이 위하는 일이라며, 내지인들도 선군에 입번케 할 것을 주장하였다.[20)]

③ 성종 8년 현재의 공물(貢物)을 보면, 그 고을에서 생산되지 않는 산물(産物)이 그 고을의 상공(常貢)으로 된 것이 있었다. 이에 대하여 이경동은, 공물의 품목이 많아서 하나하나 백성에게 고루 배정하려 하면, 비록 그들이 생산하는 것이라 하더라도 때맞추어 납부하기가 어려운 것인데, 하물며 그 고을의 소산(所産)이 아닌 것을 배정하면, 납부할 사람은 이리저리 물건을 구하느라 얻지 못할까 두려워하고, 기회를 틈타서 이익을 노리는 자는 앉아서 많은 값을 요구하여, 물건은 귀하고 곡식은 천하게 되어 농민들만 곤고하게 된다고 그 폐단을 지적하고, 전답의 많고 적음에 따라서 그들이 생산한 물가의 높고 낮음을 비교하여, 공납(貢納)할 품목을 알려주어 미리 준비하도록 하기를 요청하였다.[21)]

④ 당시 실시되고 있던 재실답험(災實踏驗) 상에서 발생하는 외관

---

20) 『성종실록』, 8년 4월 13일(경술).
21) 『성종실록』, 8년 4월 13일(경술).

(外官)들의 비행(非行)을 막고자, 중앙에서 경차관(敬差官)을 파견하여 검전(檢田)을 하게하고 있었다. 이에 대하여 이경동은, 관찰사로 하여금 한 방면을 위임받아 대소사를 직접 결단하게 하면서, 한편으로 경차관을 파견하여 재상(災傷)을 답험케 하지만, 경차관의 재상답험과 연분고정(年分考定)이 감사와 수령보다 꼭 나을 수도 없으면서 역로(驛路)만 소요(騷擾)하고 피폐(疲弊)하게 할 뿐이라고, 경차관을 파견하지 말기를 요청하였다.[22] 이미 조정에서 재상(災傷)경차관의 작폐(作弊)가 논의된[23] 일이 있었던 것으로 보아, 이경동의 주장은 매우 시의 적절한 것이었다.

이경동은 이외에도 사농공상(士農工商) 중에서 농민이 가장 곤고하니, 인주(人主)는 마땅히 이들을 돈독히 고무하고 격려해야 한다면서, 여러 도의 관찰사들이 연분등제(年分等第)를 보고한 뒤에 특별히 일분(一分)을 감하여 줌으로써, 백성을 사랑하고 농사를 중히 여기는 뜻을 보이기를 청하는가 하면,[24] 성종 16년에 의정부와 6조가 여러 도의 연분등제를 의논하여 등급을 올리기로 결정하자, 그는, 등급을 올리는 것은 세수(稅收)는 증대하겠지만 농민들의 납세량(納稅量)을 증대시켜 농민들을 곤궁케 하는 것이라고 그 부당함을 들어 반대하였다.[25] 이경동은, 임금이 야인(野人)을 접견할 때, 야인들로 하여금 평안도를 경유하여 서울로 올라오게 하던 일에 대하여도, 이는 군사상의 기밀인 산천

22) 『성종실록』, 16년 11월 1일(무신).
23) 『성종실록』, 10년 8월 28일(신해).
24) 『성종실록』, 8년 4월 13일(경술).
25) 『성종실록』, 16년 11월 1일(무신).

과 도로를 오랑캐로 하여금 낱낱이 알게 하는 것이라며, 나라를 도모하는 계책에 어긋나는 일이라고 지적하고 그 시정을 요구하였다.[26)]

5

이경동은 임금을 향한 충성과 부모를 위한 효성은 상반(相反)되는 두 가지 일이 아니며 한 가지 일이라고 생각하였다.[27)] 임금에게 충성하는 것이 바로 부모에게 효도하는 일이라고 생각하였던 까닭에, 부모에게 효도하는 마음으로 임금에게 충성코자 하였던 것이다. 그가 젊은 나이에 벼슬살이에 실의(失意)하고, 벼슬을 그만두고 귀향할 것을 이미 생각하고 있었지만, 그것이 부모가 좋아하지 않는 일임을 생각하고 벼슬살이를 계속하였던 것이 이를 말해준다.

이경동은 시와 부(賦)에 능하고 학문에 관심이 많았던 만큼 지극히 정치지향적(政治指向的)이지 못하였지만, 관직에 머무는 동안 그는 부모에게 효도하는 마음으로 임금에게 충성을 다하여, 임금을 선정(善政)으로 인도해야 한다는 일념으로 일관(一貫)하였던 것이다. 우리는 다음에서 이를 확인할 수 있다.

성종 9년의 일이다. 효령(孝寧)대군의 손자사위인 도승지 임사홍(任士洪 : 1445~1506)이, 그의 아버지인 의정부 좌참찬 임원준(任元濬 : 1423~1500)과 예종(睿宗)의 부마(駙馬)인 아들 임광재(任光載)와 함

26) 『성종실록』, 16년 12월 18일(을미).
27) 본문, 2장의 이경동의 시 참조.

께 막강한 가세(家勢)를 형성하고, 유자광(柳子光 : ?~1512) · 박효원(朴孝元) 등과 결탁하여 현석규(玄碩圭 : 1430~1480)를 공격하여 배척하는 등 조정을 문란케 하고 있었는데,[28] 우부승지였던 이경동이 임사홍과 유자광이 붕당과 결탁하여 조정을 문란케란 죄목을 들어 저들을 참형(斬刑)에 처할 것을 요청하였다.[29] 그 뒤 임사홍을 종신토록 서용(敍用)하지 말라고 명하였던 성종이 임사홍에게 직첩(職牒)을 되돌려 주자, 이경동이 임사홍의 대간(臺諫)을 사주하여 대신을 무함(誣陷)한 죄를 논단(論斷)할 것을 주장하며 이를 반대하였다.[30] 이로부터 오래지 않은 연산군 10년(1504)에 임사홍이 사화(士禍)를 일으켰음을 상기(想起)할 때, 이경동의 충성스런 용기와 혜안(慧眼)이 돋보이는 대목이다.

성종 10년 6월의 일이다. 성종이 대신들과 승지와 사관(史官)을 입시(入侍)케 하고, 중궁(성종비 윤씨)의 실덕(失德)을 말하고 나서 중궁을 폐하여 서인(庶人)으로 만들겠나면서 의견을 물었다. 이 때 영의정 정창손(鄭昌孫 : 1402~1487) · 우의정 윤필상(尹弼商 : 1427~1504) 등이 성종의 의견에 순응했던 반면, 이경동은 도승지 홍귀달(洪貴達 : 1438~1504) 등과 함께 마지막 까지 반대하였고,[31] 의금부의 추국(推鞫)을 받으면서 끝내 불복하며,[32] 성종을 성군(聖君)으로 인도하는 데

28) 『성종실록』, 9년 4월 29일(경신), 5월 4일(을축).
29) 『성종실록』, 9년 5월 6일(정묘).
30) 『성종실록』, 17년 3월 10일(을묘).
31) 『성종실록』, 10년 6월 2일(정해).
32) 『성종실록』, 10년 6월 3일(무자).

주력하였다.

성종도 마침내 이경동의 충성심과 효성, 그리고 명리(名利)를 초월하여 강호(江湖)에서 유유자적(悠悠自適)하며 방외유(方外遊)를 즐기던 만년의 자유로운 영혼에 깊은 감명을 받은 듯하다. 이경동이 세상을 떠났다는 부음(訃音)을 들은 성종이 이경동을 애도하는 아래와 같은 만시(輓詩)를 손수 지어 하사하였기 때문이다.

추탄 이경동 신도비 (전주시 추천대)

완산(完山)의 신선 이공(李公)이 멀리 떠났으니(完山仙李遠扶疎),
이름은 경동이요 자(字)는 옥여(玉如)라(名曰瓊仝字玉如).
세 번 급제하여 시문(詩文)을 장악하고(三折桂枝操翰墨),
네 번 사헌부 관원이 되어 장소(章疏) 지어 올렸네(四登烏府艸章疏).
승정원 승지 되어 경연에 참여하고(銀臺賜履參帷幄),
서궤(書匱)에서 책을 뽑아 임금의 일상을 기록했으며(金匱抽書注起居),
이·호·예·형조의 벼슬 두루 역임하고(天地春秋官遍歷),
충과 효를 온전히 하고서 선향으로 돌아갔네(庶全忠孝返眞廬).[33]

위에서 보는 바와 같이, 성종은 이경동을 선계(仙界)에서 왔다가 선향(仙鄕)으로 돌아간 선인(仙人)으로 표현하며, 그를 흠결(欠缺)이 없는 충신이며 효자라고 기리고 있다. 아마도 이는 신하의 죽음에 임금이 만시(輓詩)를 지은 매우 드믄 경우일 것으로 생각된다. 이경동은 분명히 이 고장이 기릴만한 자랑스러운 인물임에 틀림이 없다.

33) 추천대비문 참조.

진일재(眞一齋) 유숭조(柳崇祖)

1

유숭조(1452~1512)는 조선왕조의 문종 2년(1452)에 태어나서 성종 3년(1472)에 21살의 나이로 진사과에 합격하고, 성종 20년(1489)에 38세의 나이로 문과에 급제하였다. 그 해 예문관 검열(檢閱)에 임명되었는데, 겸 동지성균관사 사유(師儒) 이극증(李克增 : 1431~1494)이, 유숭조의 관직이 비록 낮으나 그의 학문과 행실은 능히 다른 사람의 모범이 된다면서, 성균관에서 유생을 가르치는 일을 맡기기를 청하여, 성균관의 일을 겸임하였으며,[1] 성종 21년에는 유사(儒士)에게 경서를 가르치는 학관(學官)인 사유(師儒)에 선발되었다.[2]

다음 해에 대교(待教)를 거쳐 성종 23년에 봉교(奉教)에 승진하였고, 성종 24년에 세자시강원 사서(司書)와 정언(正言)을 거쳐, 연산군 4년(1498)에 성균관 직강(直講), 연산군 7년에 홍문관 부교리와 이조정랑을 역임하고, 연산군 9년에 사헌부 장령이 되었다. 중종 1년(1506)에 홍문관 부응교를 거쳐 전한(典翰)에 승진하였고, 그 해 11월에 장례원(掌隷院) 판결사(判決事)에 임명되었으나 곧 이어 공조참의로 이직되어, 의정부의 요청으로 경연참찬관(經筵參贊官)을 겸하였다.[3] 중종 2년 1월에 심정(沈貞)·남곤(南袞) 등의 무고(誣告)를 받아 거제도로 귀양 갔다가 6월에 풀려나, 9월에 성균관 대사성(大司成)이 되었다.[4]

---

1) 『진일재(眞一齋)선생연보』, 성종 20년 기사.
2) 『성종실록』, 21년 1월 24일(정축), 동, 9월 4일(정사).
3) 『중종실록』, 1년 11월 22일(정유).
4) 『중종실록』, 2년 9월 19일(기미).

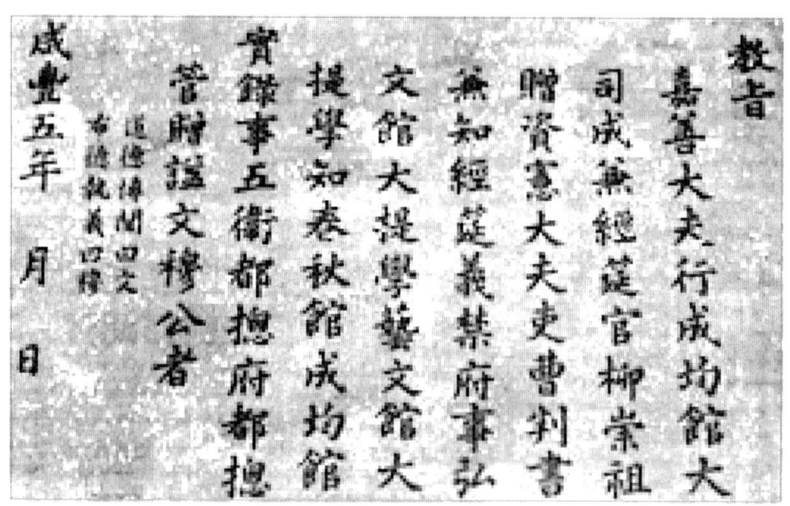
教旨
嘉善大夫行成均館大
司成兼經筵官柳崇祖
贈資憲大夫吏曹判書
兼知經筵義禁府事弘
文館大提學藝文館大
提學知春秋館成均館
實錄事五衛都摠府都摠
管贈諡文穆公者
道德博聞曰文
布德執義曰穆
咸豐五年 月 日

진일재 교지

중종 6년(1511) 3월에 대사성 유숭조가 강목십잠(綱目十箴)과 성리연원촬요(性理淵源撮要)를 지어 올렸는데, 중종이 이를 간행(刊行)하여 조신들에게 나누어 주고 경연에서 진강(進講)할 것을 명하였다.[5] 유숭조가, 성균관 유생들 중에서 쓸 만한 인물을 선발하여 아뢰라는 왕명에 따라, 조광조(趙光祖)를 김석홍(金錫弘) · 황택(黃澤) 등과 함께 정부에 추천하였던 것도 이때의 일이었으며, 소격서(昭格署)가 허망(虛妄)한 것임을 논하고 이를 혁파할 것을 주장한 것도 이 무렵의 일이었다.[6]

그해 11월에 황해도 관찰사에 임명되었으나, 경연에서 진강(進講)하려는 역학계몽(易學啓蒙)과 하도낙서(河圖洛書)를 아는 이가 김응기

5) 『중종실록』, 6년 3월 12일(임술).
6) 『중종실록』, 6년 6월 5일(계미).

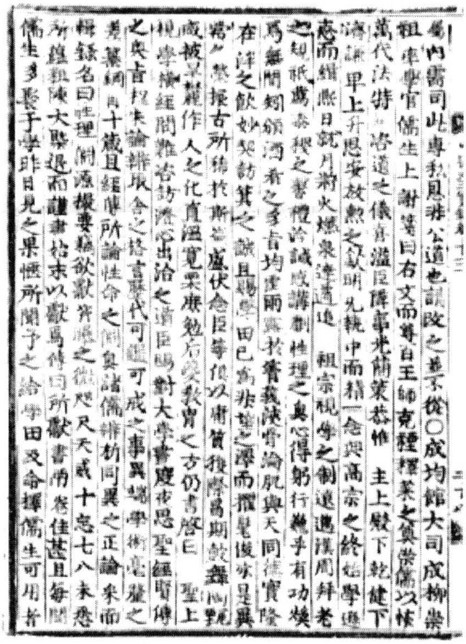

왕조실록
(유숭조가 강목십장과 성리연원촬요를 바치다)

(金應箕) · 유숭조뿐이니, 유숭조를 다른 내직(內職)으로 체직하여 진강케 해야 한다는 홍문관의 요청[7]에 따라서, 다시 대사성으로 체직되어 역학계몽의 진강을 준비하던 중 중종 7년 2월에 61세의 나이로 세상을 마쳤다.[8]

유숭조가 세상을 떠났다는 부음(訃音)을 들은 중종은 몹시 애석해하며 관곽(棺槨)을 내려주는 한편 재물을 보내어 제사지내게 하였고, 성균관과 홍문관 · 예문관의 문사(文士)들은 서로 조문(弔文)하기를, 경학(經學)에 조예가 깊은 스승이 죽은 것은 사문(斯文)에 불행한 일이라 하였으며, 태학생들은 7일 동안 소식(素食)을 행하였다.[9] 시신(屍身)은 경기도 여주(驪州)의 선영(先塋) 아래에 안장되었으며, 순조 22년(1822)에 전주의 용강서원(龍岡書院)에 회헌(檜軒) 유의손(柳義孫 : 1398~1450) · 유일재(遺逸齋) 유분(柳玢 : 1430~1506) · 낙봉(駱峯) 유헌(柳軒 : 1462~1506)

7) 『중종실록』, 6년 11월 24일(경오).
8) 『중종실록』, 7년 2월 3일(무인).
9) 『진일재선생연보』, 중종 7년 기사 참조.

과 함께 배향(配享)되었고,[10] 다음 해에 안동(安東) 송천서원(松川書院)에 봉향(奉享)되었다.[11]

헌종 12년(1846)에 전라도 유생들이 유숭조의 관작을 높여줄 것과 시호를 내려줄 것을 임금에게 청원하여,[12] 철종 5년(1854)에 문목(文穆)을 시호로 하사받았다.[13]

용강서원 (전주시 원동)

---

10) 『진일재선생연보』, 순조 22년 기사 참조.
11) 『진일재선생연보』, 순조 23년 기사 참조.
12) 『진일재선생연보』, 헌종 12년 기사 참조.
13) 『진일재선생연보』, 철종 5년 기사 참조.

2

유숭조의 연보나 행장 어디에도 그의 사승(師承)관계를 언급하지 않고 있는 것으로 미루어 볼 때, 그에게 학문적 연원(淵源)이 있었던 것으로는 여겨지지 않는다. 그럼에도 불구하고 그는 젊은 나이에 이미 심오한 학문의 경지에 도달해 있었던 것으로 보인다. 그의 나이 39세였던 성종 21년(1490) 1월에 이조와 예조에서 논의하여 유숭조를 사유(師儒)로 선발하여 성종에게 아뢰고 있는 것이나,[14] 같은 해 9월에 승정원에서도 사유를 감당할 인물로 유숭조를 선발하여 아뢰고 있는 데서,[15] 이를 미루어 알 수 있다. 여기서 말하는 사유(師儒)란 경학(經學)에 밝고 행실을 닦아서 경서(經書)의 전수(傳授)를 담당할 수 있는 큰 학자를 말하는 것이므로, 이는 유숭조의 심오한 학문의 경지를 조정 대신들이 승인한 것이었다.

중종 1년(1506) 11월에 유숭조가 판결사(判決事)로 관직을 옮기게 되자, 의정부에서는 유숭조가 경서에 정통하여 경연관(經筵官)에 적합하니, 한관(閑官)으로 직을 바꾸어 경연관을 겸임케 해야 한다고 아뢰어[16], 결국 공조참의로 체직되어 경연참찬관을 겸하게 되었다.[17] 중종 5년 10월에도 경연청(經筵廳)의 시독관(侍讀官) 서후(徐厚)가, 경연에서 『중용』과 『대학』을 진강(進講)하게 되니 『중용』과 『대학』에 정통

14) 『성종실록』, 21년 1월 24일(정축).
15) 『성종실록』, 21년 9월 8일(정사).
16) 『중종실록』, 1년 11월 12일(정해).
17) 『중종실록』, 1년 11월 22일(정유).

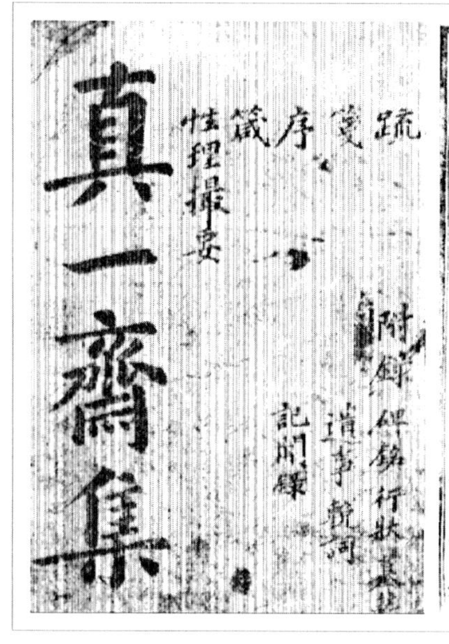

真一齋集

疏

序

識

性理撮要

附錄 碑銘 行狀

遺事 祝詞

記聞錄

孟子曰誦其詩讀其書不知其人可乎是以論其世也斯言固至矣然愚則以爲論其世則固可以知其人而必也誦其詩讀其書然後其人尤可以知矣向若無太極圖說易通西銘等諸書則雖如周張之賢其亦何從而知其造詣之極致乎我東性理之學創始於圃隱先生當時謂其論與胡雲峯合而顧無文字傳後又有寒暄一蠹靜菴諸先生相繼而作以續其緖微而亦無著述傳後其造詣極致學者殆無所據依以得窺尋焉甯非可恨之甚耶至晦齋先生方有太極論辨大學補遺九經衍義等書逮我退陶老

진일재집

한 이를 가려서 진강케 해야 한다고 아뢰었는데,[18] 이 때 경연참찬관이었던 이장곤(李長坤 : 1474~?)이, 그에 합당한 인물로서 김응기(金應箕)와 유숭조를 천거하고 있다.[19]

중종 6년 11월의 일이다. 유숭조가 황해도 관찰사로 임명되자, 홍문관에서는 역학계몽(易學啓蒙)과 하도낙서(河圖洛書)를 아는 사람은 유숭조와 김응기(金應箕)뿐이니, 경연에서 이를 진강(進講)하기 위해서는 유숭조를 내직(內職)으로 체직해야 한다고 주장하였고,[20] 또 우승

18) 『중종실록』, 5년 10월 1일(갑신).

19) 위와 같음.

20) 『중종실록』, 6년 11월 24일(경오).

지 이사균(李思鈞)은 영경연사(領經筵事)의 뜻이라면서, 유숭조·김응기로 하여금 역경(易經)의 계사(繫辭)를 진강케 해야 한다고 중종에게 아뢰고 있다.21)

앞에서 살핀 바와 같이 이조·예조·의정부·경연청·홍문관 등 온 조정의 조신들이 주장한 것처럼, 유숭조는 대학과 중용에 정통하고 역학계몽과 하도낙서·역경의 계사에 정통했던, 사유(師儒)에 합당한 인물이었다. 그렇기에 중종 1년 11월부터 7년 2월까지 무려 5년이 넘는 기간을 경연(經筵)에 진강(進講)하였던 것이고, 중종 2년 9월부터 7년 2월까지 5년 가까운 기간을 조선왕조의 최고의 교육기관인 성균관의 학장으로서 이 나라 젊은이들의 교육을 책임졌던 것이다.

유숭조가 지은 강목십잠(綱目十箴)과 성리연원촬요(性理淵源撮要)도 그의 학문 경지를 엿볼 수 있게 하는 주목할 만한 학문적 실적임에 틀림이 없다. 강목십잠은 정호(程顥)·정이(程頤) 형제와 주희(朱熹)가 사리(事理)의 시비를 가려서 선택한 준칙(準則)이 될 만한 말[格言]과, 역대의 귀감이 되고 경계(警戒)가 될 만한 일, 이단(異端)학문과의 미묘(微妙)한 차이 등을 찬집(纂輯)한 것이며, 성리연원촬요는 경전(經典)에서 성명(性命)에 대하여 서술한 심오(深奥)한 것과 여러 선비들이 성명(性命)에 대하여 변론하고 분석한 차이점의 바르고 합리적인 주장들을 찾아 모아서 지은 것이었다. 이를 본 중종이, 이 두 글을 속히 발간하여 조신들에게 나누어 주고 경연에서 진강(進講)토록 하라고 즉시 승정원에 전교하였던22) 사실 만으로도, 두 저술의 학문적 가치를

21) 『중종실록』, 7년 1월 17일(계해).

미루어 짐작할 수 있을 것으로 믿는다.

3

유숭조는 사상적으로 개혁적 · 진보적이어서 사림파(士林派)의 범주에 속하는 인물이었다. 우리는 다음에서 이를 엿볼 수 있다.

성종 24년(1493)에 유숭조는, 유자광(柳子光) 등이 재상의 신분으로서 사사로이 관선(官船)을 빌려 쓴 일을 논박하였고,[23] 윤필상(尹弼商) 등의 간사하고 아첨하는 자취를 낱낱이 임금에게 아뢰는 등 훈구대신들의 비행을 고발하고 있으며,[24] 그가 부응교로 있었던 중종 1년(1506)에, 공교(工巧)한 말과 요망(妖妄)한 술책으로 임금의 뜻에 영합(迎合)하여 나라를 무너뜨리는 소인배(小人輩)의 등용을 경계하는 말을 임금에게 아뢰고 있다.[25] 그가 대사성(大司成)으로 있던 중종 6년에는, 소격서(昭格署)가 허망(虛妄)한 일이라면서 소격서의 혁파를 임금에게 아뢰었을 뿐만 아니라,[26] 성균관의 모든 하재생(下齋生)들에게 소학(小學)을 강(講)하게 하였다.[27] 이러한 점으로 미루어 볼 때 유숭조는 조광조(趙光祖) 중심의 사림파들과 사상적으로 맞닿아 있었던 것이 분명하다.

---

22) 『중종실록』, 6년 3월 12일(임술).
23) 『성종실록』, 24년 10월 10일(신미).
24) 『성종실록』, 24년 11월 3일(갑오).
25) 『중종실록』, 1년 10월 3일(무신).
26) 『중종실록』, 6년 6월 5일(계미).
27) 『중종실록』, 11년 1월 15일(정유). 이점(李坫)의 계(啓) 참조.

사실 조광조 자신도 소격서의 혁파를 주장하였고,[28] 군자 · 소인론을 주장하여 소인을 배척하였으며,[29] 도학파들이 소학을 중시하였던 데서 확인되고[30] 있기 때문이다.

이처럼 유자광 · 윤필상 등 훈구대신들을 논척(論斥)하는 점에서나, 소격서의 혁파를 주장하고 소인배의 등용을 경계하며, 소학을 중시하였던 유숭조의 사상적 특성들은, 한 세대 후에 등장하는 신진사림(新進士林)인 조광조(1482~1519) 중심의 도학파들의 사상체계로 그대로 유전(流傳)한 느낌마저 든다. 더구나 중종 6년(1511) 4월 현재 조광조는 성균관 유생이었고,[31] 이 때 유숭조가 성균관의 학장인 대사성(大司成)이었으므로, 조광조가 사실은 유숭조로부터 글을 배운 유숭조의 제자임이 분명하고, 또 조광조 자신이 유숭조의 천거를 받아서[32] 관직에 나아갔음도 엄연한 사실이다.

그럼에도 불구하고 도학파인 기준(奇遵 : 1492~1521)은, '근자에 유숭조의 학문은 장구(章句) 만을 아는 학문이요, 몸을 다스리는 학문이 아닙니다.' 라고 임금에게 아뢰고 있고[33], 조광조 역시 '신이 보건대 유숭조가 비록 학술이 있었다지만, 그의 사람됨이 거칠고 경박(輕薄)하여 유자(儒者)의 일을 알지 못했습니다. 그 때 재사(齋舍)를 확장할 것을 주청하여 비록 유생들을 많이 불러 모았지만, 한갓 국고(國庫) 만을

28) 『중종실록』, 13년 8월 1일(무진) 및 22일(기축).
29) 『중종실록』, 12년 4월 4일(기유) 및 13년 2월 2일(신미).
30) 『중종실록』, 12년 8월 29일(임신).
31) 『중종실록』, 6년 4월 1일(경진).
32) 『중종실록』, 6년 4월 1일(경진) 및 4월 11일(경인).
33) 『중종실록』, 12년 2월 14일(경신).

허비했을 뿐입니다.' 라고 스승 유숭조를 극도로 비방하고 있다.[34)]

그것은 기본적으로 이 시기의 시대적 특징인 사림(士林) 대 훈구(勳舊), 군자(君子) 대 소인(小人)이라는 이분법(二分法)적인 사회적 갈등구조(葛藤構造)에 기인하는 것이었다고 생각된다.

주지하는 바와 같이, 조선왕조 성종대 이래로 길재(吉再)의 학통을 이어받은 김종직(金宗直)의 문인으로서, 경상도를 중심으로 절의(節義)를 숭상하여 성리학의 이학적(理學的) 탐구에 주력하였던 일군(一群)의 사림세력들이 있었는데, 이들은, 기내(畿內)에 거주하면서 조선왕조 초기의 문물제도를 정비하는 데 중요한 역할을 담당하였던 훈구세력들을, 부정적 시각으로 보면서 첨예하게 대립하여 왔다. 특히 중종초년의 사림파 내의 도학파들의 정치적 특징은, ㉠ 정치집단을 군자와 소인으로 이분화(二分化)하여, 자신들을 군자로 자처하면서 훈구를 소인으로 배척하였고, ㉡ 도덕적 실천규범으로서 소학(小學)을 중시하고 소학의 실천운동을 전개하였으며, ㉢ 소격서(昭格署)의 혁파를 강력히 주창하여 다른 정치집단과 스스로를 차별화하고 있었던 것이다.

이러한 도학파의 특성만을 고려한다면, 유숭조는 비록 노성(老成)한 인물이었지만 사실은 도학파의 범주에 속해야할 인물이었는데도, 도학파들은 여전히 그를 훈구의 일원(一員)으로 간주하였던 것이다. 그도 그럴 것이 중종 5년 말경 조광조가 사림의 영수가 되면서,[35)] 정몽주 - 길재 - 김종직 - 김굉필 - 조광조로 이어지는 도학파의 학통(學統)을

34) 『중종실록』, 12년 2월 20일(병인).
35) 『중종실록』, 5년 11월 15일(정묘).

확립하고 지치주의(至治主義) 정치를 지향하고 있었는데, 이러한 도학파의 학문 연원과 정치이념이 다른 유숭조를 도학파로 수용하기 어려웠을 것이기 때문이다. 한편 유숭조로서도 이 시기 조광조 중심의 신진 도학파들이 추구하던 급진적이고 다분히 혁명적인 개혁과 변화에 동조(同調)할 수는 없을 만큼 이미 연로(年老)해 있었던 것이다.

결국 조광조 중심의 도학파들의 유숭조 배격은, 사제(師弟) 간이나 선후배 사이라는 온정(溫情)적인 인간관계를 뛰어넘은, 다분히 이념(理念)에 매몰(埋沒)된 측면이 없다고 할 수 없을, 하나의 이념분쟁의 산물(産物)이라는 이해마저 가능케 하고 있다고 생각된다.

4

1) 유숭조는 충직(忠直) · 과감(果敢)한 인물이었다

성종 24년의 경연에서의 일이었다. 우의정 허종(許琮 : 1434~1494)이 말하기를, 재상과 대간이 화목해야 조정이 평안한 것이라고 하자, 정언 유숭조가 우상 허종의 주장에 맞서 말하기를, 재상과 대간이 가부(可否)를 가리고 시비(是非)를 따지는 것은 인군(人君)을 바른 길로 인도하려는 것이니, 화목에만 힘쓰는 것보다 사리의 합당함을 구해야 하는 것이라며, 논의를 굽히지 않았다.[36] 또 연산군의 치하에서도 인군의 실정(失政) 10여 조를 글로써 일일이 논하였으며,[37] 연산군 11년에

36) 『진일재선생문집』, 권 4, 姜渾撰 神道碑銘(P. 31).
37) 위와 같음.

출행(出行)하였던 연산군이 바른 길이 아닌 지름길로 환궁(還宮)하자, 유숭조는, 군자는 지름길로 다니지 아니 한다 하였으니 인군도 당연히 그렇게 해야 한다고 주장하면서, 한 일이라도 바른 길로 행하지 않으면 온갖 생각이 모두 바르지 못하게 되는 것이라고 힘을 다하여 간하였으며, 뒤에 다시 잡혀 들어가 형장(刑杖)을 맞으며 엄한 심문을 당하였지만, 큰 소리로 당당하게 말하는 것을 두려워하지 않았으며 조금도 물러서지 아니하였다.[38]

연산군 9년 9월의 일이었다. 인정전(仁政殿)에서 양로연(養老宴)이 열렸는데, 연산군이 회배(回杯)를 내리느라 잔대를 잡은 술잔에, 예조판서 이세좌(李世佐)가 술을 따르다가 넘쳐서 임금의 옷을 적시는 일이 발생하였다[39]. 이에 노한 연산군이 이세좌를 국문하고, 대간(臺諫)들에게 이세좌의 죄를 탄핵할 것을 계속 강요하였다. 이 때 사헌부 장령이었던 유숭조는 불응하다가 서반(西班)에 강직(降職)되는 조치를 당하였고,[40] 끝내는 의금부에 투옥된 데 이어 유배의 길을 떠나기도 하였다.[41] 연산군의 학정(虐政)에 대한 분명한 저항이었다.

연산군이 서거(逝去)하고 그의 장례를 어떻게 치룰 것인가의 문제가 대두했을 때의 일이다. 이 때 유숭조는 연산군의 장례에 왕릉의 의례(儀禮)를 사용하고, 따로 상주를 세워 제사지내야 한다고 주장하였다.[42] 그러자 조정 대신들, 저항은커녕 연산군에게 승순(承順) 영합(迎

38) 위와 같음.
39) 『연산군일기』, 9년 9월 11일(갑술).
40) 『연산군일기』, 9년 9월 20일(계미).
41) 『연산군일기』, 10년 3월 18일(기묘).

合)했던 조신들마저도 모두들 반대하며, 유숭조를 죄로 다스려야 한다고 주장하였으므로[43] 유숭조는 언론의 질타(叱咤)를 받고 경연 참찬관에서 교체되었다. 이에 대하여 『중종실록』의 사신(史臣)은, '연산군이 비록 도리를 잃어 폐위되었지만, 조신(朝臣)들이 북면(北面)하여 임금으로 섬긴 지가 12년이고, 주상(主上)의 형이 되니, 마지막 보내는 일은 후히 해야 할 것인데, 옛 임금에게는 관대하고 새 임금에게는 충성해야 하는 것을 생각하지 못하는, 조정의 논의가 애석하다.[44]' 면서 유숭조의 주장이 정당한 것이었음을 청사(青史)에 남기고 있다. 또한 도학파인 김세필(金世弼) · 김안국(金安國)은, 유숭조의 주장이 폐주(廢主)를 위한 것이 아니고 작은 충후(忠厚)한 뜻을 감히 아뢴 것이라며, 유숭조를 죄주라는 조정의 요청은 아름다운 기풍이 아니라고 유숭조를 오히려 변호하였다.[45]

『선조실록』의 찬수자(纂修者)인 사신(史臣)은, 공희조(恭僖朝 : 중종조)에 예(禮)에 대하여 말한 정론(正論) 일조(一條)를 여기에 기록하여 민멸(泯滅)되지 않게 하고자 한다고 전제하고, 연산군의 장례를 국군(國君)의 예로써 치룰 것을 중종에게 아뢰었던 유숭조의 주장을, 우리나라에 다시없을 역사에 길이 남길 정론(正論)이라고 칭송하면서, 그 때의 대신들이 무식하여 유숭조의 주장을 채용하지 않았음을 심히 애석해하고 있다.[46]

---

42) 『중종실록』, 1년 12월 9일(계축).
43) 『중종실록』, 1년 12월 11일(을묘).
44) 위와 같음.
45) 『중종실록』, 1년 12월 12일(병진).

사실 이때의 유숭조의 주장은, ㉠ 임금을 바른 길[正道]로 인도하지 못한 신하의 책임과, ㉡ 군(君)·부(父)는 일체인 것으로서, 아비가 아비답지 못하여도 아들은 아들다워야 한다는 것과, ㉢ 신하로서의 임금을 위한 상장(喪葬)의 예(禮)를 다해야 한다는 것을 강조한 것으로 정리된다. 온통 폭군 연산군을 매도하는 분위기 속에서 진정 용기 있는 사람이 아니고서는 아무나 쉽게 할 수 있는 말이 아니었으며, 오직 충직하고 과감한 사람만이 할 수 있는 말이었다.

2) 유숭조는 백성을 위하고 백성을 사랑하는 인물이었다

성종 24년 10월의 경연에서의 일이다. 유숭조는, ㉠ '금년에 벼가 여물지 않아서 백성들은 이를 한탄하고 있는데, 수령(守令)들이 빈부를 구별하지 않고 공채(公債) 징수를 빙자하여, 견감(蠲減)해준 수세분(收稅分) 마저 공공연하게 바치기를 독촉하므로 백성들이 유망(流亡)하게 됩니다.'고 색리들의 비행을 지적하였고, ㉡ '수령이 혼자서 고을의 일을 처리할 수 없어서 색리(色吏)에게 이를 맡기는데, 색리가 세력을 빙자하여 취리(取利)하고 자문[尺文]을 주지 않고 수기(受記)에도 지우지 않고 있다가, 다음 해에 또 바치도록 독촉하고 있습니다.'고 색리들의 횡포를 고발하고 있으며, ㉢ '전라도와 경상도에서 양전(量田)을 하는 데에 소용되는 시탄(柴炭)과 등유(燈油) 등을 모두 민간에서 거두고 있으며, 위관(委官)·서원(書員)의 거느리는 무리들도 모두 민간에 돌려가며 식사를 제공하고 있습니다.'고 양전(量田)상의 자심한 민폐를

46) 『선조실록』, 36년 3월 21일(정축).

암행어사를 파견하여 적간(摘奸)·시정할 것을 아뢰고 있다.[47]

또 그는, '여러 고을의 요해처(要害處)의 갈림길에 포도막(捕盜幕)을 설치하고, 이를 감독하는 감고(監考)가 불시에 적간하여 포도막을 지키는 자가 없으면, 관청에 고발하여 속전(贖錢)을 받거나 혹은 위협하여 뇌물을 받는 까닭에, 도둑은 끊이지 않는데 백성들만 어려움을 당합니다.'고 포도막의 폐단을 아뢰며 그 폐지를 요청하였다.[48]

유숭조는 자신이 귀양살이를 하는 동안에도 위민(爲民)·애민(愛民)이라는 화두(話頭)를 놓지 않았던 것 같다. 연산군 10년에 그가 강원도 원주에 유배되어 있으면서, 진상품(進上品)으로 인하여 그 지역 백성들이 받는 고통을 목격하였는데, 훗날 중종조에서 그가 홍문관 부교리에 발탁되자 그는, '신(臣)이 강원도에 귀양 가 있을 때 목도한 일입니다. 폐조 연산군 때 진상건수(進上件數)가 이전의 백배나 되었고, 사슴의 꼬리나 혀 한 개의 값이 면포(綿布) 20~30필에 이르렀습니다. 하는 수 없이 그 값을 가지고 사옹원(司饔院)의 각 색장(色掌)의 집에 가서 사야했으니, 백성들이 받는 해(害)가 이처럼 혹심하였습니다. 또 진상품을 사옹원에 상납할 때, 사옹원 하인들이 자신들에게 뇌물을 주지 않는 것에 성이 나서, 진상품의 빛깔이 나쁘다는 핑계로 물리쳤으며, 혹 뇌물을 주면 비록 빛깔이나 맛이 좋지 않아도 먼저 수납하니 이는 매우 심한 폐단이었습니다. 지금부터는 사옹원 제조(提調)로 하여금 이 폐단을 통절(痛絶)하게 하는 것이 어떻겠습니까? 하고 아뢰고 있

47) 『성종실록』, 24년 10월 14(을해).
48) 『성종실록』, 24년 10월 20일(신사).

다[49]. 우리는 위에서 유숭조의 위민·애민의식을 충분히 확인할 수 있었다고 생각한다.

5

지금까지 알려진 바로는 유숭조에게는 내세울 만한 스승이 없다.[50] 그럼에도 불구하고 그의 학문은, 당시 사람들이 경학(經學)에 대해서는 유숭조에게 물어야 한다[51]고 말하였을 만큼 경학에 조예가 깊었던 것 같다. 유순(柳洵 : 1441~1517)은 그가 지은 십잠발문(十箴跋文)에서, 우리 동방의 성리학이 권근(權近 : 1352~1409) 이후에 끊어졌는데, 겨우 유숭조에 의하여 가까스로 보전되고 있으며, 유숭조의 학문이 심오하여 경전의 사상과 내용에 정통하다고 밝히고 있고,[52] 김응조(金應祖 : 1587~1667)는 유숭조의 학문에 대하여, 그의 정묘(精妙)한 경지에 도달한 견해(見解)와 스스로 깨달은[自得] 오묘(奧妙)함이, 위로는 주자[考亭]에 부합(符合)하고 아래로는 퇴계(退溪)에 부합한다[53]고 칭송하였다.

그러나 유숭조의 학문은 경학만이 아니고 실용(實用)의 학문인 사서

---

49) 『중종실록』, 1년 10월 3일(무신).

50) 柳鼎文은 「請賜謚疏」(진일재문집, 권 4, 74쪽)에서 「先生之學 既無授受之處」라 하고, 柳致明은 「謚狀擬草」(위 책, 102쪽)에서 「最其不由師承 深造自得」이라 하여 유숭조에게 스승이 없었다고 밝히고 있다.

51) 尹定鉉의 「謚狀」(위 책, 91쪽). 「… 當時語之曰 經學問於柳大司成 史學問於金慕齋」.

52) 柳鼎文의 「請賜謚疏」 참조..

53) 위와 같음.

(史書) · 제가서(諸家書) · 시문집에도 널리 통달하였으며, 주역과 예기와 천문(天文) · 역법(曆法)의 오묘한 것 까지도 정통하였다. 그가 손수 제작한 천체관측기인 혼천의(渾天儀)는 일월성신(日月星辰)의 운행도수(運行度數)와 절기(節氣)의 변화가 정확하게 들어맞았다.[54] 특히 유숭조가 우리말[方言]로 여러 경서들을 언해(諺解)하였는데, 이에 대하여 유치명(柳致命 : 1777~1861)이 평하기를, 그것은 글의 장(章)을 나누고 구(句)를 가르며, 여러 사람의 주해(註解)를 한 데 모으는 일과 맞먹을 큰 업적이라고 할 만하다 하였다.[55] 이처럼 그는 실용(實用)의 학문을 몸소 실천한 현사(賢士)였다.

그는 생업(生業)에는 관심이 없었던 청백한 유사(儒士)로서, 그가 세상을 떠나던 날에 그를 염(殮)할 옷 한 벌이 없었다고 전한다.[56] 이러한 그의 진유(眞儒) · 사표(師表)적 숭고한 삶은, 후세들의 추앙을 받아 순조 22년(1822)에 전주의 용강(龍岡)서원에 봉안(奉安)되고, 다음 해에 안동(安東)의 송천(松川)서원에 봉안되었다. 그리고 생전의 관품(官品)이 종2품이었으므로 시호(諡號)를 받을 수가 없었지만,[57] 도학(道學)이 뛰어난 사람들에게는 관품에 관계없이 시호를 내려주던 규정에 따라,[58] 철종 2년(1851)에 정2품 자헌(資憲)대부 홍문관 대제학으로 증직(贈職)되고[59], 뒤이어 철종 5년에 문목(文穆)이란 시호를

---

54) 姜渾의 神道碑銘(위 문집, 권 4, 30쪽) 참조.

55) 柳致明의 諡狀擬草(위 문집, 권 4, 102쪽) 참조.

56) 尹定鉉 撰 「諡狀」(위 문집, 권 4, 89쪽). 「… 平生不事産業 捐館之日 無以爲斂」.

57) 『六典條例』 禮典, 奉常寺, 節惠조에, 「宗親文武正二品以上 諡狀呈」이라 규정하고 있다.

58) 『六典條例』 禮典, 禮曹, 總例조에, 「實行表著者 京則漢城府 外則觀察使 每式年歲首 抄錄 啓聞 自本曹分秩(或旌閭 或贈職 …).

하사받는 사후의 영광마저 누리었다.[60]

그로부터 30여 년 뒤인 고종 20년(1883)에, 경기도 유학(幼學) 박지양(朴之陽) 등에 의하여 문묘(文廟)에 종사(從祀)하려는 상소가 있었으니,[61] 비록 문묘종사에는 이르지 못하였지만 일군(一群)의 유생들로부터 문묘종사의 논의가 있었을 만큼 현자(賢者)로서 추앙받던 인물이었음에는 틀림이 없다고 여겨진다.

---

59) 「진일재선생연보」, 25쪽.
60) 위 책, 26쪽.
61) 『고종실록』, 20년 12월 1일(정미).

묵암(墨岩) 이계맹(李繼孟)

1

이계맹(1458~1523)은 세조 4년(1458)에 아버지 영(穎)과 어머니 인천(仁川) 채(蔡)씨 사이에서 태어났다.[1] 본관은 전의(全義)이고 자(字)는 희순(希醇)이며 호는 묵암(墨岩)이다. 그는 14, 5세의 늦은 나이에 글을 배웠으나 학업이 나날이 향상하여, 성종 14년(1483)에 26세의 나이로 생원시와 진사시에 합격하였는데, 김종직(金宗直)이 성종 18년에 전라도 관찰사로 와서 이계맹을 보고 그를 매우 중시하여, 온 나라 사람들의 존경을 받을 국사(國士)로서 대접하였을 정도로 학문이 이미 성숙해 있었다.

그는 성종 20년(1489)에 32세의 나이로 문과에 급제하여, 성종 22년에 세자시강원 설서(說書)로 관계에 발을 들인 후로, 사간원 정언과 사헌부 장령, 홍문관 전한(典翰)을 거쳐 관찰사와 대사헌 · 판서를 두루 역임하고, 의정부 좌찬성으로 생을 마감하였던 전주를 빛낸 역사적 인물 중의 한 사람이다. 『중종실록』에서는 그를, 옳고 그름을 잘 분별하는 군자(君子)였다고 논평하고 있고,[2] 인조조(仁祖朝)에서 보합(保合)정치에 반대하고 시비(是非)와 선악(善惡)의 엄격한 구별을 주장하여 청서파(淸西派)의 영수(領首)가 되었던 김상헌(金尙憲 : 1570~1652)

---

1) 이계맹의 출생지는 일반적으로 김제로 알려지고 있으나, 그가 어렸을 때 전주의 곤지(坤止)산에 퇴거하던 유분(柳玢)에게서 글을 배웠던 것으로 미루어, 적어도 그가 성장기를 전주에서 보낸 것이 틀림이 없으므로, 『묵암선생실기』 문평공(文平公) 행장에서 밝힌 대로, 여산에서 태어나 전주에서 성장하였으며 김제에서 세상을 마쳤다는 것이 옳게 여겨진다.

2) 『중종실록』, 18년 2월 28(기해)일.

은, 그가 지은 문평공신도비명(文平公神道碑銘)에서 '내가 원하는 것은 채찍을 잡고 이계맹이 탄 수레를 모는 것이다.'[3] 라는 간단한 표현으로 지극한 흠모의 정을 드러내고 있으며, 안로(安璐)는 그가 찬(撰)한 『기묘록보유(己卯錄補遺)』에서, 이계맹을 사림(士林)들이 의지하고 존중하던 군자유(君子儒)라고 추앙하고 있다.[4]

이처럼 이계맹은 한 시대 지식인들의 존경과 추앙을 한 몸에 받았던 자랑스러운 전주의 인물이었다. 이에 필자는 본 연구를 통하여 이계맹의 정치철학과 정치사상. 그의 학문의 연원과 도학파와의 관계 등에 유의하여 고찰하고자 한다.

이계맹 묘소(김제 제월동)

3) 『묵암집』, 권 2, 「… 求余文刻石 余所願爲 執鞭者 …」
4) 『대동야승(大東野乘)』, 권 10, 「… 士林重倚之 乃謂君子儒」.

2

이계맹이 성종 22년(1491)부터 중종 18년(1523)까지 관직에 몸담고 있던 32년간의 생활에서, 그는 일에 임하여 항상 직언(直言)을 서슴지 않았다. 성종 23년 그가 정언(正言)으로 재직할 때의 일이었다. 왕자군(王子君)과 부마(駙馬)의 집을 모두 관청에서 높고 장려(壯麗)하게 건축하면서, 병선(兵船)의 재목으로 이용되는 강원도와 황해도의 재목들을 실어 나르고 있었는데, 이계맹이 그 부당함을 아뢰고 이를 중지시킬 것을 직언하였으며[5], 훈척(勳戚) 임사홍(任士洪)이 사신을 영접하고 위로하던 도사선위사(都司宣慰使)에 임명되자, 임사홍이 바르지 못하여 조정에서 소인(小人)으로 지목되고 있다면서 임용을 거두기를 주청하였고,[6] 임사홍을 선위사로 주의(注擬)한 승정원을 추국(推鞫)할 것을 주장하였다.[7]

연산군의 폭정 하에서도 이계맹은 폭압정치를 완화하려는 일정 정도의 노력을 꾸준히 유지하였다. 연산군이 연일 사냥을 강행하여 사람과 말을 피폐케 하자 사냥을 중지할 것을 주청하였고,[8] 연산군 9년(1503) 11월에 창덕궁의 동·서쪽 담장과 함춘원(含春苑) 남쪽 담장 밑의 90여 인가의 철거를 명하자, 이계맹은 부조(父祖)이래로 살던 집을 하루아침에 철거하는 것은 부당하다고 이를 중지할 것을 아뢰었다.[9] 그가 승지

---

5) 『성종실록』, 23년 2월 22(계해)일.
6) 『성종실록』, 23년 2월 27(무진)일.
7) 『성종실록』, 23년 3월 2(임신)일.
8) 『연산군일기』, 9년 10월 9( )일.
9) 『연산군일기』, 9년 11월 9(임신)일.

로 있던 동안에도 연산군의 무도(無道)에 승순(承順)하지 않고 많은 사람들을 구원하였다. 연산군 10년, 그가 동부승지로 있을 때의 일이다. 연산군이 내전(內殿)에서 종일 술을 마시고 즐기다가 한형윤(韓亨允 : 1470~1532)을 불렀는데, 형윤의 집이 멀어서 곧 오지 못하자 왕이 노하여 이계맹을 시켜 전지(傳旨)를 지어 형윤을 파출(罷黜)하라고 하였다. 그러나 이계맹은 왕이 취한 것을 알고 전지를 지어 아뢰지 않음으로써 형윤을 파출에서 구원해내었다.[10]

이후 연산군이 크게 방종하여 말하는 자를 추후(追後)에 죄를 줌으로써 뒷사람들을 경계하려 하였으므로, 왕이 하려는 일이 있어 신하들에게 물으면 모두 지당하다고 대답할 뿐이었다. 이 때 승지들도 모두 혼암(昏暗)하고 용렬(庸劣)하며 나약하고 비루(卑陋)하였지만, 이계맹과 박열(朴說 : 1464~1517)이 승지로 있어서 그 사이의 많은 일들을 미봉(彌縫)해갔다는 것이, 『연산군일기』를 찬한 사관(史官)들의 공통된 평가였다.[11] 그러다가 때로는 국문을 당하였고,[12] 때로는 유배를 당하기도 하였지만,[13] 이계맹은 연산군의 폭정으로부터 현사(賢士)들을 보호하려는 자신의 소신을 포기하지 아니하였다.

중종 14년(1509)의 일이다. 이말손(李末孫) 등이 고변(告變)하기를, 신창령(新昌令) 이흔(李訢)이 박영문(朴永文)과 모의하여, 삼공(三公)이 예궐할 때를 틈타 활을 쏘아 죽이고 대궐로 들어가 임금을 폐위하고

10) 『연산군일기』, 10년 1월 10(임신)일.
11) 『연산군일기』, 10년 윤4월 23(계미)일 및 동 3월 2(신묘)일.
12) 『연산군일기』, 10년 6월 8(정묘)일.
13) 『연산군일기』, 10년 9월 19(병오)일.

완원군(完原君 : 성종 제4남 憹)을 임금으로 세우기로 한다 하였다.[14] 이로 인하여 이말손은 자급(資級)이 높이 올랐으며 신창령의 가산(家産)을 물려받았다. 그러나 모반자로 고변된 박영문을 중종이 곧바로 명소(命召)하여 녹비(鹿皮)를 내려주고 위로한 뒤 공조판서로 임용하였을 뿐만 아니라, 『중종실록』을 찬(撰)한 사신(史臣)들이, 박영문이 모반했다는 일은 이흔이 거짓으로 꾸미고, 이말손이 부연(敷衍)한 데서 나온 것이라고 평하거나,[15] 혹은 이말손이 성품이 간활(奸猾)하여 고변자들이 공신으로 책봉되는 것을 알고, 이흔을 유인하여 망령된 일을 하게하고 이를 고발한 것이라고 논평하고 있는 데서[16] 짐작되듯이, 이 고변사건은 다분히 날조된 사건이었다.

그럼에도 불구하고 사안이 고변사건인지라 누구도 감히 이에 대하여 언급하는 이가 없었는데, 이계맹이 조강(朝講)에서 이말손의 외람된 상작(賞爵)과 신창령의 억울함을 아룀으로써, 신창령의 족친들을 모두 그날로 석방케[17]하는 용감력을 발휘하였던 것이 그것이다. 이처럼 그는 부당한 일을 보면 일신(一身)의 안위(安危)를 돌보지 않고 항상 직언하였으며, 악을 배척하고 선을 보호하는 올곧은 선비로서의 철학과 사상을 시종 견지하였다.

---

14) 『중종실록』, 4년 10월 28(병진)일.
15) 위와 같음.
16) 『중종실록』, 11년 8월 24(계유)일.
17) 『중종실록』, 11년 12월 2(무신)일.

3

전주에 살던 이계맹이 누구에게서 글을 배웠을까 하는 문제는 흥미있는 일이기도 하지만 한편 밝혀내야할 일이기도 하다. 강효석(姜斅錫)의 『전고대방(典故大方)』에 의하면, 이계맹은 점필재(佔畢齋) 김종직(金宗直)의 문인이라고 밝히고 있고, 이계맹의 『묵암집(墨岩集)』 권3에 수록된 「점필재선생문인록」에도 이계맹이 분명하게 기록되어 있다.

그러나 『묵암집』의 이계맹 행장에 의하면, 어릴 적 방종하였던 이계맹이 14, 5세 때에 이르러서야 평소의 생각을 바꾸어 글을 배우기 시작하였고, 성종 14년(1483)에 26세의 나이로 소과(小科)에 합격하였으며, 32세 되던 성종 20년에 문과에 급제하였다. 그리고 김종직이 전라도 관찰사로 왔을 때 이계맹과 처음 만난 것으로 되어 있는데, 성세창(成世昌 : 1481~1548)이 지은 문평공묘지(文平公墓誌)와 김상헌(金尙憲 : 1570~1652)이 지은 문평공신도비명(文平公神道碑銘)에서도 똑같다. 다만 문제는 이들 세 기록물들이 이계맹과 김종직이 만난 시기를, 이계맹이 소과에 합격한 성종 14년 이전의 시기로 기술하는 오류를 범하고 있다는 것이다.

김종직이 전라도 관찰사로 재임했던 기간은 성종 18년(1487) 6월부터 성종 19년 5월까지의 1년여의 기간이었다. 따라서 이계맹이 김종직을 만난 것도 이때였으며, 그것은 이계맹이 이미 소과를 합격하고 문과를 준비하고 있던, 그의 나이 이미 30세 때의 일이었다. 이계맹의 나이로나 김종직의 도백(道伯)이라는 신분으로 미루어, 이때는 양자 간에 새로이 사승(師承)관계가 형성되기는 어려운 관계였으므로, 그보다는 오히려 그 시기에 흔히 볼 수 있었던 사사(師事)관계로 발전하였을 듯싶다.

여하 간에 이 이후 김종직과 인연하여 이계맹은 영남 사림들과 활발한 교유가 있었던 것임에 틀림이 없다. 김일손(金馹孫 : 1464~1498)은 그가 지은 이계맹의 아버지 사정공묘지명(司正公墓誌銘)[18]에서, '내 친구 이희순(李希醇)씨'라는 표현을 써서 이계맹이 자신의 친구임을 밝히고 있고, 안로(安璐)의 『기묘록보유』에는, '이계맹이 젊어서 김일손 · 이주(李胄 : ?~1504) 등과 포부와 하는 일이 같았으며, 김굉필(金宏弼 : 1454~1504)과도 교유(交遊)하였다'고 기록하고 있는데, 위 세 사람은 모두 김종직의 문인들이기 때문이다. 이런 까닭으로 이계맹이 흔히 김종직의 문인으로 오해를 받았던 것이고, 그 때문에 연산군 4년(1498)의 무오사화 때에는 이계맹이 이주 · 김굉필과 붕당(朋黨)을 지었다는 죄목으로 형장(刑杖)을 받고 부처(付處)되는 수난을 겪었던 것이다.

그렇지만 이계맹이 김종직으로부터 글을 배웠던 일은 없었다. 연산군 4년 무오사화 때의 일이다. 윤필상(尹弼商 : 1427~1504)이 김종직으로부터 글을 배운 사람들을 말하라고 김일손을 문초하였는데, 김일손은 이계맹이 김종직에게서 수업을 받은 일도 없고 제술(製述)로 과차(科次)를 받았을 뿐이라고 대답하고 있다. 뿐만 아니라 이계맹이 강혼

---

18) 『묵암집』, 권 4, 부록 참조.

(姜渾 : 1464~1519) 등과 붕당을 지었다는 죄목으로 문초를 받을 때, 이계맹은 공초(供草)에서, 김종직이 전라도 관찰사로 있을 때 실시한 전주도회(全州都會)에서 자신이 으뜸을 차지하니, 김종직이 칭찬하면서 종이와 붓을 주었을 뿐, 그의 밑에서 수업한 일은 없다고 밝히고 있다.[19] 이와 같이 김일손의 증언과 이계맹의 공초를 근거로 이계맹이 김종직의 문인이 아니라고 판단되어, 이계맹이 사화를 피할 수 있었다.

이렇게 볼 때 이계맹과 김종직의 관계는 그 시기에 흔하게 볼 수 있었던 사사(師事)관계였음에 틀림이 없다. 사사는 그 시기 사림의 주류를 형성하고 있던 영남사림과, 어떤 형태로든 연결을 희망하던 유사(儒士)들의 염원(念願)이 만들어낸 하나의 독특한 문화현상이었다고 생각된다. 『전고대방(典故大方)』에서처럼 이계맹을 김종직의 문인으로 기록하고 있는 현상들은, 그 시기에 사회에 만연(蔓延)해 있던 사사관계를 당시 사회가 공인(公認)하였음을 반영한 것일 뿐이다.

이계맹은 어린 시절에 전주에서 성장하면서 전주에서 글을 배웠다. 이계맹이 전주에서 성장할 무렵, 전주에는 세조가 즉위하던 1455년에 26세의 나이로 전주의 곤지산(坤止山)으로 낙향하여 은거하면서 후학들을 교육하던 유분(柳坋 : 1430~1506)이 있었으니,[20] 이계맹이 유분에게서 수업을 받는 일은 너무도 자연스러운 일이었다. 이는 중종 7년(1512)에 이계맹이 지은 유일재유선생묘지명(遺逸齋柳先生墓誌銘)[21]

19) 『연산군일기』, 4년 7월 28(임술)일.

20) 「柳克修神道碑」, 「… 當端宗遜位 屛居于完之坤止山 築一樓 扁之以惠學 … 文平公李繼孟楸灘李瓊仝寒齋李穆 皆來學」

21) 『묵암집』, 권 1, 참조.

에서, 이경동(李瓊仝 : 1438~1494) · 이목(李穆 : 1471~1498)과 자신이 유분에게서 글을 배운 유분의 문하생임을 밝히고 있는 데서 분명하게 확인된다.

『회헌일고(檜軒逸稿)』에 의하면, 단종이 왕좌에서 물러날 때 유의손이 전주 황방산에 은거하였는데, 그의 족질(族姪)인 유일재(遺逸齋) 분(坋)이 날마다 의손에게서 글을 배웠다고[22] 기록하여, 분이 의손의 문인임을 밝히고 있다. 그러나 사실은 유분이 황방산에 은거하는 의손에게서 글을 배운 것은 아니었다. 왜냐하면 유의손이 황방산으로 퇴거한 것은 그의 아버지 빈(濱)이 사망한 세종 30년(1448)의 일이었고,[23] 그는 그로부터 2년 뒤인 세종 32년에 53세의 나이로 세상을 떠났으며,[24] 분은 서울에 살다가 의손이 죽은 5년 뒤인 단종 3년(1455)에 26세의 나이로 전주에 은거하였으니, 황방산 소와정(笑臥亭)에서 글을 배울 수는 없는 일이기 때문이다. 분은 의손이 서울에 있을 때 글을 배웠던 것이고, 의손은 누구로부터 글을 배웠다는 기록이 없는 것으로 미루어 아마도 그의 아버지 빈에게서 글을 배웠던 것이 아닌가 싶다. 우리로 하여금 유빈(濱) — 의손 — 분 — 이계맹(이경동 · 이목) — 나응삼(羅應參)으로 이어지는 전주사림(全州士林)의 학통(學統)을 상

22) 『檜軒先生逸稿』, 附錄, 拾遺, 「檜軒先生 當魯山遜位時 退去全州之黃方山中 … 其族姪 遺逸公 逐日往從 專心學問 … 」.

23) 柳義孫이 이조참판으로 있을 때, 金有讓의 아들 嗣昌을 승진시키는 청탁에 간여한 죄로 직첩을 빼앗겼는데, 이 때 유의손이 낙향할 것을 결심하였고(『세종실록』, 29년. 4. 21), 세종 30년(1448) 9월에 그의 아버지 상을 당하여 전주로 낙향하였던 것으로 생각된다(『세종실록』, 30. 9. 27).

24) 『문종실록』, 즉위년 6월 9(신사)일.

용암서원 [이계맹] (김제시 교동)

정(想定)할 수 있게 하는 대목이다.

4

이계맹은 부조(父祖) 이래의 가문의 관력(官歷)이나, 김종직을 사사하고 김일손 · 김굉필과 교유하였던 그의 행적으로 보아 사림파에 속한 인물이었다. 성종 대에 득세하였던 사림들이 연산군 치세의 무오 · 갑자사화로 많은 죽임을 당하고 쇠약해지면서 경학(經學)을 볼 수가 없었으나, 중종반정 이후로 유신(維新)정치를 지향하며 사림을 대거 3사에 등용하면서 학자들이 차츰 일어났는데, 진사 조광조(趙光祖 : 1482~

1519)가 성리학을 깊이 연구하고 유학을 진흥시키는 것을 자기의 소임으로 삼았으므로, 학자들이 그를 추대하여 중종 5년(1510)에 사림의 영수(領首)가 되었다.[25]

조광조가 처음 관계(官界)에 진출한 것은 중종 10년 6월의 일이었는데, 그 해 11월에 정언이 되고 다음 해에 홍문관 수찬이 되었으며, 중종 12년에 교리와 응교를 거쳐 그 해 12월에 정3품 직제학(直提學)이 되었다. 조광조가 관계에 들어선지 실로 30개월이 채 못 되어서의 일이었으므로, 사람들이 말하기를 이는 고금에 없는 일이라 하였다.[26] 이때에 이미 조광조의 세력이 크게 치성(熾盛)하여, 지위는 낮으나 권세가 3공을 압도하였으므로, 젊은 신진들이 모두 그를 추종하였던 것이다.[27]

조광조는 공자의 사상과 도(道)를 정치사회에 실현할 것을 목표로 하는 이른바 지치주의(至治主義)를 정치적 이상으로 하고 있었는데, 이들 지치주의의 실현을 꿈꾸던 일군(一群)의 신진 사림들을 사림파와 구별하여 도학파(道學派)라 이름 하였다. 이들 도학파는 사림파 내에서도 보다 개혁적이고 보다 급진적 · 혁신적인 정치적 변화를 추구하던 정치집단이었다. 이들은 성리학적 수기서(修己書)인 『소학(小學)』을 필독서로 강조하고, 과거제도의 폐단을 지적하며 천거(薦擧)로써 인재를 선발하는 이른바 현량과(賢良科)를 실시할 것을 주장하였으며, 군자

---

25) 『중종실록』, 5년 11월 15일(정묘)일. 사론 참조.
26) 『중종실록』, 12년 윤 12월 13(갑신)일.
27) 『중종실록』, 12년 11월 22(갑오)일.

소인론(君子小人論)을 주장하여 군자와 소인은 같은 조정에서 함께 일할 수 없음을 역설하였다.

도학파들이 하나의 정파(政派)로서 정치세력화한 것은 조광조가 사간원 정언이었던 중종 10년 말부터 시작하여 중종 11년에 홍문관 수찬이 되어 검토관(檢討官)으로서 경연에 참여하였던 시기로 생각되며, 중종 12년에 부교리로 승진하면서 시독관(侍讀官)으로서 경연에 참여하여 기회마다 자신의 정치적 이상을 피력하는 기회로 활용함으로써, 중종이 도학에 심취하였던 시기에 그 세력이 크게 신장되었던 것으로 생각된다.

그러나 도학파들의 일방적인 독주(獨走)가 아직 드러나지 않았던 중종 12년 초까지는 이계맹과 도학파 간에 아무런 대립의 징후도 감지되지 아니하였다. 중종 10년 8월에 도학파인 담양부사 박상(朴祥 : 1474~1530)과 순창군수 김정(金淨 : 1486~1521)이 소를 올려 단경(端敬)왕후 신(愼)씨의 복위(復位)를 청하였을 때, 대관들이 저들을 잡아다가 추고(推考)할 것을 청하고[28], 의금부에서는 저들을 형신(刑訊)할 것을 청하였는데,[29] 이 때 이계맹은, 소장(疏章)의 뜻을 적발하여 추고하거나 형신하게 되면 아무도 품은 생각을 즐겨 개진(開陳)하지 않을 것이라면서, 말한 바가 망령되면 버리면 될 뿐, 추고하는 것은 사체(事體)를 손상할까 우려된다는 이유를 들어 추고를 반대하였던[30] 데서

28) 『중종실록』, 10년 8월 11(을축)일.
29) 『중종실록』, 10년 8월 21(을해)일.
30) 『중종실록』, 10년 8월 22(병자)일.

분명하게 이를 확인할 수 있다.

문제는, 중종 12년에 이르러 도학파들의 세력이 크게 강화되면서, 이들은 도통(道統)의 정통성을 공인받음으로써 도학정치를 실현할 정당성 내지는 집권의 명분을 공인받고자 하여, 정몽주와 김굉필의 문묘배향(文廟配享)을 추진하였다는 것이다. 표면적으로는 비록 성균관 생원 권전(權磌 : 1490~1521) 등이 그 해 8월에 소를 올려 정몽주 · 김굉필을 문묘에 배향함으로써, 만세토록 이어갈 도학의 중함을 밝히기를 주청하는 것으로 시작되었지만,[31] 사실은 홍문관이 김굉필 등을 문묘에 종사(從祀)할 것을 청하자, 조광조와 교유하고 있던 권전이 그 말에 따라 앞장서서 상소로서 청하였던 것이다.[32] 그 해 8월 현재로 부제학 김정, 응교 조광조, 수찬 최산두(崔山斗 : 1483~1536), 부수찬 기준(奇遵 : 1492~1521), 교리 김구(金絿 : 1488~1534) · 이청(李淸) 등 도학파가 홍문관을 완전히 장악하고 있었음을 감안하면 이해가 가능한 일이다.

이에 중종이 의정부와 6조 장관과 3사를 불러들여 종사(從祀)문제를 논의케 하였는데, 도학파들은 종사를 주장하였으나 이계맹과 정광필(鄭光弼 : 1462~1538) · 안당(安瑭 : 1460~1521) 등은, 정몽주는 우리나라 이학(理學)의 시조로서 사문(斯文)에 공이 크므로 문묘에 종사하여도 부끄러울 것이 없으나, 김굉필은 학행(學行)이 독실하나 성경(聖經)을 드러내고 사도(斯道)를 도운 공적[事功]이 나타난 것이 없으니, 가벼이 문묘에 종사할 수 없다고 반대 입장을 분명히 하였다.[33]

---

31) 『중종실록』, 12년 8월 7(경술)일.
32) 『중종실록』, 12년 8월 7(경술)일. 〃 ,

이계맹의 주장은 논리적으로 매우 정당한 것이었으며, 그 시기 공의(公議)에도 합당한 것이었다. 사신(史臣)이 종사문제에 대하여 논평하면서, 많은 성균관 유생들도 정몽주는 종사해도 부끄러울 것이 없으나 김굉필은 두드러진 일이 없어 난색을 표하였다고 전하면서, 도학파들이 김굉필을 종사하려 하였던 생각은, 그것을 빙자하여 당(黨)을 세우고자하는 데 있었던 것이고, 처음부터 정몽주를 위하여 계책을 세운 것이 아니었다고 단언함으로써,[34] 그것이 다수의 성균관 유생들이 동의하지 않는 일부 유생들의 추진이었으며, 도학파들에 의하여 정략적으로 추진된 측면이 있음을 분명히 하고 있기 때문이다.

이계명의 위와 같은 종사의 반대는 자신의 소신을 피력(披瀝)한 것일 뿐이지만, 그것은 결과적으로 도학파들의 도학정치 실현의 정당성 확보와 집권의 명분획득 전략을 와해시키는 결정적인 강력한 힘이 되었으므로, 이로 인하여 이계맹과 도학파의 관계에 균열(龜裂)이 시작되었다는 데에 문제가 있다.

중종 13년에 들어 도학파들은 현량과(賢良科) 실시에 대한 신중론과 반대론을 일축하고 현량과의 실시를 확정하였다. 그들의 독단과 독주가 시작된 것이다. 사신(史臣)은 이 시대를 평하여, '대각(臺閣)을 도학파들이 차지하고, 조정의 정사(政事)를 변란(變亂)시키고 국론을 어지럽히며, 자기에게 붙는 자는 좋아하고 지취(志趣)가 다른 자는 배척하였으나, 모두 그 기세를 두려워하여 아무도 입을 열지 못하여 나라가

---

33) 『중종실록』, 12년 8월 9(임자)일.
34) 『중종실록』, 12년 8월 7(경술)일.

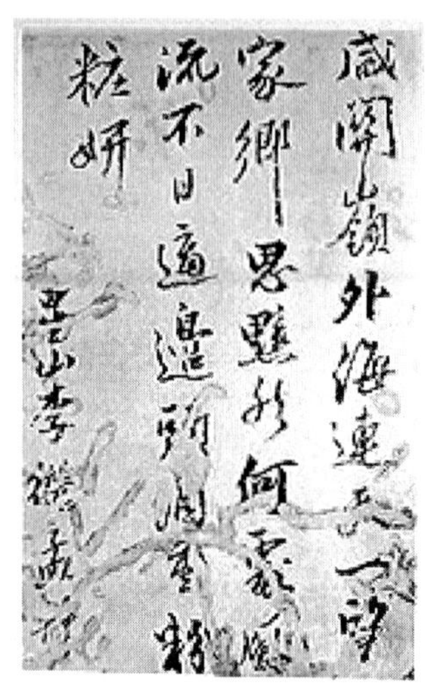

이계맹 글씨 (한국학중앙연구원 소장)

장차 위망(危亡)할 지경에 이르렀다.' 하였다.[35] 이는 도학파들이 전횡(專橫)하던 시대임을 시사하는 것이었다.

중종 13년(1519) 석강(夕講)에서의 일이다. 도학파에 경도(傾倒)된 중종이 도학파인 김식(金湜 : 1482~1520)을 학관(學官)으로 등용코자 하여, '송(宋)나라 손복(孫復)은 과거출신이 아닌데 국자감(國子監) 직강(直講)이 되었다.'고 말을 꺼내자, 조광조가 곧바로 '조종조의 강석기(姜碩基 : 1395~1459)도 과거 출신이 아니지만 대사성이 되고 대제학(主文)을 맡았다고 들었습니다.'고 호응하였다. 그러자 이계맹은, 과거 출신이 아니더라도 학관을 겸할 수는 있으나, 조종조의 법이 아니니 정부에 물어서 처리하는 것이 좋겠다는 지극히 원칙론적인 신중한 입장을 취하였다.[36] 다시 한 번 조광조와 대립하였는데, 이 때 이계맹에게는 도학파의 독단과 독주를 견제하려는 의식이 이미 있었던 것으로 생각된다.

중종 14년 조강(朝講) 때, 조광조가 여악(女樂)을 없애야 한다는 생각을 극력 아뢰었는데, 예조판서 이계맹은 여악을 폐할 수 없다고 아뢰었다. 그러자 조광조는 '대신과 예관(禮官)이 이런 말로 막으니 대신의

35) 『중종실록』, 13년 5월 2(경자)일.
36) 『중종실록』, 13년 11월 1(정유)일.

도(道)를 잃은 것 같습니다.[37]'라고 이계맹의 의견에 몹시 불만스럽게 반응하였다. 이계맹에 대한 도학파들의 공격은 이미 예고된 것이나 다름이 없었다.

중종 14년 4월 도학파들은 현량과를 실시하여 김식(金湜)·안처근(安處謹 : 1490~1521)·박훈(朴薰 : 1484~1540) 등 28명을 선발하고, 뒤이어 김정·박상·김구·기준·이자(李耔 : 1480~1533)·한충(韓忠 : 1486~1521) 등을 차례로 탁용(擢用)하여 도학파들의 세력이 그 절정에 이르렀다. 이 무렵 이계맹이 병조판서에 임명되자, 사헌부가 일어나서 이계맹의 그릇[人器]이 병조판서에 합당하지 않다면서 체직을 요청하였는데,[38] 이 때 김정은 대사헌, 기준은 장령, 박훈은 지평으로 사헌부의 면면이 모두 도학파였으니, 도학파들의 이계맹에 대한 의도된 공격이었음을 실감케 하는 대목이다. 뒤를 이은 대간들의 논박을 받고 이계맹은 결국 병조판서를 사직하였는데,[39] 대간들의 이 같은 일방적인 공격에 대하여 사신(史臣)은, 이계맹이 강직(剛直)하여 여러 번 시론(時論 : 도학파의 부당한 주장-필자)을 억제하였는데, 이 때문에 이계맹이 사헌부의 탄핵을 받은 것이라고 논평하고,[40] 나아가 또 논평하기를, 이계맹은 천품(天稟)이 영매(英邁)하고 재주가 남보다 뛰어나서, 병조판서에 합당치 않다는 주장은 잘못이었다고 단언하고 있다.[41]

37) 『중종실록』, 14년 3월 1(갑오)일.
38) 『중종실록』, 14년 4월 28(신묘)일.
39) 『중종실록』, 14년 6월 23(을유)일.
40) 『중종실록』, 14년 4월 28(신묘)일.
41) 『중종실록』, 14년 6월 23(을유)일.

병조판서를 사직한 이계맹이 좌찬성에 임명되자 이번에도 사헌부가 일어나서, 이계맹이 재주는 쓸 만하나 꾀가 많아 믿을 수 없는 사람이라며, 전에 예조판서로 있을 때 사림을 미워하고 공론을 싫어하였다면서 체직해야 한다고 주장하였는데,[42] 이 때 조광조가 사헌부 대사헌, 기준은 장령이었다. 조광조의 이계맹에 대한 논박은 그 이후에도 계속되어 그 해 10월에는, 중종반정 후에 반정에 참여한 공신들을 책봉할 때 지나치게 많은 공신들이 책봉되는데도, 이계맹은 대사헌으로 있으면서 이를 규탄하지 아니하였으니, 그 마음이 흉포하다고 중종에게 아뢰고 있다.[43]

이계맹이 도학파들로부터 배척을 받은 이유는, 앞에서 확인한 사신(史臣)들의 논평처럼. 그의 성품이 강직하여 도학파들의 지나치게 급진적인 개혁을 앞장서 견제한 때문이었다. 우리는 이계맹이 중종 16년 9월에 중종에게 올린 아래 서계(書啓)에서, 이계맹의 정치철학과 정치사상 및 그 시기 사회를 풍미(風靡)하던 도학파들의 정치개혁 열풍에 대한 기본적 입장을 알 수 있을 것으로 믿는다.

안당(安瑭) 등의 일은, 그 때에 세사(世事)에 경험이 없는 경박한 사람들(도학파-필자)이 한갓 옛사람의 글만 보았을 뿐, 예악(禮樂)과 치화(治化)가 말만으로 갑자기 이루어 질 수 없다는 것을 알지 못하여, 사사로이 서로 당의(黨議)를 만들어서 조종(祖宗)의 옛 법을 모두 변경

42) 『중종실록』, 14년 6월 24(병술)일.
43) 『중종실록』, 14년 10월 25(을유)일.

하고, 자기들의 생각과 다른 사람들을 배척하여 조정으로 하여금 말하지 못하게 하였으니 죄가 무겁습니다. 당시의 연소배(年少輩)들은 그만 두더라도, 사리를 알고 세상일에 경험이 있는 대신도 혹 그 속에 빠져서 나올 줄 몰랐으니, 이 어찌 한 두 사람의 허물이겠습니까? 또한 나라의 운수에 관계되는 일이었습니다. 다만 성상께서 식별하여 밝히 살피셔서 이미 그 죄를 확정하였는데, 이제 또 추론(追論)한다면 인심을 진정시키지 못할 것 같으니 관계되는 바가 가볍지 않습니다.[44]

위 글은, 중종 14년의 기묘사화로 조광조 중심의 도학파들이 다수 처형되고 그 추종세력들의 여죄(餘罪)가 추궁되는 과정에서, 사헌부가 중종 16년(1521) 7월부터 2개월에 걸쳐 안당 · 정순붕(鄭順朋 : 1484~1548) 등의 관작을 삭탈할 것을 주청(奏請)하자, 중종이 대신들에게 그 가부를 의논하여 보고할 것을 명함에 따라서 이계맹이 복명한 글이다.

위 글에서 우리는 이계맹이, ㉠ 조종조 이래로 지켜오던 법을 하루아침에 개정하려는 도학파의 급진적이고 혁신적인 개혁에 반대하고, ㉡ 자기들과 생각이 다른 이를 무조건 배척하는 도학파의 독선과 오만을 질타하고 있으며, ㉢ 도학파에 대한 추궁은 기묘사화로서 일단락하고 더 이상 추론하는 것에 반대하여, 연소배들의 죄는 인정하면서도 그 죄에 대해서는 정치적 화해를 요구하고 있음을 알 수 있다.

이계맹은 자신과 도학파들이 기본적으로 다 같은 사림이라는 동류

---

44)『중종실록』, 16년 9월 27(을해)일.

(同類)의식을 가지고, 항상 배려하고 관용하는 자세를 견지하였다. 기묘사화 이후에 권력을 장악한 자들이, 도학파들로부터 배척을 받은 이계맹이 도학파에 원한을 품었을 것이라 생각하고, 함께 저들을 음해하고자 이계맹을 의정부 찬성으로 불러들였으나, 이계맹은 매양 사림을 죄로 얽어 모함해서는 안 된다고 공언하며, 집권당로자의 원망을 사면서도 도학파들을 당고(黨錮)에서 풀어주고자 힘썼던 그의 행적이 이를 말해준다.[45] 이것이 이계맹의 진면목이었다.

그렇기에 기묘사류(己卯士類)인 안당의 손자 안로(安璐)는 그가 지은 『기묘록보유』에서, 이계맹을 기묘사류로 분류하면서, 그가 여러 번의 세변(世變)을 겪으면서 유배를 당하였지만 유달리 지조가 있어 그 시대의 풍조(風潮)를 따르지 않았으므로, 사림들이 의지하고 존중하여 명리(名利)를 떠나 도(道)를 배우고 덕을 닦는 학자를 일컫던 군자유(君子儒)라고 호칭하였다[46]고 소개하고 있고, 『중종실록』은, 기묘사화 이후 당시 사람들이 기묘사류들을 죄에 밀어 넣으려 하였지만, 이계맹은 연소한 무리들이 시대를 헤아리지 않고 옛 도(道)를 행하려 하다가 이렇게 되었을 뿐이라고 저들을 변호하고 구출하였다고 증언하면서, 기묘인들이 사람을 알아보지 못하였음을 지적하고, 이계맹은 좋아하고 싫어함이 분명하고 옳고 그름을 잘 분별하는 군자였다[47]고 끝을 맺고 있는 것이다.

---

45) 金正國, 『思齋摭言』 下, 「己卯黨籍錄」(『大東稗林』 4, 국학자료원, 1983.
46) 주 4)와 같음.
47) 『중종실록』, 18년 6월 28(기해)일.

호성군(湖城君) 이주(李柱)

1. 서언(序言)

호성군(湖城君) 이주(李柱 : 1562~1594)는 조선왕조의 7대 임금인 세조의 현손(玄孫)이고 세조의 셋째 아들인 덕원군(德源君) 서(曙)의 증손이다.

전주에 살던 그가 선조 25년(1592)에 임진왜란이 발발하자 전주와 임실 지역에서 의병을 소집하여, 임금을 위해 충성을 다하기 위하여 선조가 피난하고 있던 의주까지 올라가서 선조를 알현하였다. 그리고는 평양성 전투에 참여하여 성을 탈환하는 데 결정적인 공을 세웠으며, 선조가 의주로 부터 한성으로 환도(還都)할 때에는 시종 선조를 호종하였다. 이러한 공으로 그는 호성군에 봉하여졌으며, 선무원종공신(宣武原從功臣) 1등으로 훈적(勳籍)에 기록되었다.

그가 살았던 곳은 오늘의 행정구역으로 전주시 덕진구 호성동 한사월 마을이었는데, 이곳에는 지금도 호성군의 5대손인 증사복시정(贈司僕寺正) 복화(福和)의 효성을 기리는 영모당(永慕堂)이라는 당호(堂號)를 가진 정려(旌閭)가 전해오고 있다. 사실 호성동(湖城洞)의 동명(洞名)이 호성군(湖城君)의 위호(位號)에 기인하고 있을 만큼, 호성군은 그의 짧은 생애에도 우리들의 추앙을 받기에 충분한, 민족을 위한 헌신적 삶을 살았다.

그럼에도 불구하고 지금까지 호성군의 의병활동과 그 역사적 의미 및 호성군의 가문에 대한 심도 있는 연구가 없었던 것이 현실이다. 그리하여 호성군의 국가와 민족을 위한 우국충정(憂國衷情)이 정당한 역사적 평가를 받지 못하고 있는 실정이다.

본 연구의 목적은 호성군의 의병활동의 진상을 밝힘으로써 그의 우국충정을 재평가하고자 하는 것인바, 이는 전라도정신의 정수(精髓)인 충절(忠節)을 재확인하는 길이 될 것이다.

2. 이주 가문의 성리학적 전통

호성군 이주는 세조의 셋째 아들인 덕원군(德源君) 서(曙)의 증손이며, 덕원군의 열째아들인 청부군(靑鳧君) 번(藩)의 손자이고, 청부군의 넷째 아들인 임천군(臨川君) 광(鑛)의 둘째아들이다. 따라서 왕실에서

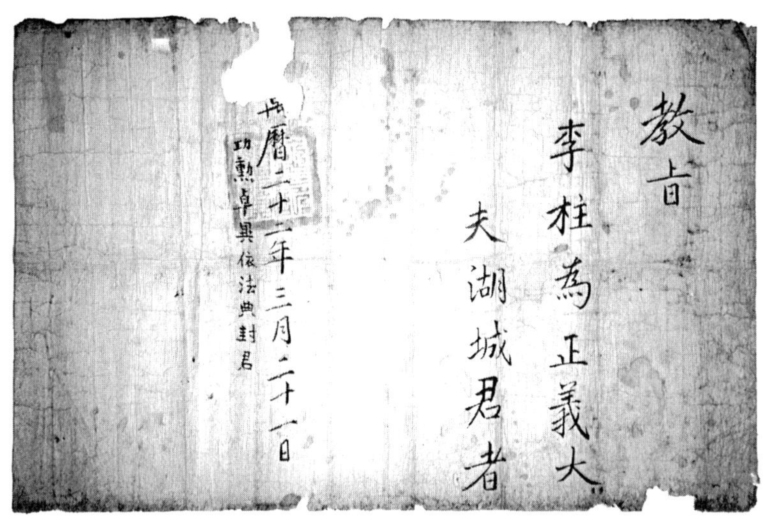
教旨
李柱爲正義大
夫湖城君者
萬曆二十二年三月二十一日
功勳卓異依法典封君

호성군교지 (정의대부 종이품) 만력 22년에 내려준 임명장

분리된 이주의 가문을 얘기하려면, 그의 증조부인 덕원군으로부터 시작할 수밖에 없게 된다.

1) 덕원군(德源君)의 성리학적 가풍(家風) 확립

덕원군은 세조의 셋째 아들로서 세종 31년(1449)에 근빈박씨(謹嬪朴氏)의 몸에서 태어났다. 이름은 서(曙)이며 자(字)는 정수(晶叟)다. 그의 아버지 세조가 단종의 뒤를 이어 왕위에 오른 것은 그의 나이 7세이었던 1445년의 일이었다. 이후 그가 경험한 왕실에서의 경험이, 그를 학문지향적(學文志向的) 인물로 성장하게 하였던 것이라 생각된다.

사실 세조의 즉위가 표면상으로는 선양(禪讓)의 형식을 갖추었다고 하지만, 그 시기의 정치·사회적 지도이념이었던 성리학적 대의명분(大義名分)에는 취약한 점이 없지 않았다. 때문에 세조는 즉위한 직후에 46명의 좌익공신(佐翼功臣)을 책훈(策勳)하였는데, 공신들의 면면을 들여다 보면 권람(權擥 : 1416~1465)·한명회(韓明澮 : 1415~1487)·신숙주(申叔舟 : 1417~1475)·홍윤성(洪允成 : 1417~1475) 등 세조의 집권에 핵심적 역할을 담당했던 주역들이 총 망라된 것이었다. 이들 46명중 무인(武人)이 5명이었던데 비하여 문인(文人)이 37명이나 되었던 것은 유신(儒臣)들의 불만을 회유하려는 의도를 드러낸 것이라 할 수 있다.[1)]

그러나 즉위 초에 육조직계제(六曹直啓制)를 실시하여 왕권을 강화코자 하던 세조와, 그의 측근인 중신(重臣)들 사이에 반목이 생기게

---

1) 정두희, 『조선 초기 정치지배세력 연구』, 일조각, 1983, 209~222쪽 참조.

되어, 세조 1년(1453)에는 금성(錦城)대군 이유(李瑜 : 세종대왕 제3남)의 난역(亂逆)사건이,[2] 세조 2년에는 사육신(死六臣)의 단종복위 모의사건이 잇달아 일어나면서, 세조는 왕권강화책을 계속적으로 추진하면서도 한편으로는 소수의 중신들에게 더욱 의존하게 되어, 세조와 몇몇 측근들이 정권을 독점하는 결과를 초래하였다. 그리고 그것은 권력의 핵심에서 일탈한 소외된 사람들의 불만을 증대시켰던 것이니, 세조 13년(1467)에 발생한 이시애(李施愛)의 난이 그 한 예이다.

이시애의 난이 발발하자 세조는 귀성군(龜城君) 준(浚)[3]을 토벌대장으로, 율원군(栗元君) 종(倧 : 효령대군 손자)을 총통(銃筒)대장으로 삼아 출전케 하여 난을 평정한 뒤, 이들을 적개(敵愾)공신에 녹훈(錄勳)하여 종친들의 정치적 진출기회를 증대하였으니, 이는 모두 세조의 왕권강화책과 무관하지 않았던 것이다. 적개공신 45명중 문인은 11명인데 무인이 31명이나 되었던 것은,[4] 이시애의 난을 평정하는데 공이 큰 사람들을 녹훈한 것이니 당연한 일이지만, 한편으로는 무인들의 불만을 해소해야 하는 현실적 필요성이 고려된 측면도 있었던 것이다.

그러나 이시애의 난 이후의 조선 정국(政局)은, 논공행상을 둘러싸고 일어나는 상호간의 대립과, 한명회 · 신숙주 · 정인지로 대변되는 훈신(勳臣)들과 이시애의 난 이후에 급부상한 남이(南怡 : 1441~1468) · 강순(康純 : 1390~1468) 등 신진 무장(武將)들 간의 알력으로 예종조의

2) 『세조실록』, 1년 윤6월 11일(을묘).
3) 세종대왕의 제4남 임영(臨瀛)대군의 아들이다.
4) 정두희, 앞의 책, 222~225쪽 참조.

조정은 자못 혼란스러웠다.

남이는 태종의 외손이었는데, 이시애의 난 이후에 크게 부각되어 세조 14년에는 5위도총부 도총관으로 병권을 장악하였지만, 예종 즉위년(1468) 10월에 유자광(柳子光 : ? ~1512)의 고발로 옥사(獄事)가 일어나, 남이 · 강순이 처형되고 한명회가 영의정으로 복귀하는, 세조조 훈신들의 정치적 승리로 막을 내렸다.

남이의 옥사가 일단락된 후 익대(翼戴)공신이 책봉되었는데, 이때 덕원군은 20세의 나이로 밀성군(密城君) 침(琛 : 세종의 왕자) · 영순군(永順君) 부(溥 : 광평대군의 아들) · 귀성군 준 · 거평군(居平君) 복(復 : 정종의 6남 진남군 아들) · 한명회 · 신숙주 · 정인지 등과 함께 익대

호성군 이주 묘소(완주 용진)

공신에 책봉되었다.

덕원군이 익대공신에 책봉된 것은, 유자광이 남이의 역모를 고변했을 때 예종의 명을 받고 덕원군이 입시(入侍)하였는데,[5] 신숙주 등의 계달(啓達)에 따라 예종을 호위한 공로가 인정되어,[6] 수충보사정난익대공신(輸忠保社定難翼戴功臣) 2등에 책훈되고, 각(閣)을 세워 형상을 그리며, 비를 세워 공적을 기록하고, 유사(宥赦)가 영세(永世)에 미치게 하는 특전이 승인되었던 것이다.

익대공신 39명중 무인은 3명, 무인은 23명이었으니,[7] 이것은 정계(政界)를 문인중심으로 재편성한 것이었으며, 적개공신에서 퇴조(退潮)를 보였던 한명회·신숙주·정인지 등의 세조대 훈신들의 권토중래(捲土重來)였다는 사실이다.

예종 1년 1월에는 한명회가 영의정에 올랐고, 그해 4월에는 사초(史草)에 사관(史官)의 이름을 서명케 하는 반역사적 규정이 채택되었다.[8] 유주(幼主)의 치하에서 이들 세조조 훈신들의 전제를 견제할 정치세력은 존재하지 않았다.

13세의 어린 나이로 왕위에 오른 성종의 치하에서도 이들 세조조 훈신들의 정치적 지위는 더욱 강화되어만 갔다. 그것은 성종 2년 3월에 책훈된 74명의 좌리(佐理)공신에, 신숙주 3부자, 한명회 부자, 정인지 3부자, 한명회의 4촌인 한계미(韓繼美) 3형제 등, 세조가 집권한 이래

---

5) 『예종실록』 즉위년 10월 24일(경술).
6) 위 책, 즉위년 10월 28일(갑인).
7) 정두희, 앞의 책, 232~233쪽 참조.
8) 『예종실록』 1년 4월 24일(정축).

정치권력의 핵심에 있던 인물들이 포진(布陳)하고 있고,[9] 이들은 성종조에서도 정치권력을 독점적으로 장악하였다. 성종의 치세 25년 동안에 3정승과 이조와 병조의 판서를 역임한 인물들이 몇 사람을 제외하고는 모두 좌리공신[10]이었다는 사실에서 증빙된다 할 수 있다.

더구나 세조 13년대 이후 성종 7년까지 원상제(院相制)[11]가 실시되는 동안에는 신숙주 · 한명회 · 정인지 · 조석문(曺錫文) · 홍윤성(洪允成) 등 대부분 세조대 이래 훈신들이 원상(院相)으로서 조정의 주요 직책을 독점하고 모든 정사를 독단하였던 것이다.

그러나 이러한 속에서도 저들 훈신세력을 견제할 정치세력은 싹트고 있었다. 그것은 다름 아닌 김종직(金宗直 : 1431~1492)을 중심으로 한 사림(士林)세력이었다.

김종직이 중앙 정치무대에 들어선 것은 성종 13년(1482)에 그가 홍문관 응교가 되면서 부터였다.[12] 그는 응교가 예겸(例兼)하였던 경연청(經筵廳)의 시강관(侍講官)으로서, 성종에게 경서를 강의할 기회를 통하여 성종의 지우(知遇)가 되었다. 성종의 신임을 얻은 그는 성종 14년 7월에 직제학이 되었고, 8월에는 부제학이 되었으며, 10월에는 성종을 측근에서 모실 승정원의 동부승지가 되었다.[13]

성종 15년 6월에 좌부승지로 승진하였던 그는, 2달 후인 8월에는

---

9) 정두희, 앞의 책, 245쪽 〈표 4-20〉 참조.
10) 정두희, 앞의 책, 249쪽 〈표 4-24〉 참조.
11) 院相이란 임금이 죽은 뒤 어린 임금을 보좌하며 政務를 맡아 다스리던 조선왕조의 임시 관직이었다.
12) 『성종실록』 13년 7월 25일(임신).
13) 『성종실록』14년 7월 병진, 8월 정해, 10월 계해, 11월 경인.

어명에 의하여 일약 도승지가 되었다.[14] 실로 응교로서 한성에 입성한 지 만 2년 만에 국왕의 최측근이자 권력의 또 하나의 축(軸)인 도승지로 급상승할 만큼 성종의 신임과 총애가 대단했던 것이다.

성종이 김종직을 경연에서 자주 만날 수 있던 성종 13년이면, 성종의 나이도 26세나 되어 세조조 훈신들의 전횡(專橫)에서 벗어날 준비를 할 만한 시기였다. 성종이 시강관으로서 진강(進講)한 김종직과 경연에서 만나게 되면서, 김종직을 장차 믿고 의지할 만한 인물로 확신하였으므로, 김종직을 차서(次序)를 뛰어넘어 도승지로 발탁하였던 것이다.

김종직 중심의 사림세력은 성종 15년(1484) 경에는 이미 상당한 세력을 형성하고 있었음이 분명하다. 다음을 보기로 하자.

> (가) 김종직은 경상도 사람으로 학식이 넓고 문장을 잘하며 가르치기를 좋아하는데, 전후하여 그에게서 수업한 자들 중 과거에 급제한 사람이 많았다. 때문에 경상도 선비로서 조정에 벼슬하는 자들이 그를 종장(宗匠)으로 추존하고는, 스승은 제 제자를 칭찬하고, 제자는 제 스승을 칭찬하는 것이 사실보다 지나쳤지만, 조정안의 신진(新進)의 무리들이 그 그른 것을 깨닫지 못하고 따라 붙좇는 자가 많았다.[15]
>
> (나) 김종직이 문장을 잘 짓기 때문에 특별히 지우(知遇)를 입어, 승정원에 들어가 좌부승지로 옮겼다가 차서를 뛰어 넘어 도승지에 제수되니, 사림이 다 눈을 씻고 그가 하는 일을 바라보았다.[16]

14) 위 책, 15년 6월 병진, 8월 경신.
15) 『성종실록』15년, 8월 6일(경신).
16) 위와 같음.

위 (가), (나)는 『성종실록』 15년 8월 6일자의 두 기사의 말미에 실린 사신(史臣)의 논평이다. 보는 바와 같이 이때 이미 사신들에 의해서 '신진의 무리' '사림'이라고 지목되고 있는 정치세력이 형성되어 있었음을 알 수 있는데, 이들이 바로 훈구(勳舊)에 맞설 김종직 중심의 사림세력이었다.

김종직에 대한 성종의 신임은, 성종이 이조참판인 김종직에게 명하여, 매일의 경연에서 조강(朝講)·주강(晝講)·석강(夕講)에 모두 진강(進講)케 하였던 것에서도,[17] 영중추부사 이극배(李克培 : 1422~1495)로부터 창경궁(昌慶宮)을 영선(營繕)한 본의와, 전문(殿門)의 이름이 의미하는 뜻을 홍문관으로 하여금 서문을 짓게 하기를 요청받고, 성종이 김종직으로 하여금 짓도록 명하였던 것에서도,[18] 성종이 김종직에게 금대(金帶)를 하사하면서, '경이 근시(近侍)가 된지 오래니 내가 경의 마음을 안다. 경은 장차 국가의 큰 책임을 받을 사람이기 때문에 주는 것이다'라고 전교(傳教)하였던 대목에서도 극명하게 들어난다. 특히 성종이 김종직에게 전교한 '장차 국가의 큰 책임을 받을 사람'이라는 표현은, 미래에 대한 단순한 가능성을 언급한 것이 아니었고, 훈구견제세력으로써 그를 중용하려는 성종의 의지를 들어낸 것이었다.

덕원군이 김종직과 친교를 가지게 된 것도 성종 15년 전후의 시기였을 것으로 생각된다. 성종은 세조의 적장(嫡長)인 덕종(德宗)의 아들이었으므로, 덕원군은 성종의 작은아버지가 된다. 따라서 덕원군은 성종

17) 『성종실록』15년 11월 1일(갑신).
18) 위 책, 15년 11월 4일(정해).

이 즉위한 이래 어린 임금 성종을 보호해야할 처지에 있었지만, 세조 이래의 훈신세력을 견제할 새로운 세력이 형성되고, 또 성종이 정치적 역량을 발휘할 만큼 성장할 시기를 기다릴 수밖에 없었던 것이다.

성종이 김종직의 인품을 알고 훈구세력을 견제할 의도로 김종직을 중용하기 시작한 것이 세종 14년으로, 성종의 나이 27세 때의 일이었는데, 덕원군과 김종직의 만남도 그 무렵이었을 것이며, 다분히 성종의 주선으로 이루어진 의도된 상봉이었을 것으로 생각된다. 성종과 덕원군 · 김종직의 동지적 결합이라는 측면을 배제할 수 없게 하는 대목이다.

여하튼 이렇게 형성된 덕원군과 김종직의 친교관계는 종실(宗室)과 사림의 학문적 사상적인 교분(交分)으로 이어져, 본래부터 학문지향적이었던 덕원군의 가정에 일대 사상적 변화의 바람을 일으켰다. 덕원군의 성리학 탐구는 왕실 · 종친중에서 최초의 일이었다.[19)]

2) 덕원군 가문의 도학자(道學者)들

덕원군과 영남사림의 종주(宗主)인 김종직의 만남은, 어떤 의미에서는 상당히 의도된 것일 가능성이 없지 않지만, 이들의 만남이 덕원군 가문에는 학문적 사상적 일대 전환을 가져온 운명적인 만남이었다고 할 수 있다.

덕원군에게 열 명의 아들이 있었는데, 그 중에서 덕원군의 가학(家學)을 이어받아 당대의 성리학자로서 이름을 떨쳤던 사람은, 큰 아들

19) 덕원군 행장 참조.

연성군(蓮城君) 적(潪)과, 넷째 아들 숭선군(崇善君) 총(灇)과, 열째 아들 청부군 번(藩)이었다.

연성군 적은 경서에 통달하고 학문을 좋아하여 그 시대 유생들이 추앙하던 스승이었다. 당시의 명사(名士)들인 충암(沖庵) 김정(金淨 : 1486~1521), 사서(沙西) 김식(金湜 : 1482~1520), 음애(陰厓) 이자(李耔 : 1480~1523), 수천(守天) 정광필(鄭光弼 : 1462~1538) 등이 모두 그를 스승으로 섬겼다. 뿐만 아니라 정암(靜庵) 조광조(趙光祖 : 1482~1519)와는 서로 선행을 권면할 만큼 절친한 관계를 유지하였다.[20]

숭선군 총(1488~1544)의 호는 마재(磨齋)이다. 그는 때로는 정치상의 폐해를 극단적으로 논박하기도 하였고, 폐출되어 사택(私宅)에서 살던 중종비 단경(端敬)왕후 신(愼)씨를 복위하고 신씨의 폐출을 주도하였던 박원종(朴元宗 : 1467~1510) 등을 추죄(追罪)할 것을 상소하기도 하였으며, 유배된 순창군수 김정과 담양부사 박상(朴祥 : 1474~1530)을 방면할 것을 중종에게 요청하기도 하였던 부정할 수 없는 도학자였다. 중종 14년(1519) 기묘사화 때에는 15년 동안이나 울산에서 유배생활을 하기도 하였다. 숭선군과 조광조와의 관계는 각별하였다. 이이(李珥 : 1536~1584)는 그가 지은 숭선군 묘지(墓誌)에서,[21] 숭선군은 조광조가 아끼고 존경하던 친구였다고 밝히고 나서, 숭선군은

---

20) 덕원군 행장 참조.

21) 『國朝人物考』45 己卯黨籍人, 李灇. 「李珥所撰 墓誌曰 趙靜庵有畏友 曰崇善副正 天資粹美 氣度夙成 潛心正學 敬以持身 …… 平生大志 惟在忠孝 ……」.

타고난 자질이 순결하고 선량하였을 뿐만 아니라, 기개와 도량이 조숙(早熟)하여 마음을 정학(正學 : 유학)에 집중하고 공손하게 처세하였으며, 한평생의 원대한 포부가 오직 충(忠)과 효(孝)에 있었다고 칭송하였다.

숭선군의 학문적 깊이와 품행과 도의는 당대에 널리 알려져 있던 일이었다. 이는, 그가 임금으로 부터 시호(謚號)를 받았던 사실에서 확인되는 일이다.

『경국대전』에 의하면, 종친이나 문・무관 모두 정2품관이 아니면 시호를 받을 수 없다고 규정하고 있다.[22] 그러나 비록 정2품관이 아니더라도, 만약 그의 학문과 품행과 도의가 널리 세상에 드러난 사람에게는, 그러한 규정을 뛰어넘어 시호를 내려준 일이 있었다. 바로 그러한 전례에 좇아 영조가 숭선군의 시호 문제를 논의케 하자, 예조판서 김흥경(金興慶 : 1677~1750)이 숭선군의 유교학문과 충효에 대하여는 이미 유현(儒賢)들의 정확하고 합리적인 의론(正論)이 있었으며, 또한 조광조선생과 함께 사화(士禍)를 입었으니, 표창하여 드러내는 것이 마땅하다고 보고하여[23] 특별히 문헌(文憲)이라는 시호를 받았기 때문이다.

청부군 번(藩 : 1494~1545)의 자(字)는 한지(澣之)이고 호는 무재(懋齋)이다. 자질이 순수하고 행실이 돈독하며, 사고(思考)가 명철하고

22)『경국대전』吏典, 贈謚.「宗親及文武官 實職正二品以上 贈謚(親功臣則 雖職卑 亦贈).
23)『國朝人物考』45, 己卯黨籍人, 李瀜.「禮判金興慶奏曰 贈崇善君瀜 正學忠孝 旣有儒賢正論 且與先生臣趙光祖 同被士禍 褒崇之章 在所當擧 上遂命特爲賜謚」.

선을 좋아하는 진실함이 누구도 청부군을 앞설 자가 없었다. 학문을 크게 이루었고, 기묘제현(己卯諸賢)들과 친근하였는데, 그 중에서도 김식(金湜) · 김정(金淨)과는 형제처럼 지냈다.

임천군(臨川君)의 이름은 광(鑛)이며 호는 시암(諟庵)으로서, 청부군의 아들이며 호성군 주(柱)의 아버지다.

임천군은 청렴하고 검소하였으며, 특히 주역(周易)에 정통하였다. 옷차림을 항상 단정하고 엄숙하게 하였으며, 근엄하면서도 온화하였다. 조광조 · 이이 이하 여러 명현(名賢)들이 좋아하며 칭송을 그치지 않았고, 조신(朝臣)들도 임천군의 도학과 절의를 존경하고 숭배하였다.

앞에서 고찰한 바와 같이 덕원군의 아들 연성군 · 숭선군 · 청부군과 손자 임천군 모두가 김식 · 김정 · 조광조와 교유하였다. 덕원군과 김종직의 친교 이후 어쩌면 그것은 예정된 것이었는지도 모른다. 주지하는 바와 같이 김식 · 김정 · 조광조는 모두 도학파이였으니, 덕원군 가문의 사람들도 모두 도학파이였음에 틀림이 없다.

덕원군이 성리학을 수용하여 가학(家學)으로 수립한 이후, 그의 아들대에 성리학의 의리(義理)의 실천궁행을 강조하는 도학유교의 꽃을 피운 것이다. 그리고 이러한 도학적 전통은 호성군 주(柱)의 아버지 임천군에게 계승되었으며, 다시 호성군 주에게 전수되었던 것이다.

3. 호성군 이주의 봉작(封爵)

호성군(湖城君)의 이름은 이주(李柱)이고 자(字)는 방언(邦言)이다. 명종 13년(1562) 7월 17일에 아버지 임천군(臨川君) 광(鑛)과 어머니 평택임씨(平澤林氏) 사이에서 태어났다. 그는 세조의 셋째 아들인 덕원군의 증손자로서 종친이었으므로 규정에 따라 봉작(封爵)이 행해지게 되었다.

종친(宗親)이란 임금과의 촌수가 가까운 친족을 말하는데, 구체적으로 말해서 임금의 적자(嫡子)인 대군(大君)의 자손은 4대까지, 임금의 서자(庶子)인 왕자군(王子君)의 자손은 3대까지를 봉작하여 종친으로서 예우하였다. 봉작이란 왕자와 종친들에게 대군(大君 : 왕의 적자) · 군(君 : 왕의 서자) · 군(君 : 정1품~종2품) · 도정(都正 : 정3품 당상) · 정(正 : 정3품 당하) · 부정(副正 : 종3품) · 수(守 : 정4품) · 령(令 : 정5품) · 감(監 : 정6품) 등의 종친부(宗親府) 관작을 수여하는 것을 말한다.

왕자와 종친들은 원칙적으로 관직에 나아갈 수가 없었다. 어질고 능력이 있는데도 왕자나 종친이라는 이유로 벼슬할 수 없도록 규정한 것은, 이들의 고귀한 신분으로 인하여 관계(官階)의 위계질서가 무너지고 관리의 기강이 무너질 우려가 다분한데다, 한편으로는 이들 중 현능(賢能)한 인물을 중심으로 정치세력화 할 위험도 예상되었으므로, 이러한 우려나 위험들을 사전에 차단하기 위한 불가피한 선택이었겠지만, 이 규정은 분명히 저들의 사회 · 경제적 활동을 부당하게 제약한 권리침해였다. 이점에 대하여 최소한의 사회 · 경제적 활동을 보장하기 위한 보상(報償)이 봉작의 형태로 나타난 것이므로, 사실 봉작은 특권층에 대한 특전이라는 측면보다는 보상이라는 인상이 짙은 것이었다고 생각된다.

그러면 대군(大君)과 왕자군(王子君)의 자손들은 언제부터 벼슬들을 할 수 있었는가?

『경국대전』 이전(吏典) 「종친부(宗親府)」 주기(註記)에, 다음과 같은 규정이 보인다.

親盡則 依文武官子孫例 入仕

즉 친진(親盡)하면 문관과 무관의 자손의 예에 따라 벼슬길에 나갈 수 있다는 내용이다. 여기서 친진(親盡)이란 종친으로서 예우할 대수(代數)가 다한 것이라는 표현이며, 동시에 사당(祠堂)에서 받들어 제사드릴 대수(代數)가 다한 것을 의미하기도 하여, 대진(代盡)이라고도 한다. 평민들의 경우 일반적으로 4대조까지 사당에서 제사 드리지만, 임금의 경우는 5대까지 사당에서 제사를 드렸다. 따라서 대군의 자손인 경우는 임금의 5대손, 왕자군(王子君)의 자손의 경우는 임금의 4대손까지가 종친이었으므로, 이들만이 봉작의 대열에 참여하였던 것이고, 이 대수를 넘어야 벼슬길에 나아갈 수 있었던 것이다.

이주는 왕자군(王子君)인 덕원군의 3대손이고 세조의 4대손이었으므로 봉작을 받았던 것인데, 이의현(李宜顯 : 1669~1745)이 지은 호성군(湖城君) 행장(行狀)에 의하면, 이주(李柱)가 선조 초년에 처음으로

호성군 이주 신도비 (완주 용진)

호성령(湖城令)에 제수되었다고 되어있다. 그러나 이주가 의주에서 선조를 알현했던 선조 25년 당시의 이주의 위호(位號)가 호성감(湖城監, 정6품)[24]이었으므로 선조 초년에 제수되었던 것은 호성감으로 보는 것이 옳으며, 이후 호성령(정5품), 호성도정(정3품)을 거쳐 호성군(종2품)으로 승진하였던 것이다.

한편『육전조례(六典條例)』이전(吏典) 종친부(宗親府) 봉작(封爵)조를 보면「宗親十五歲授職」이라고 규정하고 있는데, 이것은 조선전기 이래의 관례를 19세기 후엽에 성문화한 것이라 생각된다. 따라서

---

24) 이주가 의주에서 선조를 알현했던 선조 25년 당시의 이주의 位號가 湖城監(정6품)이었으니 (『선조실록』25. 8, 계축),선조 초년에 제수됐다는 湖城令(정5품)은 호성감의 잘못인 듯하다.

이 규정에 의거한다면 이주가 호성감이 된 것은, 그의 나이 15세가 되던 해인 선조 9년(1576)의 일이었을 것이다.

그렇다면 「호성군」이란 어떤 의미를 내포하는 구조적 위호(位號)인가? 이를 이해하기 위해서는 『경국대전』 이전(吏典) 경관직(京官職)조의 다음 규정을 주목할 필요가 있다.

> 封君(王妃父 · 及二品以上宗親 · 功臣 · 功臣承襲等) 及三品二下宗親竝用邑號.

즉 왕비의 아버지와 2품 이상의 종친 · 공신 · 공신의 작위를 이어받은 아들 등을 군(君)으로 봉할 때, 및 3품 이하의 종친에게 종친부의 관직을 제수할 때 모두 고을 이름을 사용한다는 내용이다.

이 규정에 따르면 봉작(封爵)할 때의 모든 위호(位號)는 명호(名號)와 작위(爵位)로 구성되어 있으며, 모든 명호는 읍호(邑號)로써 정한 것이고, 작위는 종친부의 관직이었음을 알 수 있다. 말하자면 이주의 위호인 「湖城君」에서 「湖城」은 고을 이름(邑號)이며, 「君」은 종친부의 종2품 이상의 작위(爵位)인 것이다.

그러면 「湖城」은 어떤 고을인가? 그런데 여기서 문제가 되는 것은, 어디에도 「湖城」이라는 고을 이름이 없다는 것이다. 그렇다고 『경국대전』에 규정하고 있는, 모든 위호에 읍호를 사용한다는 원칙이 지켜지지 않은 것이라고 안이하게 넘겨버릴 수는 없다. 비록 「湖城」이라는 고을은 없지만 「湖城」이 틀림없이 어떤 고을을 표현한 것이라고 한다면

「湖城」은 어떤 고을에 대한 우회적(迂廻的) 혹은 상징적 표현이었음을 우리는 생각해 볼 수 있다.

여기서 맨 먼저 떠오르는 것이 「湖城」이 전주를 표현한 것이라는 생각이다. 이주(李柱)의 관향(貫鄕)이 전주이고, 이주가 살던 곳이 전주이며, 이주가 의병을 소집한 곳이 전주이고 그가 사패지(賜牌地)를 받은 곳도 전주이다. 전주와 이주와의 이러한 인연을 고려할 때, 이주의 위호(位號)에 사용할 고을을 전주 밖에 어디서 구하겠는가! 「湖城」은 바로 전주에 대한 우회적 · 상징적 표현이었음이 분명하며, 전라도의 수부(首府) 전주의 상징적 표현인 「湖南第一城」을 줄여 표현한 것이었다고 생각된다. 물론 이러한 일들은 전주를 나타내는 대표적 표현인 「完山」을 이보다 앞서 이미 다른 사람의 위호로 사용하였던 때문에 나타나는 현상이었다.

선조 초년에 호성감에 제수되었고, 임진왜란이 일어났던 1592년에 근왕병을 거느리고 의주에 가서 선조를 알현하고 호성령을 거쳐 호성도정에 올랐던 이주는, 1593년 선조가 환도(還都)할 때 선조를 호종한 공로로 호성군에 봉해졌던 것이다.

4. 임진왜란의 발발과 이주의 활동

1) 임진왜란의 발발

왜적이 경상도 부산진 앞바다에 내침한 것은 선조 25년(1592) 4월 13일의 일이었다. 일본이 조선을 침공하고자 이때 동원한 군대는 선봉

대와 후속부대를 합하여 육군이 15만 8700여명 이었으며, 여기에 등당고호(藤當高虎)·협판안치(脇板安治)·구귀가륭(九鬼嘉隆) 등이 이끄는 1만 1,000여 명의 해군이 있었다.[25)]

소서행장(小西行長)이 주장(主將)인 1번대는 4월 13일에 부산진 앞바다에 도착하여, 14일 부산성을 함락하고, 15일에는 동래성을 침공한 뒤에 별다른 저항을 받지 않고 양산·밀양을 거쳐 대구·상주·조령으로 진격하였다.

가등청정(加藤淸正)이 주장인 2번대는 4월 19일에 부산에 상륙하여, 경주·영천을 거쳐 조령으로 향하였고, 같은 날에 흑전장정(黑田長政)이 주장인 3번대는 죽도(竹島) 부군에 상륙하여 김해로 진격하였다. 그 뒤에 이들은 세 길로 나누어 한성을 향하여 경쟁적으로 북상을 계속하였다.

조선 정부가 왜군의 침공 사실을 보고 받은 것은 4월 17일 새벽이었다. 조정에서는 이일(李鎰)을 순변사(巡邊使), 성응길(成應吉)을 좌방어사(左防禦使), 조경(趙儆)을 우방어사, 변기(邊璣)를 조방장(助防將)으로 임명하여 왜군의 북진을 저지하게 하였다. 그러나 경장(京將)을 지방에 파견하면서 그들에게 주어 보낼 군대가 중앙에는 없었다.

그것은, 조선 초기 이래 군역(軍役)의 근간이었던 호보제(戶保制)가 중종 36년(1541)에 군포제(軍布制)로 바뀌었으므로, 정부는 정남(丁男)으로부터 거둔 군포로써 직업군인인 용병(傭兵)을 양성하여야 했는데, 사실은 일상적 재정난으로 용병을 육성하지 못하였던 때문이었다.

25) 『한국사』12, 국편위, 1978, 279~303쪽.

순변사 이일은 결국 군대를 징발하기가 어려워서 3일 동안이나 지체하다가 출발하지 않으면 안 되었으며, 23일에 그가 상주에 도착하였을 때에는 상주목사는 이미 도망하여 없었고, 소집되어 있어야할 군대도 모두 흩어진 뒤였다.

조선의 국방전략은 본래 진관(鎭管)체제였으나, 을묘왜변(1555) 이후에 제승방략분군법(制勝方略分軍法)으로 개편 시행되었는데, 제승방략분군법이란 유사시에 지방군을 정부에서 지정한 일정한 장소(信地)에 집결하게 하고, 중앙에서 순변사·방어사·조방장과 같은 경장(京將)을 그 곳에 파견하여, 집결된 군대를 지휘하여 전쟁을 수행하는 전략이었다.

제승방략에 의하면 문경 이남의 경상도 군사는 모두 대구에 집결하도록 되어 있었는데, 그 때 경상도 군대는 날마다 내리는 비로 추위에 떨면서 순변사를 기다리다가, 순변사가 도착하기도 전에 흩어지고 말았던 것이다. 결국 이일이 상주에서 얻을 수 있었던 군대는 농민군 4~5백 명이었으니, 갑자기 징발된 이들 농민군으로서는 어차피 왜군에게 대항하기 어려웠던 것이다.

조선 정부는 4월 20일에 전쟁을 총지휘할 도체찰사(都體察使)에 유성룡(柳成龍), 부사(副使)에 김응남(金應南), 삼도도순변사(三道都巡邊使)에 신립(申砬)을 임명하였다. 이에 신립은 26일에 충주에 도착하여 8,000여 명의 충청도 군사를 거느리고, 탄금대(彈琴臺)에 배수진을 치고 소서행장의 왜군을 맞아 싸웠으나 패하고서 달천(達川)의 월탄에서 자결하고 말았다.

충주 전투에서 신립이 패배한 것은 조선 정부에 크나큰 충격이 아닐 수 없었다. 그리하여 4월 29일 조정에서는 만일의 사태에 대비하여 광해군을 왕세자로 서둘러 책봉하였고, 선조는 4월 30일에 한성을 떠나 의주로 향하였다.[26] 뒤이어 한강 방어선도 힘없이 무너졌고, 5월 3일에는 한성도 왜군에게 함락되었다. 실로 왜적이 부산진 앞 바다에 모습을 드러낸지 20일 만의 일이었다.

선조가 서울을 떠나자 나라가 꼭 망할 것이라는 요언(妖言)이 퍼지면서, 명망이 있는 선비와 관리들이 자기 살 궁리만 하면서 모두 도망하였고, 서울에서 의주에 이르는 동안 같이한 문·무관이 겨우 17인 이었으며, 환관 수십 인과 어의 허준(許浚), 액정서원(掖庭署員) 4~5인과 사복시원(司僕寺員) 3인이 시종 곁을 떠나지 않았을 뿐이었다.[27] 선조의 희망은 오직 양남(兩南)의 근왕병(勤王兵)이 와서 구원해주는 것이었으므로, 선조는 날마다 남쪽을 바라보며 원군이 오기를 기다렸다.[28] 이것이 이 무렵의 조선사회 지배계층의 무능과 무책임을 여실히 드러낸 한 단면이었다.

2) 이주의 의병 봉기

왜적이 전라도를 제외한 전국에 편만(遍滿)하여 백성들을 유린하여도, 무능한 정부나 무력한 관군에게는 이를 퇴치(退治)할 능력이 없었

26) 졸저, 『역사로 보는 전라도』, 신아출판사, 2005, 122~124쪽 참조.
27) 『선조수정실록』 25년 6월 1일(기축).
28) 『선조실록』25년 5월 임술.

다. 드디어 충렬(忠烈)의 고장 전라인들이 여기저기서 의병을 일으켰다. 1592년 5월 16일에는 호남의병장 김천일(金千鎰 : 1537~1593)이 나주에서 일어나 의병 수백 명을 거느리고 경성(京城)으로 직향하였으며, 같은 해 6월 11일에는 담양에서 고경명(高敬命 : 1533~1592)을 맹주(盟主)로 양대박(梁大撲 : 1544~1592)과 유팽로(柳彭老 : 1554~1592)를 좌 · 우부장으로 하는 회맹군(會盟軍)이 결성되어, 의병의 기치를 높이 들고 근왕을 위해 북진을 시작하였다.

이 무렵 호성군 이주도 전주와 임실지역에서 의병을 규합하여 일어섰던 것으로 알려지고 있다. 호조참판 권협(權悏 : 1553~1618)이 지은 호성군묘비문과, 지성균관사 이의현(李宜顯 : 1669~1745)이 지은 호성군행장에 의하면, 임진왜란중에 선조가 의주로 피난하자 이주가 분개하여 눈물을 흘리면서, 종묘사직을 회복하는 것을 자기의 소임으로 생각하고, 의병 수천 명을 소집하여 의주로 갔다고 기술하고 있으며, 『호남절의록』에도 같은 내용이 보인다. 다만 문제는 어디에도 이주가 언제 의병을 소집하였는지에 대하여 언급하고 있지 않다는 것이다.

그러나 다행하게도 이주의 의병활동 시기를 추정해볼 수 있는 유일한 자료로서 『선조실록』의 다음 기사가 주목된다.

> (李)柱曰 臣自忠州 聞變而來 大駕已西幸矣 屬於檢察使李陽元幕下 陽元以南兵不至爲憂 臣自募往于湖南 行到龍仁 三道兵馬幾八萬矣 …… 臣仍往湖南 召募義兵 得四百人 今到三和 ……[29]

29) 『선조실록』25년 8월 26일(계축)

위 기사는 호성감(湖城監) 이주가 의병을 거느리고 의주 행재소(行在所)에 가서 선조를 알현하고 면전에서 아뢴 내용이다.

요약하면, "제(이주)가 충주에서 변(變)을 듣고 서울로 올라왔으나 임금께서 이미 서쪽으로 거둥하신 뒤였습니다. 그래서 검찰사 이양원의 막하(幕下)에 소속되어 있었는데, 이양원이 남방의 군사가 이르지 않는다고 걱정하는 것을 보고, 제가 의병을 모집하고자 호남으로 가는 길에 용인에 이르러 3도의 병사가 거의 8만 명이나 되는 것을 알았습니다. …… 저는 그 길로 호남으로 가서 의병을 모집하여 400명을 얻어 지금 삼화에 도착 하였습니다 ……." 하는 내용이다.

위 기사는 군신(君臣)간의 대화의 한 장면을 옮긴 것이므로, 장황(張皇)한 설명이 가능한 상황이 아니었다. 그럼에도 불구하고 우리는 이 기사 속에 그 시기 이주의 동분서주하던 활동 상황들이 고스란히 함축(含蓄)되어 있음을 보게 된다. 우리가 할 일은, 위 기사 중의 몇 가지 미스터리에 대한 합리적 해석을 통하여 노출되지 않은 이면(裏面)의 실체적 상황을 복원하는 것이라고 생각한다.

우리가 집중적으로 검토할 문제는, ① 전주에 사는 이주가 어찌 전란 중에, 그것도 조령(鳥嶺)을 넘은 왜군이 한성을 향해서 북진할 길목인 충주에 가있었는가? ② 이주가 충주에서 들었다는 변(變)이 구체적으로 어떤 사건을 말하는 것인가? ③ 이주가 변을 듣고 한성으로 달려갔는데, 무슨 목적으로 간 것이며, 그 목적이 충주에 갔던 일과는 무슨 관계가 있는 것인가? ④ 검찰사 이양원이 생면부지(生面不知)인 이주를 어떤 이유와 조건으로 일거에 막하(幕下)에 채용하였을까? 하는 것이다. 이 문제들에 대한 합리적 설명이 가능할 때 비로소 이주의 의도와 목적, 그리고 활동상이 적나라하게 드러나게 될 것이다.

이주가 충주에 가있던 시기는 1592년 4월 24~25일 무렵이었을 것으로 생각된다. 왜냐하면, 이주가 변을 듣고 서울로 갔으나 선조가 이미 서쪽으로 거둥한 뒤였다 하였는데, 충주에서 서울까지 걸어서 설사 5, 6일이 걸렸다 쳐도 충주에서 출발한 시기가 그 무렵쯤 되기 때문이다.

그렇다면 이주는 전란 중에 무슨 일을 하고자 충주에 갔을까? 1592년 4월 24,5일 경의 충주는 전운(戰雲)이 감돌던 곳이었다. 순변사 이일(李鎰)이 북진하는 왜적을 저지하려고 상주에 갔으나 4월 23일의 상주 전투에서 가등청정의 왜군에 패퇴한 직후였고, 3도도순변사 신립(申砬)이 8000여 명의 군사를 거느리고 4월 26일에 충주에 도착하고 있었기 때문이다. 상식적으로 전란 중에 전장(戰場)으로 구경을 간 것이라 할 수 없는 것이라면, 이는 틀림없이 적정(敵情)을 염탐하는 한편 유격전(遊擊戰)을 전개하기 위하여, 이주의 대소가(大小家)의 가동(家僮)과 형제들로 구성된 소집단의 의병이나마 거느리고 전주로부터 충주에 달려갔던 것이라고 볼 수밖에 없다.

이주가 충주에서 들었다는 '변'은 선조가 의주로 파천(播遷)한다는 소식이 분명한데, 비록 소수의 의병집단이라도 거느리고 있었기 때문에, 선조의 파천 소식을 듣고 호종(扈從)할 목적으로 달려갈 수 있었던 것이다.

이주가 검찰사 이양원의 막하(幕下)에 편입될 수 있었던 점에 대해서도 생각해 볼 필요가 있다. 본래 '막하'란 말은 주장(主將)이 거느리는 장관(將官)을 지칭하는 말이다. 막하가 그런 존재이기에 이양원이 남쪽의 군사가 이르지 않는 것을 이주와 함께 걱정하였던 것이고, 드디어는 이주가 의병소집을 위해 호남으로 내려가도록 양해하였던 것이다.

설사 이주가 종묘사직의 보전을 위해서 이양원의 막하가 되어 왜군과 항전하기를 원하였다 해도, 또 그가 기골(氣骨)이 장대하고 용감한 장재(將材)였다고 하더라도, 이주가 만일 의병장이 아니었다면, 이양원이 시골에서 올라온 처음 보는 사람을 어떻게 장관(將官)으로 휘하에 두었겠는가? 말하자면 이주는 이때 이미 의병장으로서, 비록 소수일망정 의병을 거느리고 있었으므로 의병장이라는 점을 높이 평가해서 이양원이 막하로서 기용하였다고 보는 것이 옳은 판단이라는 것이다. 이러한 추정이 맞는다면 이주가 의병장으로서 활동을 전개하기 시작한 것은, 그가 충주에 갔던 1592년 4월 하순부터의 일이었다고 보는 것이 옳다. 다만 이 시기 이주의 의병은 적정 염찰이나 유격전을 수행할 정도의 미약한 것이었고, 하나의 독립부대로서 독자적으로 전투를 수행할 정도의 것은 아니었다고 생각된다. 이주의 의병장으로서의 본격적인 활동 시기는 1592년 7월 이후의 시기였다.

3) 이주의 의병 활동

호남의 의병을 소모(召募)하기 위하여 한성을 출발한 이주는, 왜적의 눈을 피해가며 6월 4,5일 경에 용인을 경유하였으니,[30] 전주에 도착한

30) 이주가 용인에 이르러 3도 병사가 거의 8만 명이나 되는 것을 알았다고 하였는데(『선

것은 빨라도 6월 중순이 끝나갈 무렵이나 되었을 것이다. 전주에 도착한 이주가 전주와 임실을 오가며, 의병을 모으고 군량을 준비하는 데에는 또 상당한 시일이 걸려서, 7월 하순이 되어서야 400명의 의병과 50여 필의 군마와 면포 1000필을 준비할 수 있었다.[31] 이 무렵 진도의 역적 이충범(李忠範) · 서몽린(徐夢獜) 등이 모반을 도모하여 근왕(勤王)하는 군사들의 상경(上京)을 저지하였는데, 이주가 광주판관 이충로(李忠老)와 함께 7월 27일에 이들의 모반을 평정[32] 할 수 있었던 것은, 이주가 이때 막 의병조직을 끝마치고 아직 전라도에 머물러 있어 가능한 일로 생각되기 때문이다.

이충범의 모반을 평정한 이주는, 전국에 퍼져있는 왜적의 눈을 피하여, 400명의 의병을 거느리고 바다를 통해 평양에 도착하였고, 그곳에서 왜적과 일전을 벌여 수백 명의 왜적을 참살하는 전과를 올렸다.[33] 그리고는 다시 산 넘고 물 건너 북진을 계속해서 의주에 도착하여 선조를 알현한 것이 8월 26일 이었다.[34] 이때 행재소에서 이주의 관작이 호성감에서 호성도정으로 승진되었을 뿐만 아니라, 이주가 의병장의 칭호를 선조로부터 받았다.

이때 이후 4개월 남짓한 기간 동안 이주 휘하의 의병들의 행적이 어디서도 발견되지 않으나, 아마도 행재소의 선조를 호위하였던 것으

조실록』8월 계축), 3도 병사가 6월 6일의 용인 전투에서 왜적에게 패하였기 때문이다.

31) 『선조실록』25년 8월 26일(계축) 참조.

32) 위 책, 25년 7월 27일(갑신).

33) 「호성군 행장」 참조.

34) 『선조실록』25년 8월 26일(계축).

로 여겨진다. 그러다가 명나라 원군이 도착하자, 선조는 단약(單弱)한 호성군의 의병만으로는 전승(戰勝)을 기필(期必)할 수 없음을 민망히 여겨 순안현(順安縣)에 와있던 명나라 제독(提督) 이여송(李如松)의 군대와 합세하여 전투를 수행하도록 조처하였던 것이다.[35)]

이여송이 3만 군사를 거느리고, 1592년 12월 25일에 압록강을 건너 순안(順安)에 도착한 것은 1593년 1월 5일이었다. 그가 평양성을 공격하기 시작한 것은 1월 6일이며 4일 간의 전투 끝에 9일에 평양성을 탈환하였으니,[36)] 이주가 이여송과 합세하여 평양성 탈환전을 수행하였다면, 그것은 바로 이 전투였음에 틀림이 없다.

「호성군 행장」과 「호성군 유사」에, 이주가 이여송과 함께 수행한 며칠간의 평양성 탈환전의 전황이 언급되어 있는데, 이주가 스스로 선봉장이 되어 의병을 인솔하고 평양성 수복에 주도적 역할을 담당하였던 것으로 묘사되어 있다.

선조와의 대화에서도 드러났듯이, 이주는 평소 관군을 신뢰하지 않아서, 따로 부대를 편성하여 관군과 연합작전을 펴는 것을 선호하였으며, 누구로 부터의 절제(節制)도 받고 싶어 하지 않던[37)] 그의 자존심과 기개로 보아서, 이주가 선봉장으로서 평양성 탈환에 주도적 역할을 하였을 것으로 보인다. 이주와 함께 의병을 지휘하였던 백사림(白士霖)이 선무원종공신 1등에 녹훈된 것도 평양성 전투와 무관하지 않을 듯하다.

35) 「호성군 유사」 참조.
36) 『선조실록』 26년 1월 11일(병오).
37) 『선조실록』 25년 8월 26일(계축) 참조.

평양성 전투에서 왜적이 패퇴한 이후 전선(戰線)이 남하하면서 의주의 행재소로부터 선조의 한성 환도가 시작되었다. 1593년 1월에 의주를 출발하여 정주(定州)·안주(安州)·영유(永柔)·강서(江西)·해주(海州)를 거쳐 10월 1일에 입경(入京)하는 장장 9개월에 걸쳐 진행된 환도 행사에 이주가 시종 어가를 수행하였다.

이 시기 9개월여의 이주의 행적을 확인할 길은 없으나, 선조가 환궁(還宮)한 직후에 어가를 수행한 공로로 이주가 호성군(湖城君)으로 승급되고, 선무원종공신 1등에 녹훈되었던 것으로 미루어볼 때, 9개월 동안 어가 수행과 행재소 호위에 진력(盡力)하였던 것으로 보인다. 실로 이주의 우국충정이 확인되는 대목이다.

이주는 종친으로서 의병을 일으켜서, 이충범의 모반사건을 평정하였을 뿐만 아니라, 의병장으로서는 최초로 근왕병을 이끌고 행재소에까지 이르렀으며, 평양성 전투에서 스스로 선봉장이 되어 평양성 탈환에 주도적 역할을 수행하였고, 9개월여에 걸친 선조의 환도에 시종 행재소 호위와 어가 수행에 진력하였던 거기에 호성군 이주의 의병활동의 진면목이 있다고 하겠다.

5. 결어(結語)

호성군 이주(李柱 : 1562~1594)는, 세조의 셋째 아들인 덕원군 서(曙)의 증손으로서 세조왕실의 종친이었다.

그는 어려서부터 도학유교의 가정에서 자랐다. 그의 증조부인 덕원군이 성리학을 가학(家學)으로 수립한 이후로, 그의 할아버지인 청부군 번(藩)이 김정(金淨) · 김식(金湜) · 조광조(趙光祖) 등과 교유하던 도학자였고, 그의 아버지 임천군 광(鑛) 또한 조광조와 친교하던 도학자였다. 임천군의 도학과 절의는 조신(朝臣)들도 존경하고 숭배하던 바였다.

도학유교는 행동을 중시하는 유교적 학문경향을 의미하는 것으로서, 성리학의 이론적 정통과 의리정신의 행동적 정통을 포함하는 학문체계였다. 15세기 조선의 성리학이 인성(人性)과 천리(天理)를 이론적으로 추구하는 주지주의(主知主義)적 성향(性向)이 농후한 유학이었다면, 16세기 도학유교는 유교이념의 실천궁행을 강조하는 실천주의적 성향이 농후한 실천유학이었다.

이주가 도학유교를 가학(家學)으로 하는 가정에서 태어나고 자랐으므로, 그는 권력과 이익을 추구하기 보다는 절의(節義)를 존중하고, 유교이념의 정수(精髓)인 충(忠) · 효(孝)의 실천궁행을 무엇보다도 우선하는 최고의 가치이자 덕목(德目)으로 하는 생활철학을 체인(體認)하면서 성장하였던 것이다.

그렇기에, 임진왜란이 발발하자 이주는 종묘와 사직을 보전하는 것을 자신의 소임으로 생각하고, 곧바로 의병을 모집하여 이충범의 모반사건을 평정하였고, 의병장으로서 선조가 파천한 의주 행재소에 까지 근왕(勤王)하였으며, 평양성 전투에서 스스로 조명(朝明)연합군의 선봉장이 되어 평양성 탈환에 주도적 역할을 수행하였고, 9개월여에 걸쳐 진행된 선조의 환도(還都) 행사에서 그가 온 몸을 바쳐 시종 선조를 수행하고 호위하였던 것이다. 이는 분명히 충·효를 최상의 가치로 하는 유교이념을 실천한 것이었다.

우리는 본 연구를 통하여, 국난을 당하여 이주가 보여준 우국충정을 확인할 수 있었다. 그리고 이것은 또 하나의 전라정신(全羅精神)의 확인이었다고 생각된다.

전주의 유현(儒賢) 최명룡(崔命龍)

1

최명룡(崔命龍 : 1567~1621)의 자(字)는 여윤(汝允)이고 호(號)는 석계(石溪)이며 완산(完山)이 관향(貫鄕)이다. 그의 할아버지는 문과에 급제하여 성균관 사성(司成)을 역임한 순성(順成)이며, 아버지는 단성(丹城)현감을 지낸 위(渭)이고, 어머니는 문경(聞慶)현령을 지낸 안경우(安景祐)의 딸 광주(廣州) 안씨였다.

『완산지(完山誌)』 학교편 인봉사(麟峰祠)조에 의하면 최명룡을 사당의 주벽(主壁)으로 향사(享祀)하고 있었으며[1], 같은 책, 인물편 유림(儒林)조에는 최명룡에 대하여, (그는) 기질(氣質)과 성품이 깨끗하고 순수하며, 현명하고 슬기로움이 무리들 중에서 매우 뛰어났다. 젊은 나이에 진리의 깨달음을 구하여 경서(經書)들을 심도 있게 연구하였는데, 그 중에서도 성리학의 여러 서적에 더욱 정통하였으며, 그 밖에도 음양오행설(陰陽五行說)과 불가(佛家) · 도가(道家)의 서적에 이르기까지 그 사물의 근원에 대하여 깊이 연구하지 않은 것이 없다고 서술하고 있다[2].

이로써 미루어 본다면 최명룡은 분명히 전주 출신의 인물들 중에서 전주를 상징할 만한 대표적인 유현(儒賢)임에 틀림이 없다. 그럼에도 불구하고 55세를 일기(一期)로 요절(夭折)하였던 탓에 저서를 남기지도 못하였고, 또 당시 사람들에 의해 처사(處士)라고 불리고 있었던

---

1) 『완역 완산지』, 전주시 · 전주문화원, 2009, 90쪽 참조.
2) 위 책, 250쪽 참조.

데서 알 수 있듯이 벼슬에 나아가지 않고 은거(隱居)한 선비였던 까닭에, 최명룡이 성취한 학문의 정도나 그의 사상과 철학, 그가 점하고 있던 학계에서의 위치 등 우리들이 알고 싶어 하는 내용들을 밝힐 소재들을 찾을 수가 없다.

그나마 『사계전서(沙溪全書』와 『전주최씨세적록(全州崔氏世蹟錄』에서, 김장생의 문인이며 최명룡의 교우(交友)로서 인조 5년(1627)에 세자익위사(世子翊衛司) 세마(洗馬)를 역임하였던 조평(趙平 : 1569~1647)이 지은 석계선생행장(石溪先生行狀)과 최명룡이 사사(師事)하였던 사계(沙溪) 김장생(金長生 : 1548~1631)이 지은 석계처사만사(石溪處士輓詞), 석계처사제문(石溪處士祭文), 석계처사묘갈명(石溪處士墓碣銘) 등을 볼 수 있는 것만도 천만 다행한 일이라고 생각한다.

왜냐하면, 한 인물에 대하여 그가 어떤 인물인가를 알아보는 방법으로, 그가 평소에 친히 하던 사람들이 어떤 사람들인가를 보는 것이 한 방법(居視其所親)인데, 조평이나 김장생은 평소에 최명룡과 절친하여 누구보다도 그의 진면목(眞面目)을 정확하게 파악하고 있던 사람들이었으므로, 이들의 그에 대한 이해나 평가를 통하여, 최명룡의 편린(片鱗)이나마 수습할 수 있으리라 믿기 때문이다.

2

최명룡은 12세의 어린 나이에 아버지를 여의고, 우죽(友竹) 이정기(李廷麒)선생으로부터 사서 · 오경과 강목(綱目), 한(漢)의 사마천(司馬遷)과 반고(班固), 당(唐)의 한유(韓愈)와 유종원(柳宗元)의 여러 글들을 배웠으니, 그의 학령(學齡)에 따른 실질적인 교육은 이정기로부터 받았던 것이며, 이 때 이미 연원(淵源)이 있는 학업의 성취가 있었던 것이다. 강효석(姜斅錫)의 『전고대방(典故大方)』이나 윤영선(尹榮善)의 『조선유현연원도(朝鮮儒賢淵源圖)』에는 최명룡이 김장생의 제자로 기술되어 있다. 그러나 최명룡이 김장생을 처음 찾아간 것은, 김장생이 익산군수로 재임하였던 선조 36년(1603) 가을에서 선조 38년 겨울 기간의 일이었으므로[3], 최명룡의 나이 이미 30대 말이었다. 이때의 최명룡이 김장생에게 훈육(薰育)되었던 것은 아니었고, 이미 높은 수준의 학문 성취가 있는 상태에서 김장생을 사사(師事)하였던 것이다. 그렇기에 김장생이 최명룡을 처음 만났을 때, 그의 용모와 행동거지가 엄숙하고 논의가 명백한 것이 연원이 있음을 알고, 매우 기뻐하며 너무 늦게야 서로 알게 된 것을 한스러워 하였던 것이다.

최명룡은 총명이 매우 뛰어나서 이정기에게 글을 배운 지 몇 달 안 되어 문의(文義)를 스스로 깨달았다. 때문에 공(公)이 책을 끼고 오는 것을 보고는 이정기는 기뻐하며, 최명룡이 오늘도 나를 가르치려

---

3) 조평(趙平)이 지은 「석계(石溪)선생 행장」과 김장생이 지은 「석계처사 제문」에, 김장생과 최명룡이 처음 만난 것은 김장생이 익산군수로 재임하던 때라고 하였다.

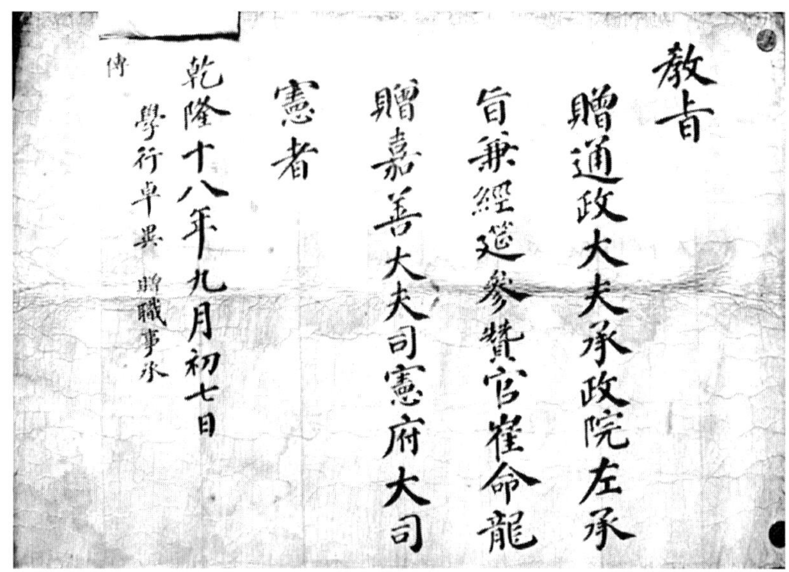

敎旨

贈通政大夫承政院左承

旨兼經筵參贊官崔命龍

贈嘉善大夫司憲府大司

憲者

乾隆十八年九月初七日

學行卓異 贈職事承

傳

최명룡 교지

고 온다 하였던 것이다[4]. 또 유백승(柳百乘 : 1652~1718)이 인봉사(麟峰祠) 사우강당기(祠宇講堂記)에서[5], 김장생이 최명룡을 범속(凡俗)을 초월한 재사(才士)로 여겼다고 술회하고 있는 것으로 보아, 최명룡의 총명은 매우 뛰어났던 듯하다.

최명룡은 매우 박식하였고, 그가 도달한 학문의 경지(境地)도 매우 심오(深奧)하였다. 문장이 고상하고 우아하며 필법(筆法)이 강건하여 문학과 예술세계(藝苑)의 종장(宗匠)이라고 일컬어지던 윤근수(尹根壽 : 1537~1616)는, 최명룡의 박식함에 탄복하여 자신은 그에게 미칠

---

4) 「석계선생 행장」 참조.
5) 『완역 완산지』 90쪽 참조.

수 없다 하였고, 이이(李珥 : 1536~1584)의 지우(知友)로서 함께 사칠이기설(四七理氣說)을 주장하였던 조선 중기의 학자 성혼(成渾 : 1535~1578)은 최명룡의 학문에 감탄하여, 우리 유가(儒家)에 의지할 곳이 있다[6] 하였으니, 이제 방년(芳年) 30세의 최명룡이 16세기 조선 성리학이 장차 의지할 만한 동량(棟樑)으로 평가되고 있었던 것이다.

최명룡의 학문에 대한 김장생의 평가는 최상의 찬사(讚辭)였으며 매우 구체적이고 사실적(寫實的)이었다. 김장생은 송익필(宋翼弼 : 1534~1599) · 이이(李珥 : 1536~1584)의 문하에서 수학하였고, 송시열(宋時烈 : 1607~1689) · 송준길(宋浚吉 : 1606~1672) · 이유태(李惟泰 : 1607~1684) · 장유(張維 : 1587~1638) · 최명길(崔鳴吉 : 1587~1638) 같은 당대의 명사(名士)들을 제자로 배출한 유학계의 거목(巨木)이었으며, 특히 예학(禮學)을 깊이 연구하여 아들 신독재(愼獨齋) 김집(金集 : 1574~1656)에게 계승시켰던 조선 예학(禮學)의 태산북두(泰山北斗)로 일컬어지던 조선 중기의 학자였다. 이이 · 송익필 두 선생을 잃고 나서 길을 잃고 방황하며 학문을 논할 사람이 없음을 한탄하던 김장생이, 최명룡을 만난 뒤로 서로의 만남이 늦은 것을 한(限)하면서, 의심이 나면 최명룡에게 묻고, 책을 읽으면 으레 강론(講論)하여 의지하였다[7]. 이러한 관계는 김장생이 최명룡에게 보낸 편지에서, 앞으로 『예기(禮記)』에서 의심스럽고 이해되지 않는 문제는 즉시 고찰 · 연구하되, 내가 참고하여 보고자 하니 꼭 알려 달라고 요구하고 있는 데서도 잘

6) 「석계선생 행장」 참조.
7) 「석계선생 제문」 참조.

드러난다[8]. 최명룡이 세상을 떠나자 김장생은, 20세나 연하인 그에게 주저 없이 스승이란 경칭까지도 헌정(獻呈)하였고, 유교를 확장할 중임(重任)을 누구와 함께 하며, 고대 전적(典籍)들의 의문 나는 곳은 누구에게 물어야 하느냐며 안타까워하였다.

최명룡 묘비 (완주 소양)

김장생은, 최명룡을 평하기를, 그는 타고난 자질(資質)이 매우 고결(高潔)하며, 스스로 삼가고 행동을 자제(自制)하여 언제나 법도를 좇았다. 글 짓는 데도 능하여 붓을 잡으면 곧 문장을 완성하였지만, 그 담론(譚論)과 문장의 내용과 뜻이 전대(前代)의 전거(典據)가 되는 고사(故事)에 통하였으며, 명쾌하고 막힘이 없어 마치 막혔던 강물이 트이는 것처럼 시원한 감동을 준다고 하였다[9].

이처럼 최명룡의 학문세계에 대한 김장생의 신뢰는 찬사(讚辭)의 극치(極致)였다. 그것은 먼저 간 이에 대한 의례적인 겸사(謙辭)나 허례(虛禮)적인 문사(文詞)가 아니었고, 마음에서 우러나오는 애경(愛敬)

---

8) 『사계전서』 권 3, 서(書), 「與崔汝允」. 前去 禮記疑問 須即考示 欲以參看.
9) 「석계처사 최군(명룡) 묘갈명」 참조.

을 진솔하게 토로(吐露)한 것이었다. 한 시대의 추앙(推仰)을 한 몸에 받던 거유(巨儒) 김장생의 표현을 통하여 우리는 최명룡이 도달한 학문 경지와 조선 유학계에서의 그의 위치를 조금은 알 수 있을 듯하다.

3

김장생과 최명룡의 관계는 스승과 제자라는 의례적인 격식(格式)을 뛰어넘어 학문적으로 서로 의존하였던 관계였으며, 20년이라는 연차(年差)를 극복하고 지우(知友)의 단계로 승화(昇華)하였던 지극히 인간적인 관계였다. 그렇기에 김장생은 최명룡을 잃고 그를 사모하며 그리도 오뇌(懊惱)하였던 것이다.

김장생은 앞서 간 최명룡을 그리워하며 가슴 아픈 이별을 다음과 같이 술회(述懷)하였다.

그대를 불러도 그대는 듣지 못하고, 그대를 위해 곡(哭)을 해도 그대는 알지 못하네. 늙지 않아 내 앞에 갔는데, 늙은 나는 언제나 갈 수 있을지. 빠르게 변하는 혼탁한 세상 중에, (나는 선생이)세상을 떠나며 버려진 신발이네. 절현(絶絃)의 아픔이 이로부터 비롯되어 책을 펴지만, 매양 그대 그리운 생각뿐이네.[10] 하였으니, 실로 그 어떤 사랑하는 남녀 간의 이별에서도, 이처럼 그리움이 절절이 묻어나는 애절한 표현들을 찾기가 그리 쉽지 않을 듯싶다.

또 그는 제문(祭文)을 지어 제자의 죽음을 다음과 같이 애통(哀痛)해

10) 「만최여윤(명룡)」 참조.

하기도 하였다.

아! 현제(賢弟)는 지금 죽었단 말인가! 현제의 어질고 인자함으로도 하늘의 보응(報應)을 입지 못했다는 말인가! 어찌하여 하늘의 후(厚)하고 박(薄)함과, 하민(下民)에 대한 베풂이 그렇게도 다른 건지 알 수가 없구나. 말을 해도 들어줄 사람이 없고, 노래를 불러도 화답할 사람이 없으니, 길이 통곡하고 오래도록 그리워하여도 풀리지 않는구나.[11]

그러는가하면 그는, 최명룡을 잃은 이후 자신을 잊어버릴 만큼의 아픔이 있어, 한 해가 지나도 슬픔이 풀리지 않았다고 독백(獨白)처럼 고백하고 있다[12].

앞에서 살핀 바와 같이, 김장생은 최명룡이 없는 세상에 남겨진 자신을, 세상에 버려진 주인 없는 한 켤레 신발과 같은 무의미한 존재로 은유(隱喩)하고 있고, 최명룡을 잃은 자신의 심경(心境)을, 거문고의 명수였던 백아(伯牙)가 자기의 거문고 솜씨를 알아주던 종자기(鍾子期)가 죽자 거문고의 줄을 끊었던(絶絃), 바로 그 백아의 심경이 되어 책을 읽으려고 펴지만 매양 최명룡이 그리운 생각뿐이라고 토로(吐露)하고 있으며, 최명룡이 타계(他界)한 이후로, 말을 해도 들어줄 사람이 없고, 노래를 불러도 화답할 사람이 없어 아무리 통곡하고 애타게 그리워하여도 허전한 마음을 해소할 수 없다고, 가슴 아픈 이별을 영탄(永嘆)하였다. 여기서 우리는, 사랑하는 사람을 저세상으로 보내고, 참을 수 없는 그리움과 애틋하면서도 품격 높은 사랑을 격조(格調)있게 그리

11) 「석계처사 제문」 참조.
12) 「석계처사 묘갈명 병서」 참조.

며 오뇌(懊惱)하던, 김장생의 최명룡을 향한 지극히 인간적인 모습을 통하여, 그의 지우(知友)였던 최명룡의 인물과 품격에 대하여 상당한 이해를 얻을 수 있었다고 생각한다.

4

앞에서 고찰한 바와 같이, 최명룡은 매우 총명하여 스승 이정기로부터 글을 배운 지 몇 달 안 되어 문의(文義)를 깨달았고, 오래되지 않아 경서와 사서(史書)를 모두 통달하여 학문이 높은 수준에 도달하였다.

조선 중기의 학자 성혼은, 최명룡의 나이 30대에 그를 조선성리학이 장차 의지할 인물로 지목하였으며, 윤근수는 자기로서는 도달할 수 없다며 최명룡의 박식에 감탄하였다. 조선 예학의 태두(泰斗)로 일컬어지는 김장생은 이이·송익필 두 선생을 잃고 방황하다가 최명룡을 만난 뒤로 서로 의지하면서, 책을 읽으면 강론하고 의심이 나면 물어서, 서로 가르치고 배우는 관계를 유지하였으며, 최명룡이 타계(他界)하자 그는 조선성리학을 확장할 중임(重任)을 함께 수행할 이도, 고대 전적(典籍)의 의문 나는 곳을 물을 사람도 없게 되었다고 한탄하였다.

최명룡의 학문적 수준은, 『대학』 장구(章句)의 「재명명덕(在明明德)」의 소주(小註)에서 송(宋)나라의 북계(北溪) 진순(陳淳)이 논한 이(理)와 기(氣)에 대하여, 최명룡과 김장생이 문답한 내용이 김장생의 저서 『경서변의(經書辨疑)』에 실려 있고[13], 『중용(中庸)』 장구의 「공구호기소불문(恐懼乎其所不聞)」의 공구(恐懼)와 「군자신기독야(君子愼其

獨也)」의 신독(愼獨) 두 구절(句節)에 대한 최명룡의 견해를 『경서변의』에 소개하고[14] 있는 데서, 높은 경지에 도달하였음을 짐작할 수 있다.

최명룡은 성리학뿐만 아니라 역학(易學)과 수학에도 정통하였고, 전문 화가를 능가할 정도로 그림에도 능력이 뛰어났다.

그는 벼슬길에 나아가지 아니하고 초야에 묻혀 짧은 일생을 마쳤지만, 김동달(金東達) · 김단(金湍) · 권극중(權克中) · 유집(柳楫) · 유신로(柳莘老)[15] 등을 제자로 육성하여 이 지역의 학풍(學風) 진작(振作)에 일정한 공헌을 하였음을 인정해야할 것으로 믿는다.

염수재 [최광지 · 최명룡 재실] (완주 소양)

13) 『사계전서』 권 11, 「경서변의」 참조.

14) 위와 같음.

15) 윤영선(尹榮善)이 저술한 『조선유현연원도(朝鮮儒賢淵源圖)』에서 김동달 · 김단 · 권극중 · 윤집 등이 최명룡의 문인들로 확인되며, 「유극수(柳克修)신도비」에 '八世孫莘老 號春圃 受業于石溪崔先生'이라 기록되어 있어 유신로가 최명룡의 문인이었음이 확인된다.

석계처사(石溪處士) 만사(輓詞)

光山 金長生 지음.

내 어진 그대의 나이 50살에,
갑자기 세상 뜰 줄 어찌 알았으랴.
타고난 기질은 순수 · 순박하고,
그 위에 총명 또한 겸하였네.
젊은 나이에 도학(道學)에 뜻을 두고,
인의(仁義)에 기초(基礎)하였도다.
그대는 나를 스승으로 하고,
나는 그대를 스승으로 하였네.
우리 서로 응대함이 어찌 깊지 않았으랴,
옛 현인(賢人)의 관계를 기대할 수 있었네.
성현들의 서적을 심도 있게 연구하고,
학문을 토론하며 매일 서로 의지하였도다.
어찌하여 여러 달의 병고(病故)를,
시종 나에게 알리지 않았던가?
백리 길에 소식을 끊더니,
갑자기 이제 사별(死別)인가!
부음(訃音)을 듣고 처음엔 와서 곡(哭)하였지만,
넋을 잃고 멍하여 생사(生死)를 모르겠구나.
상(喪)을 당하여 애통하는 아들을 대하니,

고요하고 쓸쓸함이 흰 장막에 드리우네.
그대를 불러도 그대는 듣지 못하고,
그대를 위해 곡을 해도 그대는 알지 못하네.
늙지 않아 내 앞에 갔는데,
늙은 나는 언제나 갈 수 있을지.
빠르게 변하는 혼탁한 세상 중에,
세상을 떠나면서 버려진 신발 같네.
온전하게 살다가 또 온전하게 돌아가니,
그대 무엇이 슬플 것인가.
절현(絶絃)의 아픔이 이로부터 비롯되어,
책을 펴지만 매양 그대 그리워하는 생각뿐이네.
학문을 좋아하던 것도 지금에사 다 허무하니,
내가 애통하는 것도 사사로운 정 때문이 아닐세.

輓崔汝允(命龍)[16]

吾賢年五十 豈料遽至斯
稟氣粹而淳 聰明又兼之
早歲志於道 仁義以爲基
君以我爲師 我以君爲師

---

16) 『사계전서』 권 1, 시(詩)편에 수록되어 있는 글을 옮겼다.

相得豈淺淺 古人吾可期

沈潛聖賢書 麗澤日相資

如何數朔病 初不報我爲

貽阻百里內 奄忽此別離

聞訃始來哭 惝怳生死疑

斬焉對孤子 寂寞垂素帷

呼子子不聞 哭子子不知

未老先我逝 老我能幾時

翻然濁世中 長去若屣遺

全生又全歸 在子則何悲

斷絃從此始 開卷每相思

好學今也亾 吾慟非爲私

光山 金長生 撰

석계처사(石溪處士) 제문(祭文)

光山 金長生 지음.

만력(萬曆) 48년(1620) 경신년 9월 21일(을미)에 통훈대부 전 철원도호부사 김장생(金長生 : 1548~1631)이 맑은 술을 제물(祭物)로 석계처사 최군(崔君)의 영전에 제사하며 이르기를, 아! 나와 현제(賢弟)는 함께 한 평생을 살면서 (내가)타향에서 벼슬살이를 하던 때에 처음으로 우의(友誼)를 맺었으니, 어찌하여 서로의 만남이 그렇게도 늦었는가!

나의 집이 연산(連山) 고을에 자리 잡고 있었으니, 연산과 현제가 사는 곳(全州-역자)의 거리가 가깝지 않은데, 책을 끼고 혼자서 말을 타고 와서 함께 어울려서, 오직 글을 읽고 그 뜻을 밝히며 토론하는 것으로 일을 삼았으니, 생각건대 그가 뜻하는 바는 배우는 것이었다.

현제(賢弟)는 총명함이 같은 무리 중에서 뛰어나서, 모든 경서를 다 읽었고 충성과 신의를 스스로 지키며, 매일 옛 성현들을 생각하는 것으로써 마음을 다스렸다. 그의 성취한 바가 같은 무리들 중에서 뛰어났으나, 나(김장생)의 나이가 조금 많다는 이유로, 추앙하고 숭배하여 스승의 위치에 올려서 대접하는 잘못된 예우를 내가 입고 있다. 나를 돌아보건대 품성이 노둔(魯鈍)하고 학문이 거칠어서 현제(賢弟)가 기대하는 만의 하나도 감당할 수가 없었으나, 현제의 깨달은 바와 성취한바 정묘(精妙)한 조예(造詣)를 깊이 따지는 데 나이의 많고 적음을 깨닫지 못하고 즐거이 서로 배우고 본받았다.

내가 젊어서부터 율곡 이이(李珥 : 1536~1584) · 구봉 송익필(宋翼弼 : 1534~1599) 두 선생의 문하에서 섬길 수 있었는데, 이미 선생을 잃은 뒤 길을 잃고 홀로 방황하며 더불어 학문을 논할 사람이 없음을 한탄하다가, 현제를 만난 이후로 만족스럽게도 마치 깨달음이 있는 것 같았다. 평소 세상에서 학문에 뜻을 둔 사람을 볼 수 없다가 지금에야 갑자기 나타났다고 생각하고, 의심이 나면 묻고 책을 읽으면 강론하여 서로 의지함이 더욱 친밀하였으니, 바라던 최고의 일을 이룬 것이다. 내가 현제를 대우하는 것이 이와 같았을 뿐만 아니라 현제가 나에게 바라는 것 또한 그러하였다.

나는 현제(賢弟)보다 20살이나 나이가 많아서 근력이 쇠퇴하고 의지와 정신이 나태하여졌으므로, 항상 어느 날 내가 먼저 죽어서 멀리 떠나면 우리 현제가 외롭게 될 것이라 생각하며 두려워하였는데, 누가 현제가 갑자기 나를 버리고 먼저 갈 줄을 생각이나 하였겠는가?

지난봄에 현제가 와서 나를 만나보았고, 그 후로 봄과 여름에 서로 편지를 주고받았는데, 알고 보니 그가 7월 15일에 세상을 떠났다고 한다. 그간에 지낸 날자가 3달이 채 되지 않았는데, 사람의 일에 나타나는 변화가 갑자기 이에 이를 수 있는 것인가? 나와 현제의 사는 곳이 멀지 않아서, 비록 서로 소식이 막혀도 머지않아 서로 만나리라고 생각하였고, 만일 병환 중에 있다 해도 서로 들어 알 수 있다고 생각하였으나, 농가에 일이 많아 제때에 서로 방문할 수가 없었다. 진실로 그가 죽을 것을 알았다면 어찌 하룻밤 늙은 몸을 부축하고서라도 영원한 이별을 아니 하였겠는가?

현제(賢弟)의 죽음이 하루아침 하루저녁에 급박하게 이루어진 것이 아니고 여러 달 병을 앓았을 것인데도, 멀지않은 거리에 있는 친구가 서로 알지 못했던 것은 어찌된 일인가? 현제는 나를 부형(父兄)처럼 돌보았는데, 나는 현제를 친속(親屬)처럼 돌보지 않았으니 어떻게 애통(哀慟)함을 감내하랴!

지난 한 해 동안 현제를 보니 머리털이 갑자기 희었으므로 괴이하게 여겨 물으니, 현제가 말하기를, 최근에 갑자기 기력이 쇠하여 세상에 오래도록 버틸 수 없을 것 같다고 하였고, 평소에 편지 속에서도 또한 누차 이런 말을 하였는데, 나는 흔히 있는 일이라 여기고 그렇게 되리라고는 생각하지 않았었다. 아! 그가 끝내 이로 인하여 세상을 떠났으니, 현제는 기(氣)의 징험(徵驗)을 통하여 먼저 이를 알았던 것이리라. 아! 현제가 지금 죽었단 말인가! 현제의 재주와 학문으로 장차 큰 진전(進展)이 있을 것인데, 갑자기 중도에 요절(夭折)했단 말인가! 현제의 어질고 인자함으로써 의당 하늘의 도움을 받았어야 하는데, 그 보응(報應)을 입지 못하였다는 것인가! 어찌하여 하늘의 후(厚)하고 박(薄)함과 하민(下民)에 베풂이 그렇게도 다른 것인지 알 수가 없구나.

현제가 세상에 있을 때의 마음가짐과 일을 처리함이 옛 선현(先賢)에 부끄러움이 없이, 온전하게 살다가 온전하게 돌아갔으니 현제에게는 무엇이 슬플 것일까 마는, 다만 현제의 훌륭한 자질과 해박한 학식은 친구들에게는 잊기 어려운 것이고, 평범한 사람들에게는 얻기 어려운 것이었다. 유교(吾道)를 확장할 중임(重任)을 누구와 함께하며, 고대(古代)의 전적(典籍)들에 대한 의문은 누구에게 물어야 하는가? 말을 해도 들어줄 사람이 없고, 노래를 불러도 화답(和答)할 사람이 없으니, 이것이 내가 길이 통곡하고 오래도록 그리워하여도 풀 수가 없는 그것이다. 다만 마땅히 옛날에 들었던 것을 정리하고, 경서의 해석을 성실하게 지켜서, 노년(老年)의 일에 진력(盡力)하면 아마도 내 현제(賢弟)의 나에 대한 바람도 더 이상 없을 것이리라.

아! 강론하고 연마하며, 서로 물어서 바로잡기를 옛날에는 얼마나 간절히 권하였는데, 문에 들어서서 길게 불러도 지금은 어찌 그리도 먼가! 농담으로 하던 말이 사별(死別)이 되어 통곡하며 문하(門下)에 찾아왔지만, 온화한 용모와 훤칠한 외모를 어느 날에나 보게 될 것이며, 어느 날에나 잊게 될 것인가! 술 한 잔을 드리니, 영혼이 알지 모를지 모르지만 흠향(歆饗)하기를 바랍니다.

石溪處士祭文[17)]

維萬曆四十八年 歲次庚申九月二十一日 乙未 通訓大夫 前鐵原都護府使[18)]金長生 以淸酌 奠祭于石溪處士崔君之靈曰 嗚呼 吾與賢 生同一生 傾蓋於旅宦之中 何相見之晩耶 逮吾家居連鄕 連之距賢所 不宿舂之間耳 挾書册匹馬相從 惟以講讀討論爲事 蓋其所志者學也 賢聰明邁倫 讀盡經書 忠信自守 日以古聖賢爲心 其所成就 迥出等夷 而以吾一日之長 謬加推崇 托以師道之尊 而顧吾質魯學荒 不敢當賢期待之萬一 深推賢所見所就之精詣 不知年數之長少 而樂爲之相師也 吾自少時 獲事栗谷龜峯兩先生之門 旣失先生 倀倀踽踽 恨無與論學 自遇賢以後 充然若有得 常以爲世未見志學者 於今忽有之 疑焉質之 讀焉講之 相待益密 期做第一等功 不惟吾之待賢如此 惟賢之望於吾者 亦然也 吾長於賢二十歲 筋力衰矣 志氣怠矣 常恐一日先朝露 以孤吾賢相望之意 孰謂賢遽去吾而先逝乎 去春 賢爲來見我 其後 春夏之交 書尺往復 而見之沒云 在七月之望 其間日字 不滿三月 而人事之變 遽至此耶 吾與賢居不遠也 雖或

17) 『전주최씨세적록(全州崔氏世蹟錄)』에 수록되어 있는 글을 옮겼다.
18) '事'를 필자기 '使'로 바로잡았다.

相阻 意謂未久相見 若有患故 可以相聞 故田家多事 不得以時相問 誠知其奄忽 豈不以一夕扶老而永訣也 賢之没 非朝夕速化 數月寢疾 而數舍之地 親舊不相知何哉 賢之視我如父兄 而吾不能視賢如親屬 可勝慟哉 去年間 見賢毛髮頓白 恠而言之 賢曰 近日來 氣力遽衰 恐不能久於世 尋常書札間 亦屢及之 吾謂常事 不以爲然也 嗚呼 其竟緣此而歿乎 賢其驗氣而先識之矣 嗚呼 賢今其死也耶 以賢之才學 將大進而遽夭於中道耶 以賢之賢仁 宜獲天佑 而不得蒙其報耶 胡天之厚薄 施與下民懸耶 未可知也 賢之在世 處心行事 無愧於古人 全生而全歸之 在賢則何悲 獨賢之美質博學 在朋友難忘 在末俗難得 遠道之任 誰與共之 墳典之疑 誰與質之 言無聽也 唱無和也 此余所以長慟永懷而不釋者也 惟當收拾舊聞 篤守經訓 以盡桑榆之功 庶無復吾賢之望也 嗚呼 講磨相質 昔何偲切 而入門長呼 今何邈邈 笑語爲別而痛哭來門 溫溫之容 頎頎之形 何日而見之 何日而忘之 一盃來奠 魂乎知否 尙饗.

光山 金長生 撰

석계처사(石溪處士) 묘갈명(墓碣銘) 병서(竝書)

光山 金長生 지음

내가 여윤(汝允)을 잃은 이후로 사실 나를 잊어버릴 만큼의 아픔이 있었는데, 한 해가 지나도 슬픔이 풀리지 않았다. 지금은 그의 묘를 쓴지도 이미 6년이나 되었는데, 그의 문도(門徒)들이 장차 묘지에 비석을 세우고자 하여 묘갈명(墓碣銘)을 부탁하였다. 아! 내 어찌 참아 할 수 있을 것인가 마는, 또한 어떻게 사양할 수 있겠는가?

여윤의 이름은 명룡(命龍)이고 여윤은 그의 자(字)이며, 본관은 완산(完山)이다. 시조는 아(阿)인데 고려왕조에서 시중(侍中)을 지냈으며, 그 후 대대로 명성이 자자한 인물들이 많았다. 할아버지 이름은 순성(順成)인데 문과에 급제하여 성균관 사성(司成)을 지냈으며, 아버지의 이름은 위(渭이며 단성(丹城)현감을 역임하였고, 어머니는 광주(廣州) 안(安)씨로서 현감 경우(景佑)의 딸이다.

여윤은 나면서부터 영특하고 빼어남이 보통사람들과 달랐으며, 나이 12살에 아버지 상을 당하여 예를 지키는 것이 성인과 같았으므로, 마을 사람들이 칭찬하며 기이하게 여겼다. 3년 상을 마치고 복을 벗을 때까지 탄식하며 진리의 깨달음을 구하는 구도자(求道者)의 마음을 지녔다. 여윤이 같은 고을에 사는 처사(處士) 이정기(李廷麒)가 학문과 품행을 갖추었다는 말을 듣고 찾아가서 가르침을 받기를 청하자, 이공(李公)이 그의 재능과 용모를 남달리 여기고 나아가 가르쳤는데, 함께 지낸 지 얼마 안 되어 경서와 사서(史書)를 모두 통달하였다. 이에 이공은 매양 최공(崔公)을 만날 때마다 으레 즐겁게 웃으면서 말하기를, 내가 그대(崔氏子)를 가르치는 것이 아니고, 그대가 나를 가르친다 하였다.

여윤(汝允)이 비록 어린 나이지만 식별하는 능력이 보통사람들에 비하여 뛰어나서, 반역의 괴수 정여립(鄭汝立)이 바야흐로 가짜 명성을 도둑질하고 있을 때, 여립의 아버지 희증(希曾)이 평소 단성현감 위(渭)와 사이좋게 지내었으므로, 일찍이 여윤에게 부탁하기를, 얘야, 가서 우리 애하고 사귀어 놀지 않겠느냐 하였지만, 여윤은 완곡(婉曲)히 사양하고 끝내 가지 않았다. 뒤에 정여립은 대역죄로 죽임을 당하였다.

광문(廣文) 신중경(申重慶)이 주역(周易)에 조예가 깊었고 겸하여 산수(算數)에도 능통하였으므로, 여윤이 찾아가 『역학계몽(易學啓蒙)』을 배우기를 청하였는데, 신공(申公)이 허락하지 아니하고 말하기를, 처음 배우는 사람은 읽기도 쉽지 않으니 뒤에 천천히 배우라고 하였다. (이에) 여윤이 물러나와 『역학계몽』과 산법(算法)책을 구하여 (혼자) 읽어서 드디어 깊고 오묘한 이치까지 달통하였다.

어머니 상중에도 상례(喪禮)를 지키는 것과 애통해하는 것을 다 같이 극진하게 하였으며, 묘 옆에서 여묘(廬墓)살이를 하면서 3년 동안 산 밖의 길을 밟지 아니하였다. 원근에서 글을 배우려는 사람들이 많이 몰려오자, 상중에 예서(禮書)를 읽는 여가에 정성스럽게 가르쳤다.

여윤이 널리 많은 서적들을 섭렵(涉獵)하였는데 그 중에서도 사자(四子 : 공자의 네 제자, 顔回 · 子貢 · 子魯 · 子張)와 정호(程灝) · 정이(程頤) · 주자(朱子) 등 여러 선생들의 어록(語錄)에 더욱 정통하였다. 하루 종일 정숙하게 앉아서 머리를 숙여 읽고 머리를 쳐들고 생각하였다. 평소 비록 어두운 방에 있더라도 반드시 의관(衣冠)을 바르게 하고, 의용(儀容)이 엄정(嚴正)하고 법도에 맞게 하기를, 마치 아버지와 스승을 마주하고 있는 것과 같이 하여 오래도록 일찍이 게을리 하지 아니하였다.

일찍이 문하생 및 절친한 친구들과 책을 싣고 변산(邊山)의 사원(寺院)에 들어가서, 10년을 기약하고 속세에 나오지 않으며 천하의 이치를 궁구(窮究)하기로 하였다. 그때 마침 임진왜란을 당하여 절에서 나와 다음 해에 행재소(行在所)로 달려갔는데, 우계(牛溪) 성혼(成渾 : 1534~1598)선생이 함께 얘기하다가 감탄하여 말하기를, 우리 유교에 인물이 나왔다 하였다.

내가 금마(金馬)군수로 재임할 때 여윤이 군재(郡齋)에 찾아왔는데, 용모와 행동거지가 엄숙하고 논의가 명백하여 연원(淵源)이 있었다. 나는 만난 것을 매우 기뻐하며 너무 늦게야 서로 알게 된 것을 한스러워하였다. 이로부터 왕래를 매우 빈번히 하며 서로 의리(義理)를 강론하고 연마하였다.

나는 젊어서 율곡(栗谷)선생을 좇아서 강직한 기개(氣槪)를 들을 수 있었고, 선생이 이미 타계(他界)하여서는 방향을 잃고 헤매며 의지할 곳이 없었으며, 책을 읽어도 함께 토론할 사람이 없었다. 여윤을 알게 됨에 미쳐 매양 의문 나고 불분명한 것을 물으면 으레 가르쳐 인도하여 주었으니, 나는 사실 다행스럽게 사귀어 유익한 벗(益友)을 얻은 것이지만, 여윤은 (나에게) 예를 지킴이 지나치게 공손하였다. 여윤은 젊어서 몹시 고생하였던 까닭에 피로가 쌓인 병으로 신유년(1621)에 전주 석계리(石溪里)의 집에서 세상을 떠났으니 그때 나이 55세였다. 그해 ㅇ월 ㅇ일에 이곳 ㅇ향(向)의 묘지에 장사하였다.

여윤은 타고난 자질(資質)이 매우 고결(高潔)하여 스스로 조심하고 행동을 자제하여 언제나 법도를 좇았다. 새벽에 일어나면 반드시 가묘(家廟)에 참례하였고, 철에 따라 나는 식물(食物)은 제물로 바치지 않고는 먹지 아니하였다. 촌수가 먼 친족이 상을 당한 경우도 거상(居喪)기간이 다한 뒤에야 평소의 침실로 돌아갔다. 이처사(李處士 : 이정기—역자)가 세상을 떠나자 3년 동안 심상(心喪)을 지냈다.

그는 배운 것이 지극히 넓었으나 깊이는 상반(相反)되었으므로, 힘이 미치는 대로 음양(陰陽)과 의(醫) · 복(卜)과 불가 · 도가의 서적까지도 그 근원을 모두 탐구하였다. 더욱이 난해한 책들을 잘 보는 능력이 있어서, 모든 기이한 문장의 생소한 단어들과, 사람들이 구두(句讀)를 떼어 읽을 수 없는 것들을 말이 나오는 대로 입에 맡겨 읽었으므로, 일찍이 그에게는 읽기 어려울 만큼 까다로운 글이 없었다. 글을 지을 때 붓을 잡으면 곧 완성하였지만, 그 담론(譚論)과 문장의 내용과 뜻이 전대(前代)의 전거(典據)가 되는 고사(故事)에 통하였으며, 명쾌하여 막힘이 없이 잘 통하고, 감동이 막혔던 강물이 트운 것처럼 시원하여, 듣는 이들이 부지런해져서 게으름을 잊었다.

해평(海平) 윤정승(尹斗壽-역자)이 일찍이 그(명룡)의 학문에 대하여 묻고는 매우 감탄하여 칭찬하고 (그에게) 미칠 수 없다고 말하였다. 그러나 그는 악을 미워하는 것이 너무 심하여, 어떤 사람에게 선하지 못한 일이 있다고 들으면, 마치 장차 자기를 더럽힐 것처럼 세상에 대해 분노하고 사악(邪惡)함을 미워하였으므로, 매양 동지들과 말이 시사(時事에 미치면 목소리와 안색이 준엄하여 사람들이 모두 송구스러워하며 들었다.

일찍이 고을의 천거(薦擧)를 받아 전시(殿試)에 응하였는데, 궁전의 위를 우러러 보니 한 시험을 주관하는 관원이 당시의 이름난 재상이었다. 여윤이 평소에 그의 사람됨을 미워하였으므로, 분개하여 고의로 일정한 전례(前例)를 어기고 마침내 죄를 입고 불합격하였다. 그의 구차하게 타협하지 않는 강직함이 대체로 이와 유사하였으므로, 세속적인 사람들로부터 크게 꺼리고 미워하는바 되었다. 그러나 여윤을 알아보고 칭송하는 사람들은 모두 세상에서 이른바 현인(賢人) · 군자(君子)라는 이들이었다.

덕수(德水) 이씨에게 장가들어 아들 하나를 낳았으니 (이름이) 거(勮)이고, 첩에서 난 아들 이름이 정길(正吉)인데, 두 아들 모두 문학과 덕행이 있었다. 딸은 관찰사를 역임한 송영구(宋英耈)의 아들에게 시집갔다.

아! 나도 늙어서 또한 죽으면 모든 생각이 다 사라지겠지만, 잊을 수 없이 생각되는 것은 오직 이 일뿐이다. 가령 여윤이 우리 유도(儒道)를 위임할 처지에 있었다면 내가 걱정할 것이 없겠지만 이제 모두 끝났으니 아! 슬프다. 하고 마침내 눈물을 씻고 명(銘)을 지었으니 그 글에 이르기를,

얼마나 지조(志操)가 굳고 결백한가 하면,
옥설과 같이 희고,
얼마나 마음이 넉넉한가 하면,
중국의 소택(沼澤)지역이 동정호(洞庭湖)를 품음 같도다.
거두어 매장하니 그 무덤 3자인 것을,
지식과 도덕이 있는 이 여기 지나며 꼭 예를 표하리. 라 하였다.

石溪處士崔君(命龍)墓碣銘 幷書

自余失汝允 實有喪予之慟 逾年而悲不解 今其墓草 已六宿矣 其徒將有樹于塋域 請余銘焉 嗚呼 余何忍爲 亦何可辭 汝允諱命龍 汝允其字也 完山人 鼻祖曰阿爲高麗侍中 其後 世有顯人 祖順成 成均館司藝 考渭丹城縣監 母廣州安氏 縣監景佑之女 汝允生穎秀異凡兒 年十二 遭丹城公之喪 秉禮如成人 鄕閭稱異之 服闋慨然 有求道之志 聞同郡處士李廷麒有學行 往請師焉 李公奇其才貌 進而敎之 居無幾 悉通經史 李公每見公 輒欣然解頤曰 非我敎崔氏子 乃崔氏子敎我也 汝允雖童年 鑑識過人 逆魁汝立 方盜僞名 其父希曾 素與丹城公善 嘗屬汝允曰 小子盍往從吾兒遊乎 汝允巽辭終不往 後汝立以大逆誅 申廣文重慶 深於易學 兼通算數 汝允請受易學啓蒙 申公不許曰 新學未易讀 姑徐後 汝允退 自取啓蒙及算法讀之 遂通蘊奧 居安氏憂 易戚備至 廬於墓側 三年不踐山外道 遠近學者多歸之 讀禮之暇 諄諄指授 汝允博涉群書 尤精於四子 洛閩諸先生語 終日靜坐 俯讀而仰思之 平居雖處暗室 必整衣冠 肅括如對父師 未嘗懈也 嘗與門生知友 載書入邊山僧寺 期十年不出 以窮天下之理 會 遘壬辰難而出 明年赴行朝 牛溪成先生 與語歎曰 吾道有人矣 及余守金馬郡 汝允來訪郡齋 容儀莊肅 論議明白 有淵源 余相得驩甚 恨相知之晩也 自是往還甚熟 相與講劘義理 余少從栗谷先生 得聞梗概 先生旣沒 倀倀無所依歸 讀書無與共討論者 及得汝允 每問疑晦 輒有開發 余實自幸得益友 而汝允執禮過恭 汝允少而攻苦積羸病 歲辛酉 卒于全州石溪里舍 年五十有五 以其年某月日 葬于州地某向之原 汝允天資甚高 其飭身制

行 動踐榘矱 晨起必參家廟 得時物不薦 則不入口 緦功之戚 制盡然後復寢 李處士沒 爲持心喪三年 其爲學極博而反于約 餘力所及 如陰陽方技釋老之書 無不究其源流 尤善觀難書 凡奇章僻語 人不能句者[19] 信口而讀 曾無聱牙 爲文詞 操筆立成 其譚說文義 道前代典故 明爽條暢 沛然若決江河 聽者娓娓忘倦 海平尹相公 嘗叩其學 絶歎賞以爲不可及 然其惡惡太甚 聞人有不善 若將浼己 憤世疾邪 每與同志 道及時事 聲色峻厲 人皆爲之竦聽 嘗得解應庭對 仰視殿上 一考官 時名相也 而汝允素惡其爲人 憤然故違式例 竟坐不第 其狷介多類此 大爲流俗所忌嫉 然知汝允而稱之者 皆所謂賢人君子也 娶德水李氏 生一男勴 側室子曰正吉 皆有文行 女適觀察使宋英耉之子 嗚呼 余老且死 百念俱盡 所不能忘于懷者惟此事耳 使汝允在世 吾道之托 吾無可憂 迺今已矣 悲夫 遂雪涕而爲之銘 其辭曰 何其貞也 玉雪之白 何其富也 雲夢之蓄 戢焉藏之 其封三尺 有知德者 過此必式

光山 金長生 撰

석계(石溪)선생 (諱命龍) 행장(行狀)

洗馬 咸安 趙平 지음

명(明)나라 만력(萬曆) 48년(1620) 경신년 4월에 석계(石溪) 처사(處士) 최공(崔公)이 병을 얻어 7월 14일에 생을 마쳤으니 향년 54세였다.

19) 全州崔氏世蹟錄 卷三. 石溪處士墓碣銘에서 尤善~句者까지 15字 補完

공(公)의 이름은 명룡(命龍)이고 자(字)는 여윤(汝允)이며, 그의 선조의 본관은 완산(完山)이다.

고려왕조 때에 아(阿)가 있어 벼슬이 시중(侍中)에 이르렀는데, (이때) 완산최씨가 처음으로 크게 드러났다. 조선왕조에 들어서 담(霮)이란 분이 있었는데, 호는 월당(月塘)이고 벼슬은 집현전(集賢殿) 제학(提學)이었다. 그의 아들 광지(匡之)가 역시 집현전 제학을 역임하였는데, 공(公)에게는 5대조가 된다. 그 후 대대로 관직을 이어갔으니, 할아버지 이름은 순성(順成)으로 문과에 급제하여 성균관 사성(司成)을 역임하였으며, 아버지 이름은 위(渭)인데 단성현감을 지냈다. 그는 학식이 해박하고 품행이 단정하며 기국(器局)과 식견이 있어, 퇴계 이황(李滉 : 1501~1570)과 남명 조식(曺植 : 1501~1572) 두 선생을 어른으로 추존(推尊)하였다. 문경(聞慶)현령 안 경우(安景佑)의 딸에게 장가들어 정묘년(1567)에 공(公)을 낳았다.

공(公)은 나이가 어리고 노둔(魯鈍)하여 공의 아버지가 『동자구결(童子口訣)』을 가르치는데, 공이 사물의 이름과 형체 등의 특징을 분별하지 못하였던 까닭에 그만둔 일이 있다. 그러나 공은 정신과 용모가 순수하여 보통 아이들과 달랐다. 공의 나이 12살에 아버지의 상(喪)을 당하였는데, 슬피 울며 추모하고 통곡하면서 심히 슬퍼하며 초상을 상례(喪禮)에 맞추어 집행하니, 마을 사람들이 모두 그를 칭송하였다. 삼년상을 마치고 복(服)을 벗는 일이 개연(慨然)하여 도(道)를 구하는 마음이 있었다.

우죽(友竹) 이선생(李廷麒-역자)이 학문과 행실이 고결하다는 말을 듣고 찾아가 절하고 가르쳐주기를 청하였다. 이선생은 확고한 뜻과 지조가 있어서, 세상을 살면서 후진이 비록 글을 잘 짓는 재능으로써 이름이 있어도 허여(許與)하는 일이 적더니, 공의 자태와 용모가 청초(淸楚)하고 아름다움을 보고 같이 얘기하다가 유달리 사랑하게 되어, 4서 · 5경 · 강목(綱目)과 한(漢)의 사마천(司馬遷)과 반고(班固), 당(唐)의 한유(韓愈)와 유종원(柳宗元)의 여러 서적들을 가르쳤다. 공의 총명이 남보다 뛰어나서 이선생에게 글을 배운 지 몇 달에 능히 문장의 내용과 뜻을 꿰뚫어서, 번거롭게 친절한 가르침이 없이도 모두 스스로 이를 깨달았다. 이선생이 이를 매우 중히 여겨 매양 공이 책을 끼고 오는 것을 보면, 기뻐하며 다른 사람에게 말하기를, 최아무가 오늘도 또 나를 가르치러 온다 하였다.

청도(淸道) 정희증(鄭希曾)이 현감(崔渭-역자)과 서로 사이가 좋았으므로, 공의 이름을 듣고 서로 만나기를 청하여 말하기를, 오랜 친구의 아들이 참 사랑스럽다 하고, 자기의 아들을 가르쳐주기를 매우 간절히 청하였으나, 공은 완곡한 말로 대답하고 끝내 가지 않았다.

광문(廣文) 신중경(申重慶)이 『역학계몽』과 산학(算學)에 정통하다는 것으로 당대에 이름이 있었으므로, 찾아가서 가르쳐주기를 청하니 광문이 말하기를, 후배가 쉽게 배울 수 있는 것이 아니니 잠시 기다려 천천히 배우라 하였다. 공이 돌아와서 즉시 『역학계몽』을 읽고 산법(算法)을 궁구(窮究)하여 모두 다 이해하고 의심나는 곳이 없었다.

공은 책을 한 번 보면 그때마다 잘 외웠으므로, 다시 읽지 아니하되 평생 동안 잊지 아니하였기 때문에, 공은 배운 것이 넓으나 깊지 못할 것을 두려워하였다. 그리하여 종일 단정히 앉아서 『심경(心經)』·『근사록(近思錄)』·『대학』·『중용』·『논어』·『맹자』를 읽고, 정밀하게 생각하고 항상 토론하기를 부지런히 힘써서 게을리 하지 아니하였다. 매일 한밤중에 의관을 정제하고 정신을 한 곳에 집중하고 공손하고 삼가기를 마치 임금과 아버지를 마주 대하고 있는 듯이 하여, 비록 어두운 방에 혼자서 있는 때에도 항상 경계하고 두려워하여, 일찍이 해이하거나 나태한 용모를 한 적이 없었다.

기축년(1589)에 어머니의 상을 당하여 장례절차를 한결같이 『주문공가례』(朱文公家禮)에 따랐으며, 3년 동안 여묘살이를 하면서 묘역(墓域)에서 한 걸음도 벗어나지 아니하여, 원근에서 배우려는 사람들이 많이 모여들었으므로, 공은 상중에 예서(禮書)를 읽는 여가에 가르치기를 마치 어머니가 어린 아이에게 젖을 먹이듯 애정으로 하였다. 그리고 복을 벗었을 때에는 공의 나이 바야흐로 장성하여, 학문에 크게 힘쓰다가 병이 들었는데, 살던 마을이 후미진 조용한 곳이 아니었으므로, 친우인 문하생 몇 사람과 함께 변산의 등운사(登雲寺)로 들어가서 경서와 사서(史書)·제자백가서(諸子百家書)를 옮겨다가 쌓아놓고, 그 가운데 우뚝 앉아 강습하고 외우고 읽기를 이른 새벽부터 밤이 늦도록 폐하지 아니하였다. 그리하여 10년 동안 속세에 나가지 아니할 것을 기약하였으나 임진년(1592)의 왜구로 말미암아 돌아갔다.

계사년(1593) 봄에 행재소(行在所)로 달려가니 우계(牛溪) 성혼(成渾 : 1535~1598)이 공과 함께 얘기하다가 감탄하여 말하기를, 우리 유가(儒家)의 도(道)가 의지할 곳이 있다고 하였다. 공이 시국(時局)이

어찌할 수 없는 때임을 알고 막 돌아가려고 하니, 성선생이 말하기를, 임금과 신하의 의리는 끊을 수 없는 것이다. 원컨대 군(君)은 조금 머물러 있으라 하였으나, 공은 따르지 않고 돌아갔다.

정유년(1597)에 이(李)선생이 저주로 말미암아 생을 마치니, 공이 마음으로 3년 복을 입은 뒤 원수를 갚기 위하여 서울로 올라가서 막 법관(法官)에게 고발하여 일을 벌이려고 하였으나, 조정에 후원하여줄 사람이 없었던 까닭에 뜻을 이루지 못할 것을 알고 그만두었다. 그러나 항상 한 하늘 밑에서 (원수와) 함께 사는 것을 부끄럽게 여기며 분개한 마음을 풀지 아니하였다.

사계(沙溪) 김장생(金長生 : 1548~1631)이 금마(金馬)군수로 부임하자 공이 찾아가서 절하고 말한 한 마디 말에 선생이 크게 기뻐하며, 서로 만나 알게 된 것이 늦은 것을 한탄하였다. 이로부터 공이 때때로 왕래하면서 선생을 따라 함께 강론하고 질문한 것이 예문(禮文)이 아니면 곧 도의(道義)에 관한 심오(深奧)한 문제들이었으므로, 선생이 공의 정밀하고 민첩함을 많이 칭찬하였다.

선생은 연세가 이미 높았으나 읽기를 게을리 아니하고 매양 한밤중에 이르도록 모든 의문 나는 곳을 즉시 기록하여 이를 공에게 보내어 물었으므로, 묻고 대답하는 편지가 두 분 사이에 연이어 오고갔다. (평소) 선생은 공과 같은 이를 얻기 어렵다고 말하였는데, 공이 죽었다는 부음(訃音)을 듣고 애통함을 그치지 않다가 마침내 말하기를, 현인(賢人)은 나를 형처럼 대접하였고, 나는 현인을 동생처럼 여겼다 하였고, 또 말하기를, 마음속에 품은 정(情)을 누구와 함께 펼쳐 말하며,

도의는 누구와 더불어 강론할 것인가 하였다. 그리고는 곧 병중인데도 무리하여 와서 조곡(弔哭)하고 그의 장례를 심히 애도(哀悼)하였다. 그 위에 또 제문을 지어와서 제사를 지냈고, 애통하며 통곡하기를 처음과 같이 하였다.

공은 책에서 읽지 않은 것이 없었으나 그 중에서도 예문(禮文)에 더욱 정통하였으며, 주역과 음양(陰陽)·복서(卜筮)·도가(道家)와 불교 등의 서적을 그 원류(源流)를 궁구하지 않은 것이 없고, 그 귀착점(歸着点)을 알지 못하는 것이 없었다. 글을 짓는데 일찍이 초안을 잡는 일이 없었으며, 붓을 잡으면 그때마다 우물물의 용솟음이 마르지 않듯 하였으나, 말하는 것이 모두 옛 현인(賢人)들의 언어였다. 평생 동안 격식을 갖추는 글을 좋아하지 아니하여 혹은 장난삼아 붓을 휘두르기도 하고, 웃고 말하는 사이에 글을 짓지만, 이를 본 사람마다 입에 오르내리지 않는 이가 없었다.

매양 명나라와 우리 조선을 말할 때면, 홍무(洪武 : 1368~1398)로부터 이래 단군 이후까지 그 한 때의 잘 다스리고 잘못 다스림과, 어진 이를 기용하고 간악한 이를 파면한 것을 낱낱이 몸소 본 것처럼 말하였으므로, 듣는 사람들이 모두 감동하였다. 월정(月汀) 윤근수(尹根壽 : 1537~1616)는 일찍이 그의 박식함에 감탄하여 (자신은) 그에게 미칠 수 없다고 말하였다. 무릇 문장이 생소하고 어려우며 구두(句讀)가 어려운 곳도, 공은 눈이 지나가면 갑자기 꿰뚫어 알아서 막히는 데가 없이 이를 읽었는데, 그 소리가 낭랑하여 마치 악기(金石)를 두들겨서 음악을 연주하는 것 같아서 사람들이 듣기를 싫어하지 아니하였다.

성품이 효성이 지극하여, 철에 따라 나는 음식물을 제수(祭需)로 올리지 않고는 입에 넣지 않았으며, 아침이면 반드시 사당에 참례하였으니, 큰 질병이 아니면 비록 바람과 비가 요란하여도 일찍이 이를 폐한 일이 없었다. 촌수가 먼 동족(同族)의 상을 당하여도 상복을 입는 거상(居喪)기간이 지난 뒤에야 침구(寢具)를 내실(內室)로 옮기었다. 악을 미워함이 매우 심하여, 사람에게 착하지 않음이 있음을 들으면 그를 금수(禽獸)처럼 대우하였고, 사람에게 한 좋은 행실이 있음을 보면, 예우하기를 가까운 친척처럼 하였다.

과거시험 합격에 절박한 마음이 있었던 것은 아니지만 때로 혹 과거에 응시하였다. 기해년(1599) 가을에 선조임금이 의주로부터 환도(還都)한 후 과거를 설행하였는데, 전쟁이 발발한 이후의 일대 경사였다. (이때) 공이 전시(殿試)에 뽑혀 들어가서 책문(策文)을 지어 시지(試紙)에 다 옮겨 쓰고는 한 고시관(考試官)을 쳐다보니, 당시의 재상 ㅇㅇ였으므로, 격분하여「근봉(謹封)」두 글자를 쓰지 않고 물러났는데, 규정을 어겼던 까닭에 선발되지 않았다. 알지 못하는 사람들이 어리석고 겁이 많다고 비꼬고 놀리니 공이 웃으며 말하기를, 내가 진실로 겁이 많다고 하였다.

성현의 도를 즐거이 따르고 가난하여도 절조를 지키며 편안한 마음으로 지내면서, 생활이 몹시 곤궁하여 끼니를 잇지 못하여도 즐거이 고서(古書)를 읽을 뿐이었다. 항상 세상의 불공평함에 분한 마음을 품고 있어, 때때로 친한 이들과 담화가 이에 미치면, 즉시 정색하고 성난 목소리로 말하였는데, 바람과 서리, 강렬한 햇볕처럼 범할 수가 없었다. 자기의 행동을 잘 통제하고 선현(先賢)을 존경하고 숭배하였으나, 세상 사람들과 서로 화합하지 않는 점이 많았으므로 모두들 그 점을 꺼려했다. 이 때문에 공을 알면서도, 좋아하고 사랑하는 사람은 매우 적었다.

그러나 그의 삶을 군자들이 좋아하였고, 그의 죽음을 군자들이 애석하게 여겼다. 저들 한 때 부귀와 장수(長壽)를 누린 사람들이, 공이 지위가 없고 수명도 짧았음을 보면, 누가 성공하고 누가 실패했는지 능히 분별할 사람이 반드시 있을 것이다.

덕수이씨 가문에 장가들어 두 아들을 낳았는데, 장남 거(勮)는 문학과 덕행이 있었으며, 현감을 지냈고, 동래정씨 가문에 장가들어 한 아들을 낳았으나 어리다. 둘째아들 경(勁)은 문과에 급제하였고 현감을 지냈다.

경신년(1620) 9월 21일에 전주 토정(土亭)리 묘좌유향(卯坐酉向)의 묘지에, 제학공(提學公)의 분묘 아래에 공을 장사하였으니 공의 분부에 따른 것이다. 장사를 마치고 고인(故人)의 문하생들이 말하기를, 우리 선생은 하늘이 궁핍하게 하려해도 궁핍하게 할 수가 없고, 사람이 곤고(困苦)하게 하려해도 곤고하게 할 수가 없었다 하였다. 그를 궁핍하게도 또 곤고하게도 할 수 없었던 것을 의당 후세에 알려서 길이 전하고자 하여 나로 하여금 행적을 기록하게 한 것이다.

아! 내가 어떻게 능히 그의 만의 하나라도 기록할 수 있을까마는, 우선 다만 그 중 큰 것만을 이같이 기록하여 훗날 사적을 수집한 이들 중의 문호(文豪)를 기다리고자 한다.

石溪先生(諱命龍) 行狀

皇明萬曆四十八年 庚申之四月 石溪處士崔公得疾 以七月十四日終 年五十四 公諱命龍 字汝允 其先完山人也 在高麗 有諱阿 官至侍中 完之崔始大著 入本朝 諱霮號月塘 官集賢殿提學 有子諱匡之 集賢殿提學 於公爲五代祖也 其後 世襲簪纓 皇祖諱順成 文科 成均司成 考諱渭 丹城縣監 學博行修 有器識 李退溪曺南溟兩先生 以長者推之 娶聞慶縣令安景佑之女 生公於丁卯之歲 公幼穉魯鈍 縣監公教童子口訣 以公不卞名物止 然精神眉目粹然 異凡兒 年十二遭縣監公之喪 號慕哭泣甚慽 執喪如禮 鄕里咸稱之 服闋慨然 有求道之志 聞友竹李先生學行高潔 往拜而請學焉 李先生特立 不俯仰於世 後進雖以文才名者 少許可 及見公姿貌清淑 與語 奇而愛之 授以四書五經綱目 馬班韓柳諸書 公聰明絶人 從李先生數月 能通透文義 不煩提耳 而皆自得之矣 李先生深重之 每見公挾册至 便欣然語人曰 崔某今日又教我來 鄭清道希曾 與縣監公相善 聞公名請相見謂曰 故人子可愛也 請從學于其子甚誠 公以婉言答 終不往 申廣文重慶 以精通易學啓蒙與算學 名一世 往請教 廣文曰 非後進容易學 願姑徐焉 公還 卽讀啓蒙考算法 皆通解無疑處 公於書一覽輒成誦 不再讀平生不忘 公恐學之博而不約 終日端坐 讀心經近思錄大學中庸論語孟子精思熟講 孜孜不怠 每夜分整衣冠 凝神敬謹 如對君父 雖暗室獨處之時常在戒懼 未嘗有渝惰之容 歲己丑 丁母夫人憂 葬禮一依朱文公家禮 廬居三年 足不出山外一步 遠近學者多歸之 公讀禮之暇 指授之如慈母哺兒乳 旣服除 公年方長 大肆力於學問而病 村居不靜僻 與友人門生若干

人 往邊山登雲寺 輸積經史百家書 兀然坐其中 講讀不廢晨夜 將期以十年不出 壬辰以倭寇還 癸巳春赴行朝 牛溪成先生 與語而歎曰 吾道有依 公見時事不可爲 將還 成先生曰 君臣之義 不可絶也 願君小留之 公不從歸 丁酉 李先生以咀呪終 公服心喪三年 爲復讐上京師 將告于法官以擧事 以朝無爲援者 知不成而止 常以生同一天爲羞 憤不釋心 沙溪金先生爲金馬也 公往拜之 一語 先生大喜 以相見晩爲恨 自是 公時往來 從先生所與相講質者 非禮文則乃道義之蘊 先生多稱其精敏 先生春秋已高 而讀不倦 每至夜分 凡有疑處 卽錄寄公 問卞之書尺 翩然相往復 先生謂以公爲難得 及聞訃 傷痛不已 至曰 賢視我如兄 我視賢如弟 又曰 懷抱誰與開陳 道義誰與講論 卽强病來 弔哭甚哀 於其葬 又爲文而來祭之 哀哭如初 公於書無所不讀 而尤精於禮文 周易陰陽卜筮老釋等書 無不究其源流 識其歸處 爲文未嘗起草 把筆輒泉湧不渴 而所道者 皆古言語也 平生不業程式文 或因戲揮筆 做笑語間 見之者 無不膾炙焉 每談皇明與我東自洪武李降檀君以後 其一時治亂得失 賢邪進退 歷歷若身親見者然 聽者皆聳動 月汀尹根壽 嘗歎其博識 以爲莫能及 凡文字險澁難句讀處 公過眼輒通透 無碍讀之 其聲琅然 若擊金石而奏宮商 令人聽之不厭 性至孝 時物不薦 則不入口 朝必參家廟 非大疾病 雖風雨未嘗廢 遭族人喪服盡然後 其寢處入于內 疾惡太甚 聞人有不善 則視之如禽犢 見人有一行 則待之如骨肉 於科進無汲汲志 或時赴焉 己亥秋 先王還都設科 兵火之後 一大慶也 公在選殿試 製策書紙盡 仰見一考官 時(缺)相也 憤不書謹封二字而退 以違格不得參 不知者 以爲愚惐譏 公大笑曰 吾誠惐也云 樂道安貧 簞瓢屢空 怡然讀古書而已 常懷憤世志 或與所親語及 則便正

色厲聲而言 如風霜烈日 不可犯 律己動遵古人 而與世多齟齬 皆忌憚之 以是知而好 而愛之者甚少 然其生也君子好之 其死也君子惜之 彼得志一時 享富貴遐壽者 視公無位無年 孰得孰失 必有能下之者矣 娶德水李氏 生二男 勴有文行 縣監 勴娶東萊鄭氏 生一男 幼 次子勁 文縣監 以庚申九月二十一日 葬全州土亭里 卯坐之原 提學公墓下 從公命也 旣葬 故人門生咸曰 我公 天窮之而不能窮 人困之而不能困 其不能窮不能困者宜聞於後 以永圖不朽 令我記行蹟 嗚呼 余安能記其萬一也 姑特書其大者如此 以俟他日摭事者之巨筆云爾.

洗馬 咸安 趙平 撰

서귀(西歸) 이기발(李起浡)

1

이기발(1602~1662)의 자(字)는 패연(沛然)이고 호는 서귀(西歸)이며 본관은 한산(韓山)이다. 고려시대 이래의 명족(名族)으로서 목은 이색(李穡)의 8세손인데, 공의 증조인 치(穉) 때부터 전주에 살았다. 공은 선조 35년(1602)에 전주의 황방산 활동(闊洞)에서 아버지 극함(克諴)과 어머니 전주최씨 사이에서 태어났는데, 극함이 선조 27년 현재 경상도 병사(兵使) 고언백(高彥伯)의 군관(軍官)이었던[1] 점으로 미루어 공의 가문은 이미 쇠락(衰落)한 사족(士族)이었던 것으로 여겨진다.

이기발은 13세에 김장생(金長生)의 문인인 김준업(金峻業)에게서 글을 배웠으며[2] 전주의 유현(儒賢) 최명룡(崔命龍 : 1567~1621)에게서도 글을 배웠던 것으로 전해진다. 그는 인조 2년(1624)에 23살의 나이로 생원시에 합격하였으며, 인조 5년에 26세의 나이로 문과에 급제하여 승문원(承文院) 정자(正字)로서 벼슬길에 첫 발을 들여놓았다. 이후 인조 7년에 성균박사, 10년에 세자시강원 설서(說書), 11년에 사간원 정원, 12년에 사헌부 지평을 거쳐 인조 14년(1636)에 성균관 전적(典籍)이 되었다.

그러나 그 해 12월에 병자호란이 일어나서, 다음 해 1월에 인조가 청 태종에게 항복을 하게 되자, 이기발은 벼슬을 버리고 전주의 황방산으로 낙향하여 당호(堂號)를 서귀(西歸)라 하고, 온종일 책을 읽고 몸소

1) 『선조실록』, 27년 10월 1일(을사).
2) 『西歸遺稿』, 권9, 西歸先生家狀 참조.

전주향교 명륜당 중수기 이기발記 崔嶠 謹書

논밭과 동산을 가꾸어 어머니를 봉양하면서, 이후 누차 관직에 임명되었지만 끝내 응하지 아니하였다. 그가 황방산으로 은퇴한 것이 36세 때의 일이었으니, 26세 때부터 10년의 벼슬살이를 끝내고 그가 이 세상을 떠날 때까지 25년이라는 더 오랜 세월을 벼슬을 하지 않은 채 고향을 지키며 살았다.

그가 은거할 것을 고집하고 벼슬에 나아가지 아니하였던 것은, 청나라에 항복한 조선의 조정에서 벼슬하지 않겠다는 그의 강고한 정치적 신념을 고수한 것이었으니, 여기에서 한 지절지사(志節之士)의 올곧은 삶을 보는 듯하다.

2

이기발은 구차하지 아니한 매우 강직한 사람이었다. 아래에서 우리는 이를 확인할 수 있다. 다음은 전라감사 이시매(李時楳 : 1603~1667)가 효종 1년(1650) 겨울에 이기발을 방문하여 관직에 나아갈 것을 권유하면서, 이시매가 묻고 이기발이 대답한 내용이다.[3]

이시매가 묻기를 "작록(爵祿)은 모든 사람이 원하는 것인데, 그대 형제만은 이를 사양하고 은거하며 세상과 인연을 끊고 있으니, 사람들이 그 풍격(風格)을 고상하게 여기겠지만, 그대의 집안이 빈한하고 어버이가 연로(年老)하니 마땅히 녹봉을 받기 위해 벼슬살이를 해야 할 것이거늘, 그대가 그러지 아니하니 혹 자신의 수양에 전념하려는 것이 아닌가요?" 하였다. 이에 이기발이 대답하기를, "사람의 아들로서 자기 어버이를 봉양코자 하는 것은 가장 진실한 감정이지만, 다만 나의 성품이 고분고분하지 못하여, 일찍이 황주판관(黃州判官)으로 부임하여 9일 만에 좋지 않은 일로 황해도 병사(兵使)의 음해(陰害)를 받아 거의 위험한 지경에 빠졌다가, 도승지 정태화(鄭太和 : 1602~1673)의 구원으로 간신히 위험을 면했으나, 옥에 19일 동안 갇혔다가 마침내 곤장을 맞고 삭직을 당하였소. 그때 늙으신 어버이가 500리 밖에 계셨는데, 마음 아파하며 걱정에 열흘 동안이나 침식을 잊었었소. 내 생각에는 녹봉을 받기 위해서 벼슬살이를 하는 것은, 날마다 좋은 음식으로 어버이를 봉양하기 위한 것인데, 좋은 음식이 오히려 거친 음식으로 어버이 마음을 평안케 하는 것만 같지 못한 까닭에 벼슬하지 않는 것이요." 하였다. 여기서 우리는 이기발이 벼슬하지 않으려는 이유가, 그가 황주판관으로 있을 때 경험했던 것처럼, 비열한 음해가 자행되는 세상에서

3) 『西歸遺稿』, 권8, 湖南伯問答 참조.

구차하게 벼슬살이를 하고 싶지 않았던 데에 있었던 것임을 알 수 있다.

이시매가 다시 물었다. "그대는 어찌하여 행동이 비열한 사람들에게 조금 뜻을 낮춤으로써 구차하게 보전(保全)하지 아니하는 것이요?" 이에 이기발이 대답하기를, "그것은 그렇지 않소. 사람마다 각각 할 수 있는 일과 할 수 없는 일이 있는데, 그 같은 일은 내가 할 수 없는 것이며, 다만 할 수 없는 것일 뿐만 아니라 그렇게 하는 것을 내가 매우 부끄럽게 여기오," 하였다. 이처럼 이기발은 불의한 사람들과의 타협이나 굴종(屈從)은, 할 수도 없고 또 할 생각도 없었던 강직한 사람이었다.

인조 13년(1635) 3월 14일 밤의 일이다. 이날 밤 비바람이 거세고 우레 소리가 지축을 흔들어 목릉(穆陵)과 혜능(惠陵)이 무너졌다.[4] 목릉참봉 홍유일(洪有一)이 이를 예조에 보고하였으므로, 인조가 예조판서와 선공감제조(繕工監提調)로 하여금 봉심(奉審)케 하였다. 능소(陵所)에 도착한 예조판서는 재실에 머물고, 선공감제조가 능소에 올라갔다 와서 고하기를, 능이 무너진 것은 흉한(兇漢)의 손상에 의한 것이며 천재(天災)가 아니라고 하였다. 이에 예조판서는 임금에게 이를 복명하였으므로, 결국 재랑(齋郞)이 임금을 속인 죄[罔上罪]로 엄한 심문을 당하게 되었다. 그러나 모두가 이를 원통하게 여기면서도 누구도 감히 이를 말하지 못하였는데, 이기발이 홀로 소를 올려서 대신들이 천재(天災)를 속인 것을 논박하고, 또 재랑에게 죄가 없음을 누차 계(啓)를 올렸다.[5] 여기서도 이기발의 강직함은 충분히 확인된다 할 수 있다.

---

4) 『인조실록』, 13년 3월 14일(갑자).

3

이기발은 나라를 다스리는 근본이 안민(安民)임을 강조하였다. 그는 충청감사에게 보낸 편지에서,[6]

예로부터 치국(治國)을 논하는 사람들마다 모두 안민을 근본으로 하니 안민은 진실로 치국의 근본입니다. 그러나 안민에도 또한 방법[道]이 있으니, 백성들이 마땅히 좋아할 것을 좋아하고 싫어할 것을 싫어하는데도, 위에 있는 자가 하필 백성들이 좋아하는 것을 금하고 백성들이 싫어하는 것을 시행하면, 백성들의 불안이 발생할 것이니 잘못이 안민

서귀 이기발 충신각 (전주 송천동)

5) 『西歸遺稿』, 권10, 「연보」 숭정 8년(을해) 기사 참조.
6) 『西歸遺稿』, 권5, 與湖西伯書 참조.

의 방법에 있는 것입니다. 만일 백성들이 좋아해서는 안 될 것을 좋아하고 싫어해서는 안 될 것을 싫어하는데도, 위에 있는 자가 이를 금하지 않고 시행하여 백성들에게 불안이 있으면, 그 불안은 바로 백성들이 스스로 불안한 것이니, 위에 있는 자가 무슨 상관이겠습니까?

농토가 있으면 세(稅)를 징수하고 집이 있으면 호역(戶役)을 매기는 것이 위에 있는 이가 아랫사람을 부리는 법도[常道]인데, 저들은 세와 호역을 지지 않으려 하며, 잘못이 있으면 벌(罰)하고 죄가 있으면 형(刑)을 가하는 것이 윗사람이 아랫사람을 다스리는 법인데, 저들은 형벌을 싫어합니다. 세를 걷지 않으면 마땅히 재용(財用)으로 사용할 수가 없고, 사람을 부리지 않으면 나라를 다스릴 수가 없는데, 어느 겨를에 백성들의 불안을 염려하여 그들이 좋아하는 대로 맡겨둘 것입니까? 잘못을 벌하지 않으면 교화(敎化)할 수 없고, 죄에 형을 가하지 아니하면 백성들을 다스릴 수가 없는데, 어느 겨를에 백성들의 불안을 염려하여 그들이 싫어하는 대로 맡겨둘 것입니까?

그러나 수세(收稅)와 호역(戶役)에도 상도(常道)와 부도(不道)가 있고, 벌(罰)과 형(刑)에도 정당(正當)함과 부당(不當)함이 있으니, 위에 있는 자가 자세히 살펴서 세와 호역에 상도가 있고, 형 · 벌에 정당함이 있고서 백성들이 불안한 경우는 있지 아니하며, 백성들이 안정되고서 다스려지지 않는 나라 또한 없습니다. 하였다. 이는 이기발이 밝혔듯이 자기 가슴에 온축(蘊蓄)된 치민(治民)에 대한 자신의 확고한 신념을 드러낸 것이었다.

이기발은 또 백성을 다스릴 때 대(大) · 소(小)와 공(公) · 사(私)를

분별하여 다스릴 것을 강조하였다. 그가 순찰사 심택(沈澤)에게 보낸 편지에서,[7]

소(小)는 대(大)보다 경(輕)하고 사(私)는 공(公)보다 뒤로 해야 한다는 것, 이것은 영원히 변치 않는 정론(定論)입니다. 만약 소(小)를 중(重)히 하고 대(大)를 경(輕)히 하면 대·소가 어지러이 뒤섞이게 되며, 사(私)를 앞세우고 공(公)을 뒤로하면 공·사가 혼란케 됩니다. 그러나 소(小)가 어떤 경우 대(大)보다 중하고, 사(私)가 어떤 경우 공(公)보다 우선(優先)하니, 반드시 소(小)는 경(輕)하고 대(大)는 중(重)하며, 사(私)는 뒤이고 공(公)이 우선하는 것은 아닙니다.

천하에는 대·소의 구분과 공·사의 구별이 있는데, 이를 신하(臣下)의 일로써 말하면, 외직(外職)에 있을 때 임금의 명령을 전하고 백성들을 교화하는 일에 종사하여, 백성들이 교화를 입고 또 정부가 보살피지 않는 일이 없게 하여, 모두가 사랑하며 두려워하도록 하는 것이 그들 외관(外官)들에게 큰 것이고, 지나치게 강(强)하지도 지나치게 유약(柔弱)하지도 않으며, 한쪽만을 사랑하거나 한쪽만을 미워하지 않고, 정령(政令)을 시행하는 사이에 공포(公布)하는 것들이 모두 공정하게 하는 것이 외관들에게 공(公)입니다. 외관들이 대강(大綱)을 잃고 조건에 구애(拘碍)되는 것이 소(小)이고, 공평(公平)과 무사(無私)를 등지고 편벽(偏辟)을 좇는 것이 사(私)입니다. 천하가 어찌 크지 않으리오마는 한 무고(無辜)한 사람을 죽여서 천하를 얻는다 해도 인(仁)한 이는 하지

7) 『西歸遺稿』, 권5, 上巡察使沈令公澤書 참조.

않는다 하였습니다. 이는 한 죄 없는 사람을 곤고(困苦)케 하여 자기를 뽐내는 일은 인(仁)한 이가 할 일이 아니라는 것이니, 한 사람이 천하보다 작지 않다는 것 또한 분명한 일입니다. 하였다.

이와 같이 이기발의 대·소와 공·사에 관한 이해는 모두 탁월하여, 대(大)와 공(公)은 소(小)와 사(私)보다 우선돼야 하며 중(重)하지만, 소(小)와 사(私)도 결코 무시돼서는 안 될 중요한 가치임을 인식하고 있었다.

4

이기발은 지절(志節)이 있는 선비였다. 그가 벼슬살이를 그만둔 이유도 그의 불굴(不屈)의 지절에 있었다. 그 점은 효종 1년(1650)의 전라 감사 이시매(李時楳)와 이기발의 다음 문답에 잘 드러나 있다.[8)]

이시매가 묻기를, '지금 천하가 청나라에 돌아갔고, 조선은 일찍이 명나라를 섬겼으니, 그대가 벼슬하지 않는 것이 혹 그 때문이요?' 하였다. 이에 이기발이 대답하기를,

녹봉을 받기 위해서 벼슬살이를 하는 데에도 또한 그 때가 있는 것인데, 지금은 아마도 녹을 위해서 벼슬살이를 하기에 적당한 때가 아닌 듯합니다. 우리나라가 명나라에 사대(事大)한 것이 거의 300년에

8) 『西歸遺稿』, 권8, 湖南伯問答 참조.

가까운데, 작은 나라가 큰 나라를 섬기고 큰 나라가 작은 나라를 부리는 것이 천리(天理)의 당연함이요, 인사(人事)의 반드시 귀착(歸着)할 곳입니다. 비록 이 문제만으로도 당연히 하루아침에 명나라를 배반할 수가 없는 것이거늘, 하물며 임진·정유년에 왜구가 우리 영토를 약탈하고 우리 백성들을 살육하여 선조가 의주까지 피난하였을 때, 명나라의 도움으로 흉악한 왜구들을 소탕하여, 나라를 재건하고 인민을 왜적의 살육으로부터 구해낸 경우이겠습니까?

지난 날 청나라 군대가 내침할 때 텅 빈 고을들이 그 예봉을 대적할 수가 없었는데, 조정은 책략이 없어 임금을 산성으로 피난케 하고, 조신(朝臣)들 중 논의를 주도하는 자들은 사수(死守)로써 인도하지 못하고 겁을 먹고 항복하였으니, 이는 지극히 의리를 배반한 것입니다.

이기발 묘소(전주 송천동)

더구나 우리가 가도(椵島)와 금주위(錦州衛)의 공격을 도왔는데, 금주(錦州)는 관외(關外)의 대진(大鎭)이라서 금주가 이미 함락되었으니 연경(燕京)이 어디에 의존할 수 있겠습니까? 적이 연경을 점거하고 천하의 절반을 호령하고 있으니, 명나라의 역법(曆法)과 복제(服制)는 지금 어디에 있는 것입니까? 우리나라가 차마 명나라를 섬기던 것으로 청나라를 섬기면서도, 태연히 꺼리는 바가 없고 부끄러워하지 아니하니, 인륜이 파괴되고 천리가 멸망하였습니다. 이는 진실로 지사(志士)가 고결한 지조를 지키고 은거(隱居)하기에 겨를이 없어야할 뿐, 어찌 차마 녹봉을 위하여 벼슬살이를 말할 때입니까? 하였다. 진실로 의리를 중시하는 지절지사(志節之士)의 고결한 모습을 떠올리게 하는 대목이다.

다음은 효종 4년(1653)에 이기발이 사헌부 헌납에 임명되어 올린 사직 상소문이다.[9)]

> 신은 만력 임인년(1602)에 태어나서 천계(天啓) 갑자년(1624)에 사마시(司馬試)에 합격하였고, 숭정(崇禎) 정묘년(1627)에 문과에 급제하였는데, 소과(小科) · 대과(大科)의 합격증인 과패(科牌)나 사령장인 관고(官誥)가 모두 명나라의 연호를 사용하고 있어서, 신은 명나라만을 알고 있을 뿐입니다. 정축년(1637)의 청나라와의 화맹(和盟)은 생령(生靈)을 위한 계책이요 종사(宗社)를 위한 계책이었습니다. 신이 비록 어리석고 비루하나 어찌 이를 모르겠습니까? 다만 필부(匹夫)의 사사로운 의리는 한 나라의 대계(大計)와는 달라서, 벼슬에 나아가는 일과 벼슬을 그만두는 일은 자신에게 달렸지만, 나아가고 물러나는 것은 오직 의(義)로써 해야 합니

9) 『西歸遺稿』, 권5, 到公山辭職疏 참조.

다. 신이 매양 관직임명장을 받들고 한편으로 절하고 한편으로 우는데, 절하는 것은 성은(聖恩)에 절하는 것이요, 우는 것은 청나라의 연호(年號)에 우는 것입니다. 신이 머뭇거리고 인내하며 감히 대부직(大夫職)에 나아가지 못하는 것은, 진실로 시종 명나라의 백성이기를 원해서입니다.

앞에서 확인한 바와 같이 이기발의 변함이 없는 생각은, 명나라에 사대(事大)의 예를 다하던 조선의 신민(臣民)으로서, 명나라에 대한 의리상 청나라 지배하의 조선에서 벼슬살이를 할 수 없다는 것이었다. 그리고 그것은 그가 온갖 어려움을 무릅쓰고 실천해야 할 만큼 강한 신념이었던 것이다. 이기발은 관직에 대한 견해도 특이하여, '벼슬이란 물러날 수도 남아있을 수도 없는 것이어서, 물러날 만할 때 물러나고, 남아있을 만할 때 남아있는 것이 사대부들이 처신할 도리이다. 마땅히 물러나야 할 때 물러나고 남아있을 만할 때 남아있어야, 그 남아있음이 구차하지 않고 그 물러남이 궁색하지 않아서, 처신할 도리를 순조롭게 이룰 수 있다.'[10] 고 하여, 벼슬살이에도 지절(志節)이 있어서 결코 구차하지 않아야 한다고 강조하였다.

5

이기발의 붕당관(朋黨觀) 또한 특이하였다. 그는 벗이란 그 사람의 덕을 벗하는 것이고 한 시대에 사는 것을 벗하는 것이 아니어서, 같은

10)『西歸遺稿』, 권6, 送使君弘望解還嶺南序 참조.

시대를 살아도 벗할 만한 덕이 없으면 벗하지 않고, 산 시대가 같지 않아도 벗할 만한 덕이 있으면 벗할 수 있다고 생각하였다. 그렇기 때문에 이기발의 벗은 옛날에 있고 지금에 있지 않다고 하였다. 그가 벗하는 옛날 사람이란 바로 시비(是非)를 천도(天道)에서 얻고, 용기 있는 결단이 천성(天性)에서 나와서, 만약 마음에 스스로 깨달음이 있으면, 천하가 이를 그르다 하고 또 아주 오랜 세월동안 이를 그르다 하였어도, 조금도 흔들림이 없는 그런 사람이라면서, 그런 사람은 고금 천하에 많지 않다고 하였다.[11]

때문에 이기발에게는 붕당이란 것이 존재하지 않았다. 벗할 만한 사람이 없는 그에게 정치적 입장을 함께할 붕당이란 것이 그에게는 없었기 때문이다.

현종 1년(1660)의 일이다. 원두추(元斗樞 : 1604~1663)가 금성(錦城 : 나주) 현감으로 부임하는 길에 이기발의 집에 들러서 묻기를, '그대가 진실로 세상을 피하여 은거하려면, 마땅히 마음속에서 세상에 대한 온갖 생각을 허용하지 않아야 합니다. 지금 붕당들이 크게 일어나서 각각 주장을 내세움으로써 세상의 풍속이 아름답지 못한데, 그대는 혹시 이에 참여하겠소?' 하였다. 이기발이 이에 대답하기를, '붕당 간의 논쟁이란 것이 한결같이 중도(中道)를 잃어서, 도덕적으로 추앙받을 대군자(大君子)는 마땅히 붕당을 마음에 두어서는 안 되며, 설사 하군자(下君子)가 나무라거나 비교하더라도 시비(是非)가 모여 있는 곳에는 들어가지 말아야 하거늘, 하물며 나는 도망가서 숨은 이래로 세상을

11) 『西歸遺稿』, 권5, 與方伯鄭令公維城書 참조.

구한 것이 없고 다만 농사짓고 힘써 거두는 일만을 알 뿐이요. 세상에 나의 당인(黨人)은 없소. 꼭 나의 당인이라고 지목하자고 한다면 옛 사람에 백이(伯夷)와 숙제(叔齊)라는 이들이 있었는데, 아마도 그들이 나의 당인인가 싶소.'[12] 하였다.

이와 같이 이기발에게는 정치적으로나 사상적으로 지기(志氣)가 통하는 벗이 고금을 통하여 많지 않았으니, 같이 붕당 할 사람이 없었던 것이고, 또 현존하는 붕당들의 논쟁이 모두 중도를 잃고 있었으므로, 붕당이란 그에게 있어 전혀 관심 밖의 것이었다.

---

12) 『西歸遺稿』, 권8, 錦倅問答 참조.

화곡(華谷) 홍남립(洪南立)

1

홍남립(1606~1679)은 자(字)가 탁이(卓爾)이고 호는 화곡(華谷)이며 본관은 남양(南陽)이다. 아버지 택(澤)과 어머니 밀양 박씨 사이에서 선조 39년(1606)에 전주부 이서면 구사리(九思里)에서 태어났다.

그는 태어나면서부터 매우 총명하고 지혜로웠다. 어려서부터 배움에 몰두하여 일찍이 봉곡(鳳谷) 김동준(金東準 : 1573~1661)에게서 글을 배웠으며, 사계(沙溪) 김장생(金長生 : 1548~1631)의 문하에서도 글을 배웠는데, 힘써 육경(六經)의 깊고 은미(隱微)한 뜻을 탐구하였으며, 특히 그중에서도 유가(儒家)의 학설인 정학(正學)을 깊이 연구하였다.[1)]

인조 11년(1633)에 28세의 나이로 증광(增廣)문과에 급제하여 인조 13년에 군자감(軍資監) 참봉에 임명되고, 인조 14년에 의정부 사록(司錄)이 되었는데, 그해 12월에 병자호란이 발발하여 인조가 남한산성으로 피난하자 홍남립도 산성으로 들어가 인조를 호위하였고, 인조 18년(1640)에 성균관 학유(學諭)에 임명되었으나 아버지의 병환으로 관직을 사직하고 귀향하였는데, 그해 4월에 아버지 상을 당하였다. 3년상을 마치고 인조 21년에 승정원 가주서(假注書)를 거쳐 다음 해에 영서(迎曙)찰방, 25년에 만경(萬頃)현령, 효종 1년(1650)에 광양(光陽)현감, 6년에 함흥(咸興)판관, 7년에 병조좌랑을 역임하고, 8년에 성균관 전적(典籍)을 거쳐 사예(司藝)에 진출하였다.

그 뒤 현종 1년(1660)에 단천(端川)군수를 시작으로 현종 11년(1670)

---

1) 『華谷遺稿』, 권11, 「行錄略草」 참조.

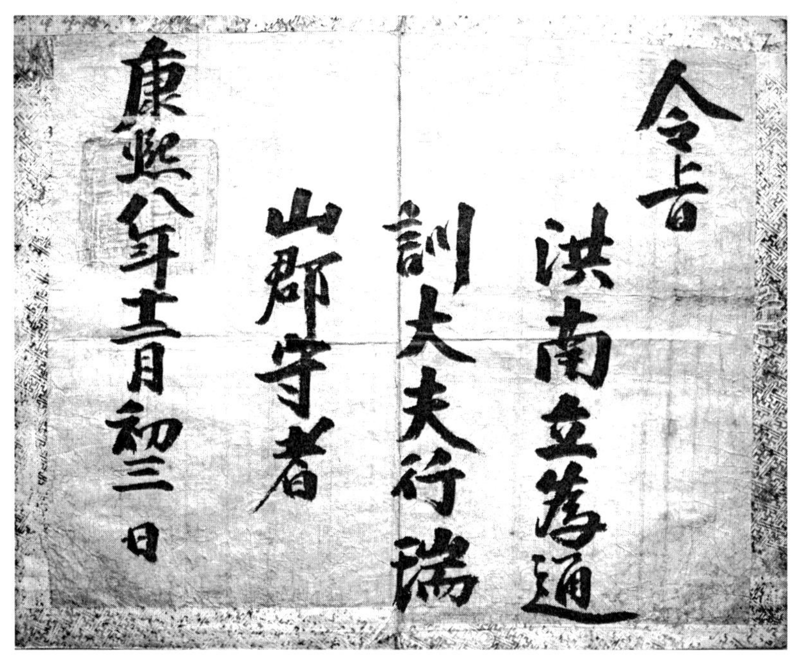
敎旨
洪南立爲通
訓大夫行瑞
山郡守者
康熙八年十二月初三日

홍남립 교지

까지 보성(普成)군수, 인천부사, 서산(瑞山)군수를 역임한 뒤로 현종 13년에 통례원우통례(通禮院右通禮), 숙종 1년(1675)에 사대 교린문서를 관장하던 승문원(承文院)의 으뜸 벼슬인 판교(判校)에 임명되었는데, 우통례와 판교는 정3품 당하관직으로 홍남립이 받은 최고의 관직이었는데도, 그는 출사하지 아니하였다. 이처럼 홍남립의 관직이 한평생 당하관에 머물렀는데, 이것은 그가 지절(志節)이 있는 선비로서 청나라 지배 하에서는 벼슬을 하지 않으려던 생각을 지니고 있었고, 게다가 성품이 강직하여 권귀(權貴)들의 비위에 거슬렸을 뿐만 아니라 권세에 영합(迎合)할 줄을 몰랐던 그의 고결함 때문이었으니, 이 또한 홍남립을 우러르게 할 만한 대목이다.

2

홍남립은 매우 중후(重厚)하고 고결한 인물이었다. 홍남립의 제자로 보이는 통판(通判) 유화(柳俰)가 지은 행록약초(行錄略草)에 의하면, 홍남립을 직접 가르친 스승으로서 홍남립보다 34년이나 연상이었던 김동준이 홍남립에 대하여 평하기를, '공의 본바탕[本體]은 태산(泰山)

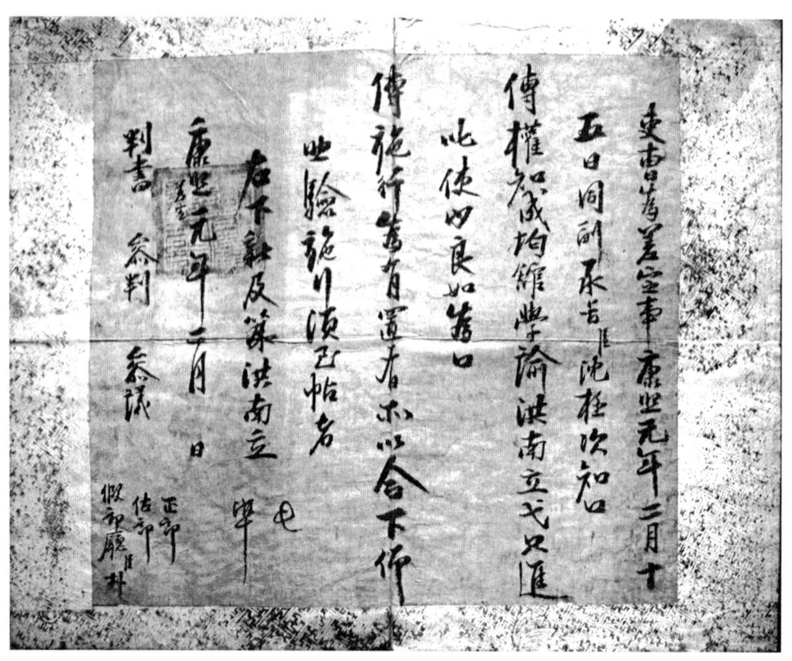
吏曹爲差定事 康熙元年二月十
五日同副承旨臣沈梓次知
傳 權知成均館學諭洪南立弋只進
叱使內良如敎
傳施行爲有置有亦 合下仰
照驗施行須至帖者
右下新及第洪南立 準此
康熙元年二月 日
判書 參判 參議
正郎 佐郎 假郎廳

홍남립 직첩

과 같이 우뚝 솟은 모습이고, 공의 마음 씀[作用]은 대하(大河)와 같이 광활하다.' 하였으며,[2] 홍남립의 고향 후배였던 만암(晩庵) 이상진(李尙眞 : 1614~1690)은 홍남립을 평하기를, '옥호(玉壺)에 비친 가을 달은 공(公)의 밝은 마음이요, 거울 같은 맑은 얼음에 흐르는 물은 공의 깨끗한 마음이다.' 하였다.[3] 또 초려(草廬) 이유태(李惟泰 : 1607~1684)는 홍남립을 평하기를, '공(公)의 문장과 덕행은 그에게 필적(匹敵)할 자가 세상에 드물다.' 하였고,[4] 문곡(文谷) 김수항(金壽恒 : 1629~1689)은 평하기를, '고고(孤高)하고 결백한 행실과 진솔(眞率)한 성품으로 말하면 누구도 홍공(洪公)과 같을 수 없다.' 하였다.[5]

이처럼 홍남립의 스승을 비롯하여 당대의 여러 명사(名士)들이 홍남립의 덕과 기품(氣品)에 감동하였고, 홍남립이 도달한 학문 경지에 감복하였다. 뿐만 아니라 홍남립이 세상을 떠나자 그의 문인들 100여 명이 심상(心喪)을 지켰다고 전하니, 그가 자신의 제자들로부터 얼마나 두터운 신망과 존경을 받았는지 짐작할 수 있다.

유화(柳俰)는 스승 홍남립에 대하여 회상하기를, 선생이 책을 만 권이나 쌓아 놓고 의미를 탐색하는 데 전념하던 것을 보면, 아마도 곧 늙음이 다가온다는 것을 선생이 아지 못하는 듯하였다고 술회하였다. 그러면서 그는 자신이 가장 한스럽게 생각하는 것은, 선생이 일이 순조롭게 되지 않는 시운(時運)을 당하여 선생의 지위가 선생의 덕에

---

2) 鳳谷嘗曰 泰山巖巖 惟公之體 大河汪汪 惟公之用也.
3) 晩庵曰 玉壺秋月 公之明 氷鏡流水 公之淸也.
4) 草廬曰 文章德行 世罕其儔.
5) 文谷曰 孤潔之行 眞率之性 孰如洪公.

걸맞지 않는 것이라 단정하면서, 자신이 평소에 선생을 보고 마음과 눈에 감동한 것을 행록약초(行錄略草)로 기록하였다고 밝히고 있다.[6]

3

홍남립은 애향심이 강했던 것으로 생각된다. 그가 한평생을 고향인 전주에서 살았던 것이나, 고향을 찾아온 이상진을 위해 그가 지은 시 속에서 이상진에게 고향을 떠나지 말라고 당부하고[7] 있는 것을 보아 이를 알 수 있다. 그가, 같은 시기 전주에서 태어나서 문과에 급제하고 벼슬살이를 하고 있던 이기발(李起浡)·이상진과 서로 내왕하며 학문적으로 교류하였던 것도, 모두 한결같은 애향심의 구현(具現)이었는지도 모를 일이다.

이기발은 홍남립보다 4년 연상이며, 이기발의 작은아버지 이극겸(李克謙)의 딸이 홍남립의 부인이었으므로, 두 사람은 매우 가까운 인척이었거니와, 학문적 정신적으로도 매우 친밀한 관계였던 것으로 보인다. 다음을 보기로 하자.

> 인척으로 연결된 지도 여러 해이고(通家連閥自疇昔),
> 지친(至親)으로서 마음을 사귄 것이 하루아침이 아니라서(親懿交心匪一朝),
> 늘그막의 비구름쯤은 말할 것이 못되고(末路雨雲何足道),
> 한평생 떨어지지 말자고 약속도 필요 없네(百年膠漆不須要).

6) 『華谷遺稿』, 권11, 「行錄略草」 참조.
7) 다음의 주 12) 「聞李尙書還鄕」 참조.

독서인들이 생각이 나면 항상 내왕하고(靑藜有意常來往),
백수(白首)가 다정도 하여 쓸쓸할 때면 서로 만나네(白首多情對颯簫).
예부터 사람이 궁하면 시를 좋아한다는데(從古人躬詩便好),
그대 때로 시를 전해오면 내 외로움에 위안이겠소(倘君時寄慰寥寥).[8)]

위 시는 홍남립이 이기발의 내방을 받고 그에게 사례하는 마음으로 지은 시인데, 둘이는 비구름으로 사나운 날씨에도 괘의치 않고 생각이 나면 찾아가고, 마음이 쓸쓸하면 찾아가는 사이였으며, 만나면 서로에게 위로가 되는 막역한 사이였음을 알 수 있다.

이기발은, 인조 22년(1649) 4월에 홍남립이 영서(迎曙)찰방이 되어 임지로 떠날 때, 그를 위해 송별잔치를 마련해주고서 지은 시에서,

오랜 기간 이조에서 그대에게 백성들 교화를 맡길 때(長年吏部任陶甄),
몇 번이나 내가 채찍을 잡고 수레 몰기를 원했던가(幾遣時流願執鞭).[9)]

라는 표현을 빌어서, 홍남립을 성의를 다해서 섬길 인물로 여기고 있음을 드러내고 있다.

이상진은 홍남립보다 8년 연하이면서도 매우 친근한 사이였다. 다음의 시는 두 사람의 이런 관계를 짐작케 한다.

눈비 내리는 고향 가는 길(雨雪南歸路),
겨울도 가고 한 해가 이미 저물었는데(窮陰歲旣昏),

8) 『華谷遺稿』, 권2, 「李沛然來訪· ……」.
9) 『西歸遺藁』, 권4, 「次洪察訪餞別府伯韻」.

손 한 번 잡아보고 싶은 간절한 생각에(慇懃携手意),
시 한 귀 지어 들고 늦은 밤에 찾아가네(詩句夜過門).[10)]

위 시는 이상진이 지어 보낸 시의 운자(韻字)를 가지고 홍남립이 지은 시인데, 손 한 번 잡아보고 싶어 시 한 수를 지어 들고 밤늦게 집을 찾아나서는 두 사람의 애틋한 우정이 느껴진다.

이들은 서로 집에 내왕하였을 뿐만 아니라, 좁은 방에서 밤을 지새웠던 추억을 공유하는 사이였다. 어느 날 이상진이 홍남립의 집에 찾아와서 하룻밤을 자고 갔는데, 홍남립이 이에 감사하며 다음과 같은 시를 지었다.

갑자기 그대가 문 앞에 도착했다는 전갈을 듣고(忽聞車騎到門前),
아프던 병은 달아나고 급한 마음에 몇 번이나 신발을 거꾸로 신었다네(病起蒼黃倒屣延).
사내아이들은 오히려 고관에게 굽신거리는가 의심하고(童僕却疑華盖屈),
나는 혼자서 평소의 교유가 흠이 없음을 기뻐했네(老夫偏喜素交全).
마음의 성을 허물고 베개 나란히 하기를 이 밤에 다시 하니(隋城連枕還今夕),
좁은 방에서 함께 머무르던 지난날이 생각나네(丈室同棲記往年).
두 눈을 마주하니 아직도 반기는 눈길인데(對晤雙眸靑未了),
이별의 슬픔은 푸른 버들에 다시 연무(煙霧)를 일게 하네(離愁更惹綠楊烟).[11)]

10) 『華谷遺稿』, 권1, 「次李尙書寄韻」.
11) 『華谷遺稿』, 권4, 「謝李尙書來訪留宿」.

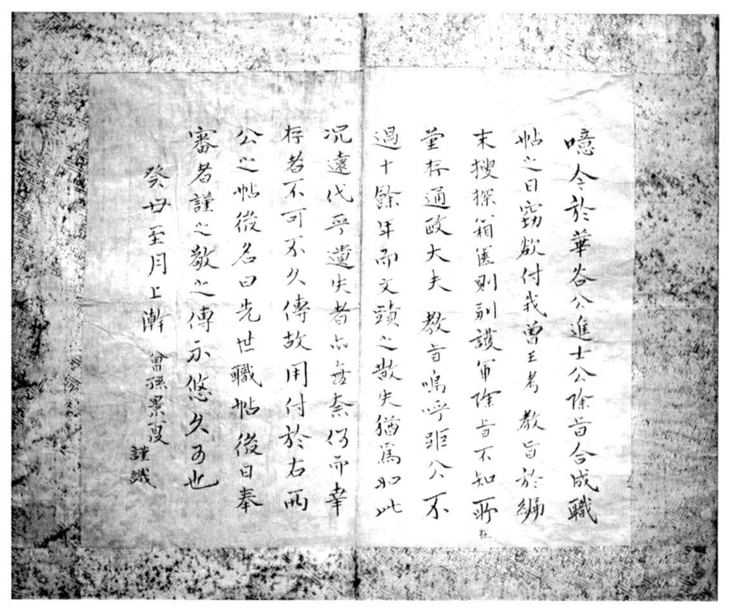

噫今於華谷公進士公除旨合成職
帖之日竊欲付我曾王考 教旨於綿
末搜探箱匧則別護軍除旨不知所在
堂存通政大夫 教旨嗚呼距公不
過十餘年而文蹟之散失猶爲如此
況遠代乎遺失者亦無奈何而幸
存者不可不久傳故用付於右兩
公之帖從名曰先世職帖後日奉
審者謹之敬之傳示悠久可也
癸丑至月上澣 曾孫景夏 謹識

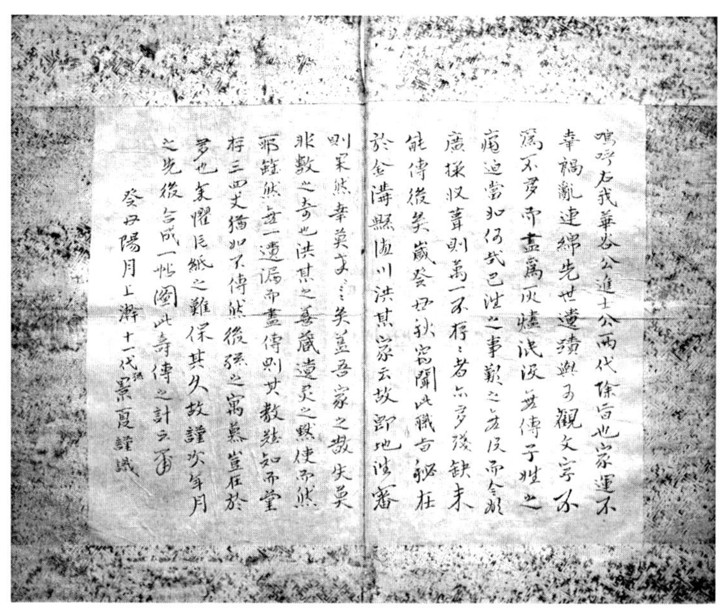

嗚呼右我華谷公進士公兩代除旨也家運不
幸禍亂連綿先世遺蹟與子觀文字亦
爲不多而盡爲灰燼況沒無傳子姓之
痛迫當如何哉已往之事歎之無及而今於
廣探收葺則萬一不存存者亦多殘缺末
能傳後矣歲癸丑秋竊聞此職旨秘在
於金溝縣臨川洪某家云故即地往審
則果然幸莫大〻〻矣蓋吾家之散失莫
非數之奇也洪某之善藏遺蹟之默使而然
耶雖然無一遺漏而盡傳則其數雖知而堂
存三四丈猶如不傳然後孫之寓慕豈在於
多也業懼片紙之難保其久故謹次年月
之先後合成一帖圖此壽傳之計云爾
癸丑陽月上澣 十一代孫 景夏 謹識

화곡행장

얼마나 그리웠고 얼마나 가슴 설레었으면 친구가 왔다는 말에 병석에 누워있던 환자가 금세 일어나서, 허겁지겁 나가느라 몇 번씩이나 신발을 거꾸로 신었을까. 참으로 저들의 우정에 부러움을 느낄 만하다.

다음 시를 보기로 하자.

> 병중에 공이 고향에 돌아왔다는 말을 듣고(病裏聞公還故里),
> 잠시 위안이 되었으나 금세 걱정이 되었네(一回欣慰一回傷).
> 고향의 옛 골목길은 모두 황폐해지고(枌榆舊巷荊榛合),
> 친했던 이들의 새 무덤길에 묵은 풀만 거칠다네(親懿新阡宿草荒).
> 벼슬이 높아지고 고향 찾는 일 4년이 걸렸지만(鴻漸纔過淹四稔),
> 정령위(丁令威)가 고향에 돌아간 것은 천년이 지나서였네(鶴歸翻似度千霜).
> 벗은 이날의 내 진실한 마음을 알겠지(朋知此日區區意),
> 원하건대 양후(楊候)를 본받아 고향을 떠나지 말게나(願效楊候不去鄕).[12]

위 시는 고향을 찾은 이상진을 위하여 홍남립이 지은 시이다. 만암(晩庵) 연보에 의하면, 숙종 1년(1675) 11월 이후 부여(扶餘) 금강촌(琴岡村)에 우거하던 이상진이, 숙종 4년 4월에 한 때 완산(完山)에 돌아와 있었는데, 아마도 이때에 지은 시로 생각된다. 이 때 홍남립의 나이가 이미 73세였는데, 황폐해가는 고향을 걱정하며 이상진에게 고향을 지켜달라고 당부하고 있는 데서 그의 애향심을 읽을 수 있다.

---

12) 『華谷遺稿』, 권4, 「聞李尙書還鄕」.

이상진은 홍남립이 세상을 떠나자 마음의 슬픔을 아래의 만사(輓詞)에 담았다.

> 공을 잃은 슬픔이 먼 강산의 밖까지 휘감아서(悲纏千里湖山外),
> 가을 하늘을 한껏 멀리 바라보아도 달은 밝지가 않구려(極目秋天月不明).
> 어디에 새 무덤 만들어 보석 같은 공을 숨겨둘까(何處新阡藏寶玉),
> 만사로는 옛날의 그리운 정을 다할 길이 없소이다(紼詞難盡昔年情).[13]

보는 바와 같이, 이상진은 보석 같은 인물이며 잊지 못할 그리운 고향 선배였던 홍남립을 잃은 슬픔에, 밝은 달마저 흐려 보일 만큼 온 세상이 캄캄함을 느꼈던 것이다.

이와 같이 홍남립은 이기발 · 이상진 등 고향의 선후배들과 교유하며 우정을 돈독히 하였으니, 이것이 그가 고향을 사랑하는 한 방법이었다.

4

홍남립은 왕실을 존숭(尊崇)하고 이적(夷狄)을 배척한다는 존왕양이(尊王攘夷)에 입각하여 친명배청(親明排淸) 정책을 고수하던 절의논자(節義論者)였다. 인조 14년(1636) 12월에 병자호란이 발발하여 청나라 군대가 서울에 육박하자 인조가 남한산성으로 피난하였는데, 이 때 홍남립이 남한산성으로 들어가서 인조를 호위하였으며, 한편으로 손수

13) 『晩庵遺稿』, 권1, 「輓洪判校南立」.

격서(檄書)를 초안하여 사방의 병사들을 소집하였다. 그러나 소집한 병사들이 서울에 도착하기 전에 강화(講和)의 논의가 일어나자 상소문을 지어 강화를 추진하는 대신들을 배척하였다.[14] 곧이어 강화가 성립되자 통곡하며 절식(絶食)하였고, 삼전도(三田渡)에서 거행되는 맹약(盟約) 의식에도 불참하였다.

친명배청에 철저하였던 홍남립은, 병자호란 때의 순절인(殉節人) 김상용(金尙容 : 1561~1637)의 손자로서, 1636년에 후금의 사신 용골대(龍骨大)를 참살(斬殺)하고 그들이 가지고 온 국서를 불태울 것을 상소하였던 김수홍(金壽弘 : 1601~1681)과 자연스럽게 친하게 지냈다. 뿐만 아니라 병자호란 때 주전론(主戰論)을 펴다가 강화가 성립되자 안동(安東)으로 은퇴하였으며, 인조 17년(1639)에 청나라의 원군(援軍) 요청에 반대하는 상소를 올리고서 다음 해 12월에 청나라로 압송되었던 김상헌(金尙憲 : 1570~1652)을 매우 존경하였다. 김상헌이 심양(瀋陽)의 옥에서 풀려나서 귀국하였다는 소식을 듣고 홍남립이 지은 다음의 시에 잘 나타나 있다.

> 석실(石室)이여 그대 청나라의 이부(吏部)에 갇혀(石室吾纍金吏部),
> 조선인의 명예와 절조(節操)를 홀로 붙들어 지켰네(海東名節獨扶持).
> 남아가 이에 이르러야 강개(剛介)한 사람인 것을(男兒到此是剛者),
> 무식한 오랑캐들마저 그대를 의롭게 여기네(夷虜無知亦義之).
> 백수(白首)의 포로가 고국에 돌아와서(白首南冠歸故國),

14) 『華谷遺稿』, 권11, 「行錄略草」 참조.

대궐 앞 땅바닥에 무릎 꿇고 절하니(彩雲北闕拜前墀),
예로부터 바르고 곧음은 왕업(王業)의 기반이라(古來正直資王業),
왕업을 다시 되찾는 일 머지않았네(王業重恢可指期).[15)]

위에서 보는 바와 같이 홍남립은, 김상헌의 절조와 강개함, 그리고 바르고 곧은 정신과 품성을 찬양하고 있으며, 조선의 해방을 간절히 염원하고 있었음을 알 수 있다.

홍남립은 김상헌의 종손인 김수홍을 통하여 김상헌과 간접적인 접촉을 하고 있었는데, 이러한 접촉을 통하여 김상헌의 사상적 영향을 받았던 것으로 생각된다.

다음의 시는 인조 23년 9월에 김수홍이 홍남립에게 전하여 준, 김상헌이 지은 「감의(感意)」라는 제목의 4수의 7언 시 중의 일부이다.

㈀ 임금님 호종하던 지난해에는 서울에 있었는데(扈蹕前年駐漢南),
회계산(會稽山)에 치욕을 남겨둔 채 지금에 이르렀네(會稽遺恥到如今).
남은 목숨에 연연(戀戀)해서가 아니고(殘生不是貪生者),
아직은 사람으로서 품은 생각이 있어서라네(尙在人間負宿心).

㈁ 문종(文種)과 범려(范蠡)의 훌륭한 명성 온 세상에 알려졌는데(種蠡高名揭斗南),
옛날 사람들이라서 어찌 꼭 오늘의 우리보다 나으랴(古人何必勝於今).
그 뉘가 서간(西磵)에 있는 암자에 깃든 손[客]이(誰知西磵菴中客),
아직도 관중(管仲)과 악의(樂毅)의 마음을 품었음을 알랴(獨抱當時管

15) 『華谷遺稿』, 권3, 「聞金尙書淸陰自瀋獄東還有吟」.

樂心).[16]

위 (ㄱ)에서 김상헌은, 월왕(越王) 구천(句踐)이 회계산에서 오왕(吳王) 부차(夫差)에게 패했던 것을 설욕코자 와신상담(臥薪嘗膽)하던 것처럼, 자신이 현재 생명을 유지하는 것은 오로지 삼전도(三田渡)의 치욕을 설욕코자 함에 있음을 분명히 하고 있고, (ㄴ)에서 김상헌은 존왕양이를 표방하던 제(齊)나라의 명상(名相) 관중(管仲)처럼 자신이 친명배청논자이며, 연(燕)나라를 떠나 조(趙)나라로 도망하였던 연나라의 명장(名將) 악의(樂毅)처럼, 자신도 청나라에 굴종(屈從)하는 조선 땅에서 어디론가 떠나고 싶은 심정임을 확실히 하고 있다.

김상헌의 「감의」 시에서 많은 감동을 받은 홍남립이 역시 4수의 차운(次韻)을 지었는데, 다음의 시는 그 중의 일부이다.

(ㄷ) 조선의 문물은 소중화(小中華)이라서(大東文物小江南),
정삭(正朔)을 서로 이은 것이 지금까지 몇 번이던가(正朔相承幾古今).
호란(胡亂) 이후의 모든 일일랑 말하지 말자(萬事莫論兵動後).
북극성 바라보며 쓸쓸히 은거할 것 결심하네(望辰空折倚楼心).

(ㄹ) 오랜 세월 삼강오륜이 빼어난 영남에(萬古綱常嶺以南),
겨울 송백(松柏)처럼 지조를 지키는 이 지금도 있네(歲寒松柏保如今).
서간(西磵)의 암자 주변을 두루 비추는 달이여(十分西磵菴邊月),
다만 청음(淸陰)의 일편단심만을 비추어 다오(獨照淸翁一片心).[17]

16) 『淸陰集』, 권3, 「感意」 참조.
17) 『華谷遺稿』, 권2, 「次金淸陰感興詩」

위 (ㄷ)에서 홍남립은, 청나라가 지배하는 사회에서 벼슬살이를 할 뜻을 접고 은거할 결심을 하고 있으며, (ㄹ)에서 그는, 청나라의 강압에 굴하지 않는 김상헌의 송백(松柏)같은 절개를 찬양하고 있는데, 이에서 우리는 홍남립의 확고한 친명배청노선을 확인 할 수 있다.

병자호란 이후 그가 한 때 벼슬살이를 지속하였던 것은, 가정이 빈한 한데다가 연로한 어버이의 봉양을 위해서 어쩔 수 없이 택한 일이었으며, 현종 13년(1672)에 계모가 세상을 떠난 이후로, 통례원우통례(通禮院右通禮), 대사간, 승문원판교(承文院判校) 등에 임명되었으나 끝내 나아가지 아니하였던 것은, 드디어 자신의 결의를 실천한 것이었다.

홍남립은 벼슬살이뿐만 아니라 세상살이에도 강한 미련을 가지고 있지 않았던 것 같다. 다음에서 이를 엿볼 수 있다.

홍남립 묘소 (완주 소양)

한평생의 장구한 계책 이순(二旬)에 무너졌는데(百年長策二旬慳),
늙도록 언제 기력이 쇠한 적 있었나요(到老何曾氣力殘).
다만 세상의 어지러움이 싫어 세상을 떠났으니(只厭世棼乘化去),
아마도 영혼이 황천(黃泉)에서의 평안을 그리워했나보오(精靈應向九原安).[18]

위 글은, 홍남립의 평생의 일을 나만큼 깊이 알 사람이 없다고 말한 바 있는 이상진이, 홍남립의 죽음을 애도하며 지은 만사인데, 보는 바와 같이 홍남립이 세상을 떠난 것은 세상이 싫어서 떠난 것이라고 술회하고 있기 때문이다.

아마도 홍남립은 명나라에 이어 청나라에 지배되는 사회를 난세(亂世)로 간주하고 있었던 것 같으며, 명나라에 대한 절의를 굳게 지키는 것을 자신의 마지막 도리로 여겼던 것 같다.

5

홍남립은 매우 청렴하였다. 그가 만경 · 영암 · 인천 등 6고을을 다스리는 동안, 고을을 다스리는 일 외에는 부모를 모시고 선조의 제사를 받드는 일에만 힘쓰고, 자신의 생활의 씀씀이를 간략히 하여 남는 것으로는 책을 구입하여 고을의 자제들을 가르쳤다. 때문에 그가 고을살이를 마치고 고을을 떠날 때면 항상 행장(行裝)이 쓸쓸하였고 책들만

18) 『晩庵遺稿』, 권1, 「輓洪判校南立」.

몇 상자였으며, 집안의 쌀뒤주는 늘 비어 있었다. 그렇게 가세가 빈궁한 중에도 그는 가사의 어려움을 돌보지 않고 언제나 안한(安閑)하게 자신을 수양하며 속념(俗念)을 해소하였다.[19]

이러한 청빈한 생활로 인하여 홍남립은 한평생 곤고하였을 뿐만 아니라 그가 죽은 뒤에는 상을 치를 만한 재화와 의복이 없었다고 한다.[20]

한편 홍남립은 강직하고 덕망이 높은 군자로서, 시속(時俗)을 비방(誹謗)하고 따르지 아니하였으며 권세에 영합(迎合)하지 아니하였다. 그가 청환(淸宦)과 요직에서 저지되고, 항상 낮은 관직이나 직무가 중

대승서원 (완주 소양)

19) 『華谷遺稿』, 권11, 「墓碣銘」(李尙眞 撰)
20) 『華谷遺稿』, 권11, 「墓誌」(柳頲撰).

요하지 않은 용직(冗職)에 머물러 있던 이유가 바로 그의 고결하고 강직한 성품에 있었던 것이다.[21]

홍남립은 붕당(朋黨)에 대하여 매우 부정적인 생각을 가지고 있었다. 그가 임종(臨終)할 때에 당론(黨論)이 사람들을 미혹(迷惑)케 하는 폐악에 대하여 경계할 정도로 당론의 폐악에 대하여 심각하게 우려하고 있었던 데서 이를 알 수 있다.[22] 한평생 절조 있는 품행을 유지하면서 항상 중도적 입장에서 행동하였다. 그가 극단적인 남인 처벌을 무마하던 서인 정지화(鄭知和 : 1613~1688)와 가까이하였던 것도, 그의 초당적(超黨的) · 탈붕당적(脫朋黨的)인 사고와 관련이 있었던 것으로 여겨지며, 이러한 그의 초당적 · 탈붕당적 사고는 이상진에게 일정 정도의 영향을 미쳤을 것으로 생각된다.

---

21) 『華谷遺稿』, 권11, 「墓碣銘」(李尙眞 撰).
22) 『華谷遺稿』, 권11, 「墓碣銘」(李尙眞 撰).

만암(晩庵) 이상진(李尙眞)

1. 서언(序言)

이상진(李尙眞 : 1614~1690)은 조선 후기 광해군 6년(1614)에 전주부의 성남리(城南里)에서 태어나서, 그의 나이 32세에 문과에 급제하고, 인조 24년(1646)에 군자감(軍資監) 참봉(參奉)을 초사(初仕)로 사간원 정언(正言)과 사헌부의 지평 · 집의 등 언관(言官)을 역임하였으며, 승지를 거쳐 이조판서 · 판의금부사를 역임하고 우의정에 오른, 이 지방 출신 인사로는 드물게 높은 관직에 올랐던 조선후기 문신이었다.

그가 정치·사회적으로 활동하였던 17세기 중엽의 사회는, 붕당(朋黨) 간에 자행되던 정쟁(政爭)의 소용돌이 속에, 사회정의가 매몰(埋沒)되었던 혼란의 시기였다. 서인(西人)과 남인(南人)이 첨예(尖銳)하게 대립하였던 예송(禮訟)에서 승리한 남인들이 숙종 즉위년(1674)에 서인으로부터 정권을 탈환하였고, 숙종 6년(1680)에는 이른 바 경신대출척(庚申大黜陟)으로 서인들이 남인으로부터 다시 정권을 탈환하였다. 숙종 9년에는 강온(强穩)으로 대립하던 서인들이 노론(老論)과 소론(少論)으로 자기분열(自己分裂)을 하였으며, 숙종 15년(1689)에는 기사환국(己巳換局)으로 남인들이 정권을 재탈환하는 등, 실로 격심한 정치적 변동이 빈번하게 일어났던 가위 격동(激動)의 시대였다.

그 파고(波高)가 높던 이러한 붕쟁(朋爭)의 시기에 정치활동을 하는 사람이면, 누구나 본의이건 타의이건 간에 어느 한 붕당에 소속하게 되거나, 아니면 최소한 어느 당인(黨人)으로 지목되거나 혹은 오인(誤認)되는 일이 허다하였고, 그와 함께 자연스럽게 일변인(一邊人)의 모함과 배척을 받게 되기 마련이었다. 어느 누구도 이러한 처지에서 자유로울 수 없었다. 이상진도 예외는 아니어서 그의 당색(黨色)이 서인, 그 중에서도 소론으로 지목되어 왔던 게 사실이다. 그러나 이러한 사회적 인식은 때로는 사실과 다른 경우가 있다는 생각을 우리는 해야 할 필요가 있다.

본 연구는 이상진이, 붕당싸움의 승패에 따라 정치집단의 부침(浮沈)이 수시로 교차(交叉)하던 격동의 시대를 살면서, 어떤 정치신념과 정치철학·정치적 이상을 가지고, 이를 현실정치에 구현(具現)하려 하였는가? 그도 별반 다름이 없는, 당리(黨利)와 당략(黨略)에 따라서 운신(運身)하던 당인(黨人)이었던가? 하는 점들을 해명하는 데에 초점을 맞추어 진행할 것이다.

2. 이상진의 가계(家系)와 일생

이상진의 자(字)는 천득(天得)이고, 호(號)는 만암(晩庵)·금강(琴岡)이며, 시호(諡號)는 충정(忠貞)이고 본관은 전의(全義)이다. 증조부는 문과에 급제하여 전주부윤을 지냈으며, 이상진으로 인하여 이조판서에 추증(追贈)된 소모사(召募使) 정란(廷鸞 : 1529~1600)이고, 할아버지는 무공랑(務功郎)으로서 의정부 좌찬성에 추증된 준길(遵吉)이며, 아버지는 사직서(社稷署) 참봉으로서 영의정에 추증된 영선(榮先)이다. 어머니는 공조참판을 지내고 좌찬성에 추증된 민여임(閔汝任 : 1559~1627)의 딸 여흥 민씨였다.

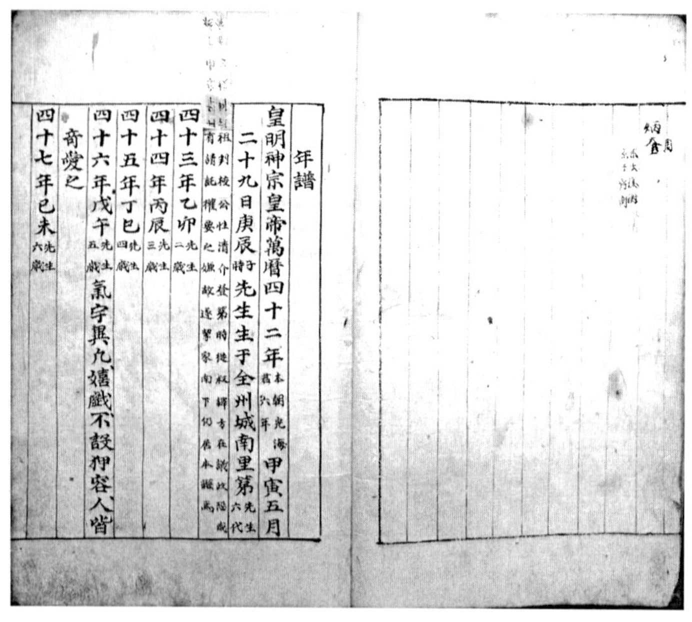

年譜

皇明神宗皇帝萬曆四十二年 本朝光海六年 甲寅五月二十九日庚辰子時先生生于全州城南里第

四十三年乙卯 先生二歲

四十四年丙辰 先生三歲

四十五年丁巳 先生四歲

四十六年戊午 先生五歲 氣宇異凡嬉戲不設抑容人皆奇愛之

四十七年己未 先生六歲

만암 연보

이상진의 가문이 전주에 정착한 것은 그의 6대조인 창수(昌壽) 때의 일이었다고 한다.[1] 이상진의 부·조·증조 3대 관직이, 이상진으로 말미암아 추증된 것임을 생각한다면, 그의 선대(先代)가 이미 사족(士族)가문이기는 하지만, 정계나 학계에 큰 영향력을 미칠 만한 명문거족(名門巨族)이었다고 생각되지는 않는다.

이상진은 그의 나이 11살 때에 그의 외조부인 민여임(閔汝任 : 1559~1627)에게서 글을 배웠는데, 문예(文藝)가 날로 발전하여 널리 많은 서적을 탐독하였으며, 한 번 보면 으레 그 글을 외웠다. 그는

1) 『만암유고』 권5, 年譜 9, 9, 「先生六代祖判校公 .... 遂挈家南下 仍居本縣焉」

다만 이와 같이 총명하였을 뿐만이 아니라 덕이 있고 기량(器量)이 뛰어 났으며, 침착하고 장중(莊重)하여 일상생활에 변함이 없었으므로, 민여임이 칭찬하여 말하기를, 이(李)씨 가문을 창대(昌大)케 할 사람은 바로 이 아이라고 하였다.[2] 그의 나이 23살이 되던 인조 11년(1636)에 대과(大科)의 향시(鄕試)에 합격하였으나, 회시(會試)에 응시하기 전에 호란(胡亂)이 일어나서 피난을 떠났다가, 난이 평정된 뒤에는 과거공부를 그만두고 성리학 서적을 깊이 연구하여, 명성과 덕망이 무리들 중에서 매우 뛰어났다.

상진의 나이 32살이 되던 인조 23년(1645)에 병환 중이던 그의 아버지가 경과(慶科)가 개설(開設)된다는 소문을 듣고, 상진에게 과거에 응시할 것을 강력하게 분부하였으므로, 그가 하는 수 없이 뜻을 굽혀 별시문과(別試文科)에 응시하였는데, 이때의 시관(試官)이었던 백헌(白軒) 이경석(李景奭 : 1595~1671)이 상진의 시권(試券)을 보고는 감탄하기를, '한 나라의 큰일을 계획하고 운영할 만한 인재'라고 말할만한 놀라운 문장력을 과시하며 당당하게 급제하였던 것이다.[3]

그가 벼슬길에 오른 것은 그의 나이 33살 되던 인조 24년 6월의 일로, 군자감(軍資監) 참봉직을 처음 임명받았으며, 인조 25년에 예문관 검열(檢閱), 26년에 대교(待教), 27년에 봉교(奉教) 등 예문관의 문한직(文翰職)을 두루 역임하였다. 효종 1년(1650)에 사헌부 감찰(監察)과 사간원의 정언(正言)을 거쳐, 효종 3년에 사헌부 지평(持平), 6년에

2) 위 책, 9, 10, 天啓 四年 記事 참조.
3) 위 책, 9, 13, 崇禎 十八年 記事 참조.

사헌부 집의(執義) 등 대간직(臺諫職)을 두루 거친 후에, 같은 해 승지(承旨)를 거쳐, 경상도 관찰사에 임명되었으나, 부친의 별세(別世)로 그 후 2년간 휴직하였다. 3년 상을 치른 뒤 효종 9년(1658)에 승지로 임명되고. 다음 해에 예조참의를 거쳐 대사간(大司諫)이 되었으나 현종 1년(1660)에 모친의 별세로 다시 2년을 휴직하였다. 상을 마치고 현종 3년에 성균관 대사성(大司成)에 임명되었고, 4년에 경상도 관찰사, 5년에 이조참판, 6년에 대사간을 역임하고 7년 1월에 대사헌에 임명되었으나, 홍문관의 배척을 받고 관직을 버리고 낙향한 뒤, 계속되는 현종의 소명(召命)에도 응하지 않고 현종 11년 말까지 5년간 관직에서 떠나 있었다.

이상진이 5년간의 휴식을 깨고 현종 12년(1671) 3월에 수원부사(水原府使)로 부임한 이후, 13년 10월에 이조판서, 14년에 이조판서 겸 판의금부사에 임명되었다. 다음에 1월에 상소를 올리고 한성을 떠나 인천에 머물다가 아산(牙山)을 거쳐 부여(扶餘)·완산(完山)을 전전하면서 5년여 동안 관직을 멀리하였다. 그가 숙종 6년(1680) 3월에 판의금부사로 관직에 복귀한 이래, 같은 해 7월에 이조판서를 거쳐 10월에 우의정에 임명되었으나, 무려 16차에 걸친 사직상소를 올리고 8년 5월에 우의정에서 물러났다. 뒤이어 지중추부사에 임명되었으므로 누차 사직을 청하였으나 허락되지 아니하자, 드디어 그는 숙종 12년(1686) 10월에 상소문을 남겨둔 채 한성(漢城)을 떠난 뒤로, 숙종의 특별한 부름에도 응하지 않고 계속 사직을 청하였다. 하지만 사직은 허락되지 않고 숙종 15년(1689) 2월에 영중추부사(領中樞府事)로 승진되었을 뿐이다.

그해 4월에 숙종의 금령(禁令)을 어기고, 숙종비 인현(仁顯)왕후 민(閔)씨의 폐출(廢黜)을 반대하는 상소를 올렸다는 죄목으로, 5월에 북청(北靑)으로 유배되면서 비로소 관직에서 해방이 되었으니, 그가 한성을 떠난 이후 실로 3년 만의 일이었다. 이상진은 그해 8월에 유배지에서 풀려났으며, 다음 해(1690) 6월에 그의 생을 마쳤다. 그가 세상을 떠난 직후 관작(官爵)이 복구되고, 숙종 21년(1695)에는 청백리(淸白吏)에 뽑혔으며, 숙종 37년(1711)에는 충정(忠貞)을 시호로 받았다.

앞에서 개관(槪觀)한 이상진의 일생을 통하여, 우리는 그가 나아갈 때와 물러날 때를 알아서 절도 있게 처신하였던 인물이었음을 알 수 있었다. 현종 13년(1672) 10월에 이조판서에 임명되면서 14년 5월까지 사이에 12차에 달하는 차(箚)와 소(疏)를 올리고 이조판서 직에서 물러났던 일이며[4], 숙종 6년(1680) 10월에 우의정에 임명된 직후부터 8년 4월까지 16차의 차(箚)와 소(疏)를 올리고 끝내 우의정 직에서 물러났던 데서 이를 확인할 수 있다.[5] 뿐만 아니라 현종 7년(1666) 1월에 그가 대사헌이 되어, 홍문관의 배격을 받고 관직을 버리고 낙향하여, 현종 12년 3월에 수원부사로 부임하기까지 5년 동안, 국왕의 어떤 부름에도 응하지 않았던 것이나, 숙종 12년(1686) 10월에 판중추부사로서 사직소를 남겨둔 채 한성을 떠난 이후, 숙종 15년 5월 그가 북청으로 귀양을 떠날 때까지, 3년 가까운 시일을

4) 『만암유고』 권3, 61~80쪽 참조.

5) 『만암유고』 권4, 44~88쪽 참조.

벼슬에 나가지 아니하였던 데서 알 수 있듯이, 그는 벼슬을 얻지 못할까 걱정하고 벼슬을 잃을까 염려하던 사람이 아니었다.

그는 항상 벼슬에 나아가기를 더디 하고 물러나기를 쉽게 하며 시종 겸허한 자세를 잃지 않았던 참 선비였다. 표면상으로는 그가 33세에 벼슬살이를 시작하여 76세에 관직에서 물러났으니 무려 44년이나 벼슬살이를 한 것처럼 보이지만, 사실은 그가 퇴휴(退休)하고 있던 기간이 17년이나 되었으니[6), 그가 실제로 관직에 있었던 기간은 27년 밖에 되지 않는다는 사실에 우리는 놀라지 않을 수 없다. 이것이 이상진의 진면목(眞面目)이었다.

그는 특별하게 내세울 만한 학문적 연원(淵源)이 없는데도, 그의 학문상의 조예(造詣)가 매우 깊었던 것으로 생각된다. 이상진이 승지로 있던 효종 10년(1659) 봄에 경연(經筵)에서 시전(詩典)을 강(講)하였는데, 이상진이 문장의 내용과 뜻(文義)에 대하여 아뢰자, 효종은 이상진의 해설이 가장 적절하다고 칭송[7)]하여 마지않았던 사실에서 이를 확인할 수 있다. 뿐만 아니라 송준길(宋浚吉 : 1606~1672)이 현종에게, 이상진의 성품이 겸허하고 학문이 높다[8)]고 아뢰고 있는 데서도 확인된다.

이상진의 인간됨은 청렴하고 충직(忠直)하며, 중정(中正)하고 절조(節操)가 있으며, 나라와 임금에 대한 충성심이 강하였던 것으로

6) 필자가 연보를 참고로 계산하여 얻은 결과이다.
7) 『만암유고』 권5, 27쪽 4월 기사 참조.
8) 『현종실록』 10년 4월 3일.

여겨진다. 숙종 14년(1688)에 대사간 이규령(李奎齡 : 1625~1694)이 숙종에게 올린 상소 중에, 이상진은 인간됨이 청렴하고 충직하며, 그의 굳은 절개는 당시뿐만 아니라 역사상에서도 쉽게 찾아 볼 수 없는 정도입니다. 그는 나라를 염려하는 마음이 강렬하여 하는 말마다 모두 충성심에서 나오며, 남이 꺼리거나 피하는 일을 피하지 않고 마음속에 품은 생각은 반드시 임금에게 아뢥니다. 뜻을 세움이 확고하여 불러서 벼슬을 주어도 움직이지 아니하니, 대신(大臣)의 인품(風骨)과 절조(節操)가 조신(朝臣)들 중에서, 그 보다 나은 이를 찾기란 힘들 것이라고 아뢰고 있다.[9] 이는 같은 시대를 살면서, 이상진의 한평생을 모두 지켜본 이후에 내린 더할 수 없이 정확한 논평이었다고 믿어지기 때문이다.

이 밖에도 『숙종실록보궐정오』를 찬(撰)한 사신(史臣)은, '이상진의 순결하고 아름다운 기개와 지조(志操)는 온 나라 사람이 다 아는 바'라고 칭찬하였고[10], 또 졸기(卒記)에서 이상진을 평(評)하기를, 사람됨이 충직·순박하고 영리에 태연하였으며, 벼슬에 나아가기를 어렵게 하고 물러나기를 쉽게 하였다. 정쟁(政爭)에 능히 초연(超然)하여 연루(連累)되지 않았으며, 시의(時議)를 따라 움직이지 않고 홀로 청의(淸議)를 주장하였다. 경외(京外)의 벼슬을 두루 지내면서 충성하였고, 경상(卿相)이 되어 집 한 채 없는 어려운 살림에서도 한결같이 절조를 지켰으며, 기사년(1689)의 상소(민비폐출 반대상소-필자)는 대절(大節)이

9) 『만암유고』 권5, 67쪽. 「行大司諫李奎齡陳疏」 참조.
10) 12년 9월 2일(임인).

더욱 우뚝하였으므로, 사류(士類)가 매우 존중하였다고 끝을 맺고 있다.[11]

우리는 위와 같은 이상진에 대한 당대인들의 논평과, 이상진이 일생동안 보여준 생활방식의 검토를 통하여, 이상진이 청렴 충직하고, 중정(中正)하고 절조가 있으며, 나라를 위한 충성심이 아주 강렬(强烈)하였던 인물이었음을 충분히 확인할 수 있었다고 생각한다.

3. 이상진의 생애(生涯)

이상진의 생애는 그가 일생의 최고의 덕목(德目)으로 여겼던 청렴(淸廉)과 충직(忠直)과, 임금과 나라에 충성하는 이른바 충군애국(忠君愛國)을 실천하던 생활의 장(場)이었다. 어떤 처지나 상황에서도, 그러한 생활태도를 동요 없이 굳게 유지하였던, 그 구체적인 실상들을 우리는 다음에서 확인할 수 있다.

1) 충직(忠直)의 생활화

이상진은 성정(性情)이 매우 충직하였다. 그가 사간원 정언(正言)으로 있던 효종 1년(1650) 6월의 일이다. 당시 승지였던 신면(申冕 : 1607~1652)이 올린 사직소 중에, 자신을 비난한 사람들에게 성내어 말한 말들이 많았으므로, 이상진이 대사간 민응형(閔應亨 : 1578~1662)

---

11) 『숙종실록보궐정오』 16년 6월 22일(신사).

·정언 유도삼(柳道三 : 1609~?)과 상의하여, 신면을 파직시킬 것을 효종에게 아뢴 일이 있다. 그 뒤 민응형과 유도삼이 갑자기 처음의 생각을 바꾸고는, 혐의를 피하고자 서로 전후하여 관직에서 물러나기를 청하였는데, 사직을 청하는 이유를, 「조정이 분열하여 편안치 않기 때문」이라고 핑계하였다.[12] 이때 이상진이 소를 올려서 당시 대간(臺諫)들의 병폐를, 다음과 같이 신랄하게 지적하였다.

아! 공의(公議)가 약화되고 강직한 기개(氣概)가 쇠퇴하여, 일이 권귀(權貴)에게 연관되면, 오직 보호하기에만 힘쓰는 것이 요즘의 고질적인 병폐가 되었으므로, 식자(識者)들이 한심하게 여긴 지 오래입니다. 한 관청의 장관(長官)으로서의 그 옛날의 풍채는 어디 가고, 오히려 우물쭈물 주저하는 것이 이에 이르렀으니, 다른 사람들이야 다시 말할 것이 없습니다.[13]

이는 사간원의 정언이었던 이상진이, 사간원의 장관인 대사간의 부당함에 맞서 용기 있게 그 부당함을 고발한 내용인 바, 그가 벼슬길에 들어선 지 4년 밖에 되지 않은, 아직 관력(官歷)이 일천(日淺)한 시기의 일이었다.

효종 4년(1653) 6월의 일이었다. 인재를 천거하라고 효종이 2품 이상의 경재(卿宰)에게 내린 별천(別薦)의 명(命)에 따라서, 영의정 정태화(鄭太和 : 1602~1673)가 이상진을 효종에게 천거하면서, '사람됨이 질

12) 『만암유고』 권5, 16쪽. 「閔應亨 柳道三 反變其初見 相繼引避 至謂之分裂不靖」
13) 위 책, 16쪽. 「先生又引避上疏」 참조.

박(質朴)하고, 일을 당하여 과감하게 말할 사람은 이상진입니다'라고 소개하고 있고[14], 또 송시열(宋時烈 : 1607~1689)이 효종 10년(1659) 4월에 효종을 독대(獨對)할 때, 효종은 조정의 신하들 중에서, 큰 일(北伐계획-필자)을 함께할 만한 사람으로서 이상진을 특별히 천거하였는데[15], 이는 모두 이상진이 충직한 인물이었음을 엿볼 수 있게 하는 대목이다.

현종 4년(1663) 3월, 이상진이 경상도 관찰사로 있을 때의 일이었다. 이상진이 현종에게 장계(狀啓)하여 아뢰기를,

'내수사(內需司)는 왕공(王公) 이하의 백관(百官)의 관청(衙門)에 끼이지 못하니, 다른 관청에 직접 공문을 발송하지 못하고, 반드시 이조(吏曹)를 통하여 공문을 발송하도록 되어 있습니다. 이것이 선대(先代) 제왕(帝王) 이래로 지켜온 법(成憲)인데, 근래에 내수사가 다른 관청에 직접 공문을 보내더니, 이제 또 감사에게 곧바로 보고하였으니, 이는 사체(事體)에 관련이 있는 일입니다. 이번 기회에 내수사가 다른 관청에 직접 공문을 발송(直關)하거나, 상급 관청에 직접 보고(直申)하는 잘못을 바로잡는 것이 온당합니다.'[16] 하였다. 내수사는 비록 정5품아문(衙門)이지만, 궁중(宮中)의 쌀 · 베(布) · 잡물(雜物) · 노비 등을 관장하였던 관계로, 누구나 함부로 논척(論斥)하기를 꺼려하였는데, 이상진은 과감하게 그 폐단을 지적하여, 내수사가 이조를 경유하지 않고

14) 위 책, 18쪽. 26년조 6월 기사 참조.
15) 위 책, 27쪽. 4월 기사 참조.
16) 『현종실록』 4년 3월 26일(갑오).

직접 공문을 외방(外方)에 발송하는 것을 금지 시켰다.

그 해 6월의 일이다. 내시부(內侍府)가 본부(本府)의 노비에 관한 일로 차노(差奴)를 경상도에 내려 보내면서, 도(道)에 공문을 발송한 일이 있었는데, 경상도 관찰사 이상진은 이를 묵과(黙過)할 수가 없었던 것이다.

그리하여, 법전에 의하면 내시부는 임금이 국정을 처리하는 곳인 외조(外朝)의 정사에 간여할 수 없고, 경외(京外)의 각 아문(衙門)과 문서를 통하는 규정도 전혀 없는데, 지금 내시부가 전에 없던 일을 새로 만들어 사체(事體)를 손상하고 있는 바, 이는 뒷날에 무궁한 폐단을 여는 단서가 될 뿐만 아니라, 인신(印信)을 통용(通用)할 수 없는데, 인신을 사용하는 것은 법의 테두리를 벗어난 일임을, 현종에게 즉시 보고하고 그 시정을 촉구하였다.[17)]

이상진은 임금의 잘못도 꺼리거나 피하지 않고 과감하게 지적하였다. 다음을 보기로 하자.

> 정치 · 사회상의 온갖 폐단의 책임은 전적으로 임금과 재상에게 있는데도 불구하고, 전하에게는 이를 진작(振作)할 의지가 없고 또 강직(剛直)한 위엄이 적어서, 국가의 기강(紀綱)이 날로 퇴폐하고 온갖 일이 점점 실추(失墜)되어 가는데, 전하는 종사(宗社)를 맡은 중책을 생각지 않고 구습(舊習)만을 답습(踏襲)함으로써, 비국(備局)과 여러 중앙관청들의 공사(公事)가 적체(積滯)되니, 민폐를 통렬하게 제거하고, 민재(民財)를 징수하는 것이 지나치게 가혹함과, 군대를 조련하고 점검하는 일이 너무 번거

17) 위 책, 4년 6월 15일(신해).

롭고 난잡함을, 변통할 방도를 생각하십시오.[18]

위는 현종 6년, 이상진이 대사간으로 있을 때 현종에게 올린 상소문인데, 보는 바와 같이, 조선왕조의 정치·사회상의 온갖 폐단과, 국가 기강이 실추하게 된 모든 책임이 임금에게 있음을 통렬하게 비판하고 있다.

그러나 현종은 '경계하여 아뢴 내용이 매우 절실(切實)하니 유념하겠다.'고 답하였을 뿐, 어느 것 하나 실행에 옮기지는 아니하였다. 이에 이상진은, 남의 말을 받아들여 면려(勉勵)할 생각은 아니하고 인혐(引嫌)하며 차자(箚子)를 올리는 대신과, 대신들의 인혐(引嫌)을 위유(慰諭)하는데 그치고, 면려(勉勵)에 관해서는 언급도 하지 아니하는 현종의 하교(下敎)에 실망하고, 자신을 파직해 줄 것을 청하였다.[19]

숙종 6년(1680) 11월 2일에 숙종이 원훈대신(元勳大臣)들을 빈청(賓廳)에 모아놓고 김익훈(金益勳 : 1619~1689) · 이사명(李師命 : 1647~1689) · 조태상(趙泰相) · 신범화(申範華 : 1647~?) · 이원성(李元成) 등 5인의 공훈(功勳)을 감정(勘定)하여 공신으로 추가 등록코자 하였다. 김익훈은 바로 숙종비 인경(仁敬)왕후의 작은할아버지로서, 현종비 명성(明聖)왕후 김씨의 4촌 오빠인 김석주(金錫胄 : 1634~1684)와 함께 훈척(勳戚)세력을 형성하여, 김석주를 도와서 숙종 6년 봄에 남인(南人)들을 조정에서 축출한, 이른 바 경신대출척(庚申大黜陟)을 감행하여 서인(西人)정권을 수립하였던 핵심인물이다. 이와 같이 김익훈이 왕실의

18) 위 책, 6년 9월 12일(을미).
19) 『현종실록』 6년 9월 17일(경자).

외척(外戚)으로서 서인정권 수립에 결정적 역할을 담당하였던 권력의 핵심인물인데다가, 게다가 외척 김석주와 영의정 김수항(金壽恒)이 함께 추진하고 있는 공신추록(功臣追錄)의 문제였다.

이에 대하여 이상진이, 공신들의 공훈을 이미 감정(勘定)하였고, 또 회맹(會盟)도 이미 지났으니, 비록 큰 공이 있다하여도 누락된 사람들을 계속해서 공신에 추가로 책봉하는 것은, 결코 옳은 일이 아니라는 이유로 거부하고 나섰다. 이상진의 충직한 성품이 드러나는 대목이다. 이처럼 이상진은 한평생 충직을 생활화한 충직한 인물이었다.

2) 청렴의 생활화

이상진이 매우 청렴한 인물이었음은, 다음과 같은 그의 노년의 생활에서 확인할 수 있다.

이상진의 나이 61세가 되던 현종 15년(1674) 8월에, 현종이 승하(昇遐)하고 나이 14세의 어린 숙종이 즉위하면서, 9월에 이상진은 병조판서 겸 판의금부사가 되어, 숙종 초년의 왕권 부지(扶持)를 책임지는 중책을 맞게 되었다. 그런데 문제는, 이 때 남인(南人)들이 어린 임금의 즉위를 틈타서, 복제(服制)를 잘못 적용했다는 이른 바, 「오례(誤禮)」를 빙자하여 서인(西人)들에게 정치적인 보복을 하고자, 기해년(1659) 효종이 승하할 때, 인조의 계비(繼妃) 자의대비의 복상(服喪)을 기년제(朞年制)로 정하는 데 간여하였던 대신들을, 소급(遡及)하여 죄를 다스릴 것을 주장한다는 것이었다. 이상진은 이에, 상소를 올려 이제 와서 죄를 추궁하는 것이 부당한 것임을 사리를 따져 반박하고, 자신의 면직

(免職)을 청하였지만 허락되지 아니하였다.[20] 이상진은 이때 이미 정정(政情)으로 보아, 더 이상 수도 부근에 머물러 있어서는 안 될 어려운 형세임을 알고, 관직을 버리고 먼 외지(外地)로 떠날 생각을 하였던 것이다. 그러나 그에게는 농사지어먹을 만한 농토도, 한 몸을 쉴 만한 집 한 채도 없었으므로, 어디고 그가 갈 만한 곳이 없었다. 그때 마침 약간의 농토를 빌려주는 사람이 있었으므로, 이상진은 숙종 1년 1월에 자신의 면직을 청하는 상소를 올리고, 서울을 떠나 충청도 아산(牙山) 땅에 우거(寓居)하게 되었다.[21]

그해 11월에, 아산에서 다시 부여(扶餘) 금강촌(琴岡村)으로 옮겨 우거하게 되는데[22], 그 곳에도 농토나 주택은 역시 없었던 것으로 전해지고 있다. 이상진이 33살에 벼슬길에 올랐으니, 햇수로만 따진다면 벼슬살이를 한 지도 30년이 다 되어 가는데, 그에게는 아직도 그가 머물 집 한 칸이 없었던 것이다. 이 한 가지 사실만으로도 그의 청렴성은 입증된다 할 수 있다.

이상진의 나이 74세가 되던 숙종 13년(1687)의 일이다. 이상진은 그 때 금천(衿川)에 우거(寓居)하였는데, 그 당시 영의정 김수항(金壽恒)이 숙종에게 아뢴 바에 의하면, 이상진은 의지할 만한 연고가 없어 끼니를 잇기조차 어려울 만큼 그 고초가 막심하였다. 이러한 형편에서도 그는 정부에서 지급하는 녹봉(祿俸)마저 수령하기를 거부[23]하였을

20) 『만암유고』 권5, 39쪽, 9월 기사 참조.
21) 위 책, 42쪽, 2월 기사 참조.
22) 위 책, 42쪽, 11월 기사 참조.
23) 위 책, 56쪽, 2월 기사 참조.

만큼 청렴하였던 것이다.

그 내용인즉, 이상진이 숙종 10년 이래로 판중추부사의 직을 누차 사직하였으나 허용되지 아니하자, 숙종 12년 10월에 숙종에게 올리는 상소문을 남겨둔 채로, 한성을 떠나 금천(衿川)에 우거하면서 누차 녹봉을 사절하였으므로, 그 때 이래의 이상진의 녹봉을 정부가 지불하지 못하였던 것인데, 숙종 13년 11월에 숙종이 파견한 사관(史官)을 따라서 이상진이 조정에 돌아왔던 것이고, 정부에서는 창관(倉官)을 보내어, 이상진이 수령하지 않은 2년분의 녹봉을 실어 보냈던 것이다. 그러나 이상진은, 비록 자신이 관직을 지니고 있었다 하더라도, 실제로 공무(公務)를 수행하지 않았으니 녹봉을 소급해서 받아야할 명분이 없다면서, 끝내 녹봉을 받아들이지 아니하였다.[24)]

이렇게 일생을 청백하게 살았던 까닭에, 만년에 이르도록 마땅히 거주할 만한 농토도 주택도 없었던 것이다. 그리하여 숙종 15년(1689) 9월, 그가 76세의 나이로 유배지에서 풀려났을 때 막상 갈 만한 곳이 없었던 까닭에, 하는 수 없이 예전에 우거한 적이 있는 부여의 금강촌(琴岡村)에 몸을 의지할 수밖에 없었던 것이며, 결국 그곳에서 그는 생을 마감하였다.

한평생을 벼슬살이로 몸이 늙었는데도, 만년에 노구(老軀)를 의지할 집 한 채가 없이 살았던 이상진의 투철한 청렴성은, 당대 사회가 모두 인정하던 바였다. 숙종 14년 3월에 대사간 이규령(李奎齡 : 1625~1694)은 그가 올린 상소문에서, 이상진의 청렴과 충직과 굳은 절개는, 지금의

24) 위 책, 60쪽, 11월 기사 참조.

세상에도 견줄 데가 없거니와 옛날의 역사에서 찾아도 쉽게 얻을 수가 없으니, 족히 한 시대의 소중한 본보기가 될 것이라고 아뢰고[25] 있는 것이, 바로 그 한 예라고 할 수 있다. 실로 이상진의 청렴은 길이 역사의 모범이 될 만한 것이었다. 그가 세상을 떠난 5년 뒤인 숙종 21년(1695)에, 조정에서 그를 청백리(淸白吏)로 선정하였던 것은, 조선 정부가 그의 청렴을 공인한 것이었다.

3) 충군우국(忠君憂國)의 생활화

이상진의, 임금에게 충성하고 나라를 걱정하는 마음은, 항상 변함없이 그 중심을(中心)을 이루고 있었다. 그리하여 그가 말하고 행동하는 준칙은, 곧 임금을 사랑하고 나라를 사랑하는 것이었다. 나라를 사랑하고 임금을 사랑하는 일이면, 자신의 말과 행동으로 말미암아 초래될지도 모를 그 어떤 일신상의 불이익도 결코 괘념치 아니하였고, 그가 옳다고 여기는 일이면 어떤 일도 피하지 않고 과감하게 말하였다. 그것이 이상진이 나라를 사랑하고 임금을 사랑하는 방법이었다. 우리는 이상진이 올렸던 다음과 같은 상소문을 통하여, 그의 나라를 향한 깊은 충성심을 읽을 수 있을 것으로 생각한다.

(가) 재이(災異)의 원인은 전하(殿下)의 하늘에 응답하는 실제에 미진(未盡)한 것이 있어서인 듯합니다. 전하는 타고난 성품(性品)이 순수하나, 영특하고 현명하며 예리(銳利)함이 너무 드러나고, 공자(孔子)의 학문(聖

---

25) 『만암유고』 67쪽, 李奎岭 陳疏 참조.

學)은 덕(德)을 행함이 넓지 못합니다. 신하를 접할 때 온화함이 부족하고, 정령(政令)을 낼 때 때로는 온당치 못한 것이 있습니다. 때문에 많은 사람들의 뜻이 위에 통하지 않아서 도리어 의심으로 변하고, 실질적인 혜택이 아래에 미치지 못하여 온갖 원망이 쌓이니, 이것은 온화한 기운(和氣)을 해쳐 재이를 불러오기에 충분합니다. 군신(君臣)간의 분의(分義)는 엄한데 노여움을 더하시니, 누가 위엄을 범하여 목숨을 바치려 하겠습니까?[26)]

(나) 하늘의 노여움(天怒)은 매우 두려운 것인데, 전하는 형식적(文詞)으로만 두려워하고 진심(實心)으로 두려워하지 아니하며, 백성들의 원망(民怨)은 매우 두려운 것인데, 전하는 말로만 두려워하고 진심으로 두려워하지 않아서, 때에 맞지 않은 일과 불요불급(不要不急)한 일로써, 천심(天心)을 어기고 민정(民情)을 거스르는 일이 많아서, 재이를 불러들이고 있습니다.[27)]

(다) 인군의 옥체(聖體)를 짝하는 지극히 존귀(尊貴)한 분이며, 한 나라의 국모(國母)였던 왕후(正宮)를 서인(庶人)으로 만들어 사가(私家)로 돌려보냈는데, 이는 결코 성군(聖君)의 치세(治世)에 차마 할 일이 아니며, 신자(臣子)로서 차마 들을 수 없는 일입니다. 부모가 불화(不和)하면 간(諫)하여 말려야할 일이요, 인정(人情)과 천리상(天理上) 어버이에게 순종하여 어머니를 내칠 수는 없습니다. 그런데도 엄한 명령 아래 글을 올리는(章奏) 길 또한 막혀서, 충성된 말이 상달되지 못하고 곧은 기운이 펼쳐지지 못하여, 중외(中外)가 놀라고 소란스러워 풍경(風景)이 매우 비참합니다.[28)]

26) 『효종실록』 3년 10월 24(임술)일
27) 『효종실록』 5년 2월 10(신미)일.
28) 『숙종실록』 15년 5월 3(무술)일

위 (가)는 효종 3년(1652) 10월에 들어 23일까지 사이에, 10여 차에 걸쳐 태백성(太白星)이 낮에 나타나고, 혹은 형혹성(熒惑星)[29]이 태미원(太微垣)[30]의 단문(端門)[31]으로 들어가고 나오는 등 재이(災異)가 계속되자, 이상진이 재이를 멎게 하고자 임금의 반성(反省)을 촉구하기 위하여 올린 상소문이다. 보는 바와 같이 이상진은, 효종이 덕이 넓지 못하고 온화함이 부족하며, 정령(政令)이 온당하지 못하여, 백성들의 원망이 쌓여 화기(和氣)를 해쳐 재이가 초래된 것이며, 재이의 원인이 효종 자신에게 있음을 신랄하게 지적하고 있다. 이에 대하여 효종이, '내 과실을 말하여 뉘우치기를 바라고, 충직한 경계(警戒)를 말하여 장래를 삼가게 하니, 나라를 사랑하고 임금을 사랑하는 정성을 알 만하다'[32]고 비답 하였던 것처럼, 실로 이상진은 임금을 위하고 나라를 위하는 길이라고 생각하면, 무엇이든지 두려움 없이 모두 임금에게 아뢰었던 것이다.

(나)는, 효종 5년(1654) 1월 이후 한 달여에, 무려 16차에 걸쳐 태백성(太白星)이 낮에 나타나고, 달이 토성(土星)을 범(犯)하는 재이(災異)가 계속되자, 이상진이 하늘의 노여움을 풀어 재이를 멎게 하고자 올린, 효종의 반성을 촉구하는 상소문이다. 보는 바와 같이, 효종이 하늘의 노여움을 형식적으로만 두려워하고 진심으로 두려워하지 아니하며, 백성들의 원망을 말로만 두려워하고 진심으로 두려워하지 않음으로써,

29) 화성(火星)
30) 별자리 이름. 삼원(三垣)의 하나로 북두(北斗)의 남쪽에 있다.
31) 태미원의 남쪽 끝에 있는 두 개의 별. 좌집법(左執法)과 우집법(右執法) 사이.
32) 『효종실록』 3년 10월 24(임술)일

천심(天心)을 어기고, 민정(民情)을 거스르는 일이 많아서 재이를 불러들인 것이라고 혹독하게 비판하고 있다. 효종도 이상진의 우국충정(憂國忠情)을 공감하고 있기에, '말이 매우 적절하고 곧으니, 내가 가상히 여긴다.'고 비답(批答)하고 있다.[33]

(다)는, 숙종 15년(1689) 1월에 장소의(張昭儀) 소생의 왕자 윤(昀 : 경종)을 세자로, 장소의를 장희빈(張禧嬪)으로 봉한 뒤, 숙종비 인현(仁顯)왕후 민씨(閔氏)를 폐하려 하자, 전 사직(司直) 오두인(吳斗寅 : 1624~1689) 등 86인이 이를 저지하려는 상소를 올렸는데, 숙종이 노(怒)하여 오두인, 이세화(李世華 : 1630~1701), 박태보(朴泰輔 : 1654~1689) 등을 친히 국문(親鞫)하고, 비망기(備忘記)를 내려, '이후로 만일 다시 이 같은 소(疏)를 올리면, 곧바로 역률(逆律)로 다스릴 것임을 중외(中外)에 포고(布告)하라'고 승정원에 명한 직후에 이상진이 올린 상소문의 내용이다. 숙종이 친국(親鞫)하는 좌우에 재상(宰相)과 대간(臺諫)들이 있었지만, 숙종의 노여움이 두려워 입을 다문 채 말 한 마디를 못하였는데, 이상진은 역률로 처벌하겠다는 숙종의 지엄한 명령에도 흔들림 없이, 폐비(廢妃)의 부당함을 강력히 주장함으로써, 신하로서의 충성된 도리를 다하였던 것이고, 이로 말미암아 이상진은 76세의 나이에 먼 변경으로 귀양살이를 떠나야 하였다.[34]

이 일을 두고 사신(史臣)은, '삼가 살피건대 박태보 등은 간(諫)하다가 죽고, 중궁(中宮 : 閔妃)은 드디어 폐출되었는데, 그 뒤에 이 일을

---

33) 『효종실록』 5년 2월 10(신미)일.
34) 『만암유고』 권5, 74~77쪽, 4월 · 5월 기사 참조.

말한 사람으로서 이상진만이 그 말이 강경하고 곧았으므로, 마침내 유배를 당하였다[35]'고 기록함으로써, 이상진의 충정(忠情)을 기리고 있다.

이상진의 임금과 나라를 위한 충성심은 그가 지은 시(詩)에서도 자주 확인된다. 아래에 소개하는 시는, 숙종 12년(1686) 1월 25일에 진주부사(陳奏副使)로서 연경(燕京)으로 떠나는 최석정(崔錫鼎 : 1646~1715)을 떠나보내면서, 이상진이 지어 읊은 시의 마지막 부분이다.

> 흥망(興亡)의 사적(事蹟) 두루 보건대,
> 반드시 변통(變通)의 기회 있었네.
> 자강(自强)의 논리 상황에 맞게 바꾸어,
> 돌아와 우리 임금께 아뢰게나.[36]

이 때 이상진의 나이 73세였는데, 방년 41세의 젊은 최석정에게, 넓은 세상을 꿰뚫어 아는 견문(見聞)으로 돌아와서 숙종임금을 보필할 것을 당부하고 있는 것이다. 이처럼 자나 깨나 그는 오직 임금과 나라를 사랑하는 마음으로 일관하고 있었다.

다음 시는, 숙종 12년 10월에 홍문관으로부터 부당한 논박(論駁)을 받은 이상진이, 임금에게 올리는 상소를 남겨두고 한성을 떠나 한강을 건너 동작동(銅雀洞) 촌가(村家)에 머물 때 지은 것이다.

---

35) 『숙종실록』 15년 6월 2(정묘)일.

36) 『만암유고』 권1, 37쪽, 「送崔參判錫鼎赴燕」 歷觀興亡蹟, 須作運用機, 推演自强說, 歸來獻彤闈.

50년간의 내 몸 위한 계책 그르쳐,
고향 생각 나라 근심에 내 맘 애태우네.
귀향하는 기쁨에 관복을 벗었건만,
북녘하늘 바라보며 어찌 눈물로 옷깃 적시나.[37)]

위에서 보는 바와 같이 벼슬을 그만두고자 한성을 떠나면서도, 그는 나랏일이 걱정돼서 애를 태웠고, 궁중에 남아있을 임금님을 생각하며 눈물을 흘렸다. 그것은 한 순간도 잊을 수 없는 임금과 나라에 대한 애정과 충성심의 표출(表出)이었다.

다음 시는, 이상진이 숙종 15년(1689) 5월에 민비폐출(閔妃廢黜)에 반대하는 차(箚)를 올렸다가 북청(北青)으로 유배(流配)되었는데, 유배지가 다시 철원(鐵原)으로 바뀌면서, 북청을 출발하여 내려오던 중에 덕원(德源)을 지나다가 지은 것이다.

문천(文川) 지나고 또 덕원 지나는데,
선조들 남긴 업적 지금도 남아있네.
자손들 고맙게도 충(忠) · 효(孝) 서로 전하니,
북녘 귀양 남녘 이배(移配)도 다 성은(聖恩)일세.[38)]

위에서 보는 바와 같이, 이상진은 76세의 나이에 귀양을 떠나는 순간

37) 『만암유고』 권1, 27쪽, 「出江郊」 半百年來身計誤, 思鄉憂國兩薰心, 南歸方喜尋初服, 北望如何淚滿襟.

38) 위 책, 56쪽, 「過德源」 行過文川又德源, 先祖遺烈至今存, 孱孫忝厥傳忠孝, 北竄南遷亦聖恩.

에도 임금의 은혜를 노래하고 있다. 정령 그의 의식체계(意識體系)에는, 충군우국(忠君憂國)이라는 일념(一念)이 지상(至上)의 덕목(德目) 내지 지상명령(至上命令)으로 각인(刻印)되어 있었던 모양이다. 원래 말과 행동은 중심(中心)의 발현(發現)인지라, 이국방(李國芳)이, '이상진의 임금에게 충성하고 나라를 사랑하는 정성은 온 세상이 다 아는 사실'이라고[39] 숙종에게 아뢰고, 오도일(吳道一 : 1645~1703)이 숙종에게 올린 상소문에서, '이상진은 충성스럽고 정직 · 소박하며 솔직한 기풍이 늙어서도 변함이 없다'[40]고 아뢰던 말들은, 이상진의 언행(言行)을 통하여 그의 중심(中心)을 알아본 이들의 증언(證言)이었던 것이다.

4. 이상진의 정치사상

이상진의 정치사상은 그가 올린 여러 편의 소(疏)와 차(箚)에 잘 나타나 있는데, 이는 민본(民本)사상과 평등(平等)사상으로 대별하여 볼 수 있다.

1) 민본사상

이상진의 정치적 이상(理想)은 백성을 사랑(愛民)하고, 백성을 위(爲民)하는 민본(民本)정치였다. 이러한 그의 정치적 지향(志向)은 그가

---

39) 『숙종실록』 12년 10월 8(기미)일.
40) 위 책, 20년 8월 5(경자)일.

일생동안 임금에게 올렸던 많은 차자(箚子)와 상소문에 잘 나타나 있으며, 그가 외관(外官)으로서 지방민을 다스릴 때에 구체적으로 구현(具現)되고 있다. 다음은 이상진이 예문관 봉교(奉敎)로 있었던 인조 27년(1649)에 임금에게 올린 상소문에서, 내수사(內需司)의 폐해(弊害)와 궁가(宮家)의 작폐(作弊)에 대하여 아뢰고 있는 내용이다.

(가) 내수사(內需司)는 본래 임금의 재물을 숨기는 수단이 아니었는데, 이것을 환관(宦官)과 하인들에게 맡기니, 그들이 마음에 품은 생각을 제멋대로 행하고, 백성들의 생계(民生)를 침범하고 학대하여, 경외(京外)에서의 작폐가 끝이 없습니다. 다른 사람의 토지를 약탈하고 남의 노비를 빼앗아 관노(官奴)로 귀속시켜도, 관리들은 감히 이를 금하지 못하며, 이조(吏曹)를 경유하지 않고 공문(關文)을 외방(外方)에 보내어 요구(求請)하고, 기한 내에 이를 이행하지 못하면 저리(邸吏)를 난잡하게 채찍과 몽둥이로 구타합니다. 내수사는 갑자기 없앨 수는 없다고 할지라도, 그 폐단은 통렬하게 단절하여 백성들을 해치지 못하게 해야 합니다.[41]

(나) 궁가(宮家)의 노복들이 마을을 두루 돌아다니며 침학(侵虐)하므로, 백성들이 이들을 호랑이처럼 두려워하고, 3법사(法司)의 관리들마저도 그 범금(犯禁)자들을 감히 체포하지 못하며, 혹 체포하는 자가 있으면 떼를 지어 그 관리(禁吏)의 가산(家産)을 탕진하기도 하고, 궁가에서 금리(禁吏)를 잡아들여 고통을 가하고 매질하는 등 못할 짓이 없는 까닭에, 금리들은 차라리 본부(本府)의 형벌을 받을지언정 감히 궁가의 노복들에게 손을 대지 못합니다. 궁가들을 엄하게 경계하여 노복들로 하여금 백성들을 침학하는 일이 없도록 해야 합니다.[42]

---

41) 『만암유고』 권2, 13쪽, 「承批後辭遞疏」, 21~23쪽 참조.

위 (가)는 민생(民生)의 침범을 일삼는 내수사의 폐단을 단절하여, 백성들을 해치지 못하게 할 것을, (나)는 궁가의 노복들을 엄히 경계하여 백성들을 침학치 못하게 할 것을 요구한 내용이다.

내수사는 왕실의 재산과 노비를 관장하는 관청이며, 궁가는 임금의 자녀인 대군(大君)·군(君)·공주·옹주(翁主)의 집을 이르는 말이니, 내수사와 궁가의 단속을 임금에게 요청하는 일이란, 모두가 꺼리는 매우 조심스런 일이었지만, 백성을 위하는 이상진의 마음에는 두려워할 것이 없었던 것이다.

이상진이 경상도 관찰사로 있던 현종 7년 때의 일이다. 그의 판결은 물 흐르듯 하여 지체되는 일이 없었으며, 백성들에게 이로운 일을 일으키고(興利) 사회적 폐해를 제거하였다. 큰 기근(饑饉)을 당하여서는 많은 곡식을 모아서 여러 고을에 나누어 주어 진휼(賑恤)하게 하였으며, 비장(裨將)들을 각지에 보내어 수령(守令)들의 근만(勤慢)과 능부(能否)를 염찰하게 하였다. 때문에 수령들이 감히 태만할 수 없었던 결과, 유민(流民)들의 굶어죽은 시체가 없었으므로 영남 사람들이 이를 칭송하였다. 뿐만 아니라 임기가 끝난 뒤에도 진휼(賑恤)업무를 계속하다가 4개월이 지나서야 경상도 관찰사직에서 교체되었다.[43] 지방관직(外職)이 경시되던 사회에서, 임기가 끝난 뒤에도 돌아가지 않고 빈민구제를 지속하였던 한 가지 사실만으로도 그의 애민정신은 확인된다 할 수 있다.

---

42) 위와 같음.

43) 『만암유고』 권5, 29쪽, 36년 3월 기사 참조.

이상진이 현종 7년(1666) 2월에 충주로 낙향한 이후 만 5년여를 시골에 살면서, 매년 정부에서 번갈아 임명했던 대사헌·대사간·함경도감사직을 고사(固辭)하고 나아가지 아니하다가, 현종 12년(1671) 3월에 진휼이 시급하였던 수원부사(水原府使)에 부임하였던 일은, 그만이 가능하였던 분명한 또 하나의 애민적 결단이었다. 그 해 봄은 8도에 기근이 극심하였다. 1월에 조정에서 논의하기를, 이런 때를 당하여 이상진에게 목민(牧民)의 직임(守令職)을 부탁하면, 그의 의리상 나아오지 않을 수 없을 것이라 하고, 비변사에서 그를 천거하여 수원부사에 임명하였던 것인데, 5년이나 관직에서 떠나있던 이상진이, 과연 진휼에 구애(拘碍)되어 끝내 고사(固辭)하지 못하고 3월에 수원부사로 부임하였으니[44], 백성을 사랑하는 그 곳에 이상진의 정치적 이상이 있었던 것이다.

이상진이 수원부사로 부임하였을 때 온 고을 백성들이 모두 굶주리고 있었으므로, 그는 자기의 녹봉(祿俸)을 기부하여 구제하는 데 힘쓰는 한편, 농민들에게 달 수를 헤아려 식량을 지급하고, 호구(戶口)를 헤아려 환곡(還穀)을 나누어 주었으므로, 고을마다 길가에 굶주리는 사람과 길에 시체가 널려있었지만, 수원고을만은 우환을 면할 수 있었다. 이에 읍민(邑民)들 중에는 부사의 덕을 칭송하여, 생사당(生祠堂)을 건립하여 기려야 한다는 논의마저 있었다. 숙종 1년(1675) 2월에 이상진이 충청도 아산(牙山)의 농토를 빌려서 우거(寓居)하였는데, 수원사람 수백 명이 몰래 몰려와서 논밭을 갈아놓은 일이 있었으니[45],

44) 위 책, 35쪽, 44년 1월 기사 참조 (35~36쪽).

이상진이 평소에 행한 덕정(德政)의 위력(偉力)을 실감케 하는 대목이다.

이상진은, 민생이 곤궁해지는 것은 날로 심해지는 신역(身役)과 전요(田徭) 때문이라고 스스로 진단하고, 백성이 죽어 없으면 나라가 존립할 수 없는 것이라면서, 전요(田徭)와 신역(身役)의 징수를 일체 중지할 것을 요구하였다. 그러는가 하면 또 세정(世情)을 분석하여 백성들의 원망이 일어나는 원인은 '정부에서 재물을 수취(收取)하는 길이 너무 많아서, 중앙관청은 이를 감독하기에 바쁘고, 수령들은 저들의 비위를 맞추는 데 급급하여 지친 백성들의 울부짖는 원망은 슬퍼하지 아니하고 마구 채찍질하여 옥에 가두며, 정부는 이런 수령들을 유능한 관리라며 높이 올려 쓰고, 다소 어진 마음이 있어서 차마 호되게 재촉하지 못하여 기한을 어긴 수령들은 명예를 구한다는 이유로 처벌하는 까닭에, 권세와 재간이 있는 자는 능력을 발휘하고, 벼슬자리를 잃지나 않을까 걱정하는 비천한 무리들은 자신을 위한 계책을 강구하느라 백성들의 근심이나 고통을 돌보지 않는 때문'이라며[46], 민폐에 관계되는 일체를 변통(變通)하여 백성들을 안정시킬 것을 현종에게 주문(奏聞)하였다.

이상진은 또 군역(軍役)의 폐해를 정확히 인식하고서, '죽은 사람의 군포(軍布)를 징수하는 것은 성세(聖世)의 일이 아닙니다. 몸은 이미 죽었는데 신역(身役)은 아직 남아있는 일이 어떻게 있을 수 있습니까?

45) 『만암유고』 36쪽, 3월 기사 참조.
46) 위 책, 권2, 150쪽, 9월 13일 「所懷疏」 참조.

부자·형제와 친족들이 그의 죽음을 애도하고 있는데, 죽은 이의 군포를 대신 징수하는 일은 성군(聖君)으로서는 차마 할 수 없는 정치인데도, 수령(守令)들에 강명(剛明)한 자들이 적어 건실한 한정(閑丁)들이 모두 색리(色吏)들의 주머니 속으로 들어가므로, 정남(丁男)들을 충당할 수가 없어서 생기는 일입니다'하고[47] 과감히 아뢰고서, 죽은 이의 군포를 영원히 면제하고, 관청에 명하여 정남(丁男)이 사망하면 즉시 대정(代定)하게 하여 백골징포(白骨徵布)의 폐단을 없앨 것을 요구하였다.

이상진은 또 중앙관서의 공물주인(貢物主人)들이 빚을 내어 물건을 사서 나라에 바치고, 받아야할 물건 값을 받지 못한 상태에서, 채권자의 핍박은 날로 심해져서 관가(官家)에 소장을 올려 징벌할 것을 독촉함으로 말미암아, 공물주인들은 직업을 잃고 유랑(流浪)하는 거지들이 되어, 뼈에 사무친 원망을 품고 있다고 지적하면서, 여염(閭閻)의 필부(匹夫)도 빚을 내면 갚는데, 당당한 천승지국(千乘之國)에서 까닭 없이 재물을 취하고 백성을 해치는 일을 할 수 없는 것이라고, 정부의 비리를 고발하기도 하였다.[48]

이상진이 우의정에서 사직한 뒤인 숙종 8년(1682) 10월의 일이다. 이상진은 백성들의 원망과 고통을 심화(深化)하는 경차관(敬差官)의 허설화(虛說化) 실태(實態)에 대하여 숙종에게 다음과 같이 아뢰고 있다.

47) 위 책, 권3, 12쪽, 12월 11일 「所懷疏」 참조.
48) 『만암유고』 권4, 91쪽, 10월 4일 「所懷疏」 참조.

‘농황(農況)이 초실(稍實)한 고을에도 재상(災傷)이 우심(尤甚)한 지역이 있고, 재상이 우심한 고을에도 농황이 초실한 지역이 있는데, 일단 초실읍(稍實邑)으로 판정되면, 비록 재상이 우심한 지역이라도 전세(田稅)를 감면(減免)하여주는 일이 없으므로 백성들이 이를 원망하며, 한번 우심읍(尤甚邑)으로 판정되면, 비록 초실한 지역이라도 전세 수입을 늘리지 않으므로, 국가에 손실이 있습니다. 지차읍(之次邑)의 경우도 모두 그렇지 않은 것이 없습니다. 그런데도 경차관은 온 들판을 두루 답험(踏驗)하기가 어려워서, 대체로 수령(守令)들이 말하는 바에 의지하여 재실(災實)을 결정하는 일이 많았으며, 간혹 친소(親疎)와 강약(强弱)에 따라서 재이(災異)를 바꾸기도 합니다. 경차관은 처음에는 재상(災傷)을 심험(審驗)하기 위하여 설치한 관직이었는데, 선대(先代)의 좋은 법과 아름다운 뜻이 중간에 변하고 쇠하여, 지금은 다만 임용해준 관청의 책망만을 두려워할 뿐, 백성들의 고통은 생각지 않고 전세(田稅)를 늘리는 데에만 급급하여, 재결(災結)을 실결(實結)로 보고함으로써 백성들의 원망이 막심합니다.’[49]

위에서 보듯이 이상진은 경차관의 허설화와 재실답험(災實踏驗)상의 문제점들을 정확히 이해하고 있었고, 이러한 이해를 바탕으로 경차관제 운용상의 폐해를 금단(禁斷)하여 줄 것을 요청하고 있다.

뒤이어 그는 또, 백성이 있고 나라가 있는 것이며, 나라가 있은 이후에 군신(君臣)과 상하(上下)가 복록(福祿)을 누릴 수 있는 것이니, 윗사람의 재물을 덜어 아랫사람을 도와서 나라의 근본인 백성을 견고히 함으로써 나라를 안녕케 해야 한다면서, 임금도 절약하는 데 힘써서

49) 위와 같음.

상방(尙房)에서 쓰고 남는 것과, 내수사의 사용을 줄여서 그 남은 것을, 모두 공용(公用)으로 전환할 것을 분명하게 요구하고 있다.[50)]

이처럼 이상진은 온갖 사회적인 폐단을 직시(直視)하며, 그 개혁을 지속적으로 주장하였다. 그의 중심(中心)에는 백성이 국가의 존립기반(存立基盤)이란 민본(民本)사상이 확고한 신념으로 굳게 자리하고 있었던 것이다. 그가 수원부사를 지낸 직후에 그의 생사당(生祠堂)을 건립하자는 논의가 있었던 것이나, 의흥(義興)현감을 마친 뒤 읍면들이 그의 덕정을 기리는 덕정비(德政碑 : 去思碑)를 세웠던 사실들은, 한결같은 이상진의 백성들에 대한 변함없는 사랑에 감동한 읍민들의 감사하는 마음들이 한데 결집(結集)·표출(表出)된 것 이외의 다름이 아니었다.

2) 평등사상

이상진은 능력을 위주(爲主)로 하는 평등사회를 지향(志向)하던 평등 사상가였다. 이러한 그의 평등사상은 아래의 두 편의 상소문에 잘 나타나 있다. 다음은 이상진이 부호군(副護軍)으로 있을 때에, 효종에게 올린 소회소(所懷疏)의 일부 내용이다.

'사람의 재주와 품격(品格)이 각자 다르니, 각기 재주와 기량(器量)에 따라서 마땅히 구별하여 등용해야 하는데, 이조(吏曹)에서 관리 임용(任用)을 위해 후보자(候補者)를 천거(注擬)할 때, 다만 관안(官案)에 의지하여 그 근무년수를 계산하여 그 자격(資格)을 논하고, 그 사람의 재주가

50) 위와 같음.

있고 없음을 논하지 않고 세력의 경중(輕重)에 구애(拘碍)되어 등용하는 까닭에, 평범한 무리가 선현(先賢)의 반열(班列)에 오르고, 탁월한 재능이 있는 사람이 하위직에서 곤고(困苦)하게 되어서 인재가 쇠락(衰落)하는 것입니다.

더구나 고귀하고 권세가 있는 가문의 사람들이 으레 청요직(淸要職)을 점유하고, 한미(寒微)한 선비들이 모두 배척되고 서용(敍用)되지 않는데, 하늘이 인재를 내는 데에는 귀천을 구분하지 않습니다. 가령 그 사람이 재능이 없고 어질지 못하면, 비록 문지(門地)가 성대(盛大)하여도 나라를 다스리는데 무슨 도움이 되며, 그 사람이 재능이 있고 어질면, 비록 신분이 지극히 미천(微賤)하다 해도 나라에 어찌 손실이 되겠습니까? 생각건대 사람을 등용함에 있어 자격을 준수하면, 요행(僥倖)을 바라는 자들이 자급(資級)을 뛰어넘어 발탁되는 폐단이 없게 되고, 문벌(門閥)을 따지면 비천(卑賤)한 사람들이 명분(名分)의 분한(分限)을 지키게 되어 평시(平時)에는 좋으나, 지금과 같은 어려운 때에는 상규(常規)에 따르는 관리 선용(選用)으로써는 사회적 어려움을 구제할 수가 없습니다. 조종(祖宗)의 법을 갑자기 바꿀 수는 없지만, 사정에 맞게 약간의 변화를 주어 인재를 구하여야 나라를 다스릴 수 있습니다.'[51]

앞에서 본 바와 같이, 이상진은 능력보다 문지(門地)를 중심으로 관리를 임용하던 관리임용제도의 모순을 비판하고, 능력을 위주로 하는 평등한 관리임용제도로의 변화를 촉구하였다.

그리고 그는 나아가 새로운 관리 임용책으로써, ① 관리로서 기이(奇異)한 재능이 없이 오랫동안 관직에 있어 공로를 쌓은 자는 자격(資格)의 상규(常規)로써 대우하고, ② 특이한 재능이 있어서 능히 중임(重任)

51) 『만암유고』 권2, 53쪽, 11월 9일 「陳所懷疏」 참조.

을 담당할 만한 자면, 그 자격(資格)을 따지지도 재직(在職) 연월을 계산하지도 말고, 등급을 뛰어넘어 그의 재능을 헤아려서 발탁·임용하며, ③ 그 직위가 낮더라도 재능이 출중(出衆)하면 신분(身分)을 구별하지 말고 임용하여 그 직임을 담당케 할 것을 대안(代案)으로 제시하였다.[52]

이상진은 또 다음과 같은 천거(薦擧)제도의 새로운 활용방안을 제시하기도 하였다. 요컨대, 3공(公) 이하 3품 이상의 관리들에게 아는 사람을 천거케 하되 문(文)·무(武)·음(蔭)이나 관직의 있고 없음과, 문벌(門閥)의 고하(高下)와 귀천(貴賤)을 따지지 않고, 재능과 실력을 명확하게 진술하여 임금에게 아뢰어 임용케 하며, 그 가운데 사정(私情)에 이끌리어 잘못 천거한 자는 무거운 형벌로 다스리고, 재능이 직임에 맞고 공적이 드러난 자는 그를 천거한 사람(擧主)과 함께 상을 주고, 그가 범죄한 경우에도 천거한 사람을 함께 벌하면, 인재를 구하는 길이 넓어지고 사람을 등용하는 데 막힘이 없어, 조정에 인재가 끊어지지 않게 될 것이라는 것이었다.[53]

그는 이에 그치지 않고 인재를 널리 구하기 위한 수단으로써 별천(別薦)의 방법을 변통책(變通策)으로 제시하기도 하였는데, 그 내용인 즉, 중앙과 지방의 대소관원(大小官員)들로 하여금 인재를 별천케 하되, 문관·무관과 이미 벼슬한 자와 아니한 자를 막론하고, 문벌에 구애받지 않고 인원에 제한이 없이, 자기가 일찍이 깊이 알고 있는 학식과 재능을

52) 『만암유고』 권2, 53쪽, 11월 9일 「陳所懷疏」 참조.
53) 위와 같음.

겸비한 인물을 천거케 하며, 거주(擧主)의 법을 엄하게 하여 사심(私心)을 부리는 폐단을 막음으로써, 우수한 인재를 발탁·임용하여 그 재능을 다하게 해야 한다는 것이었다.[54]

앞에서 살펴본 바와 같이, 이상진은 인재등용의 문제를 언급할 때마다, 으레 문지(門地)의 고하(高下)나 신분의 귀천(貴賤)에 관계없이, 오직 그 사람의 재능과 능력을 위주로 인재를 등용해야 한다고 주장하였음을 보았다. 여기서 우리는 이상진의 사상이 비록 신분제의 부정(否定)이나 신분제의 타파를 주장하는 데에까지는 이르지 못했다 하더라도, 법 앞에 평등한 능력주의 사회를 지향(志向)하던 평등사상이었음을 확인할 수 있었다.

5. 이상진과 붕당(朋黨)정치

1) 이상진의 초기 붕당관(朋黨觀)

이상진이, 그 시기의 정치·사회에 지대한 영향력을 행사하고 있던 붕당에 대하여, 어떤 인식(認識)을 가지고 있었던가를 알아보는 데에는, 인조 27년(1649) 그가 36세의 젊은 나이로 예문관 봉교(奉教)로 재직할 때에, 인조에게 올렸던 아래의 상소문이 참고 된다.

> 전하께서 붕당을 싫어하는 것은 진실로 옳은 일이지만, 그 시비를 분별하지 않고 그 현사(賢邪)를 살피지 않은 채, 오직 붕당을 없애는 데에만

54) 『만암유고』 권3, 12쪽, 11월 11일 「陳所懷疏」 참조.

힘을 쓰면, 소인(小人)이 때를 타서 엿보고 헤아리다가 현인(賢人)을 당인(黨人)이라 지목하여 일망타진할 계책을 실현할까 염려됩니다. 먼저 붕당을 싫어하는 마음을 버리시고, 그 사람이 과연 현인(賢人)이면 그가 누구의 당인(黨人)인가를 묻지 않고 임용하여 의심하지 말아야 합니다. 이 사람을 돕고 저 사람을 억제하지도, 또 이 사람을 억제하고 저 사람을 도울 필요도 없습니다. 오직 현사(賢邪)와 시비(是非)만을 살피고, 사심(私心)이 없이 공평하여 한 쪽에 치우치는 일이 없어야, 군자(君子)들이 날로 나아오고 바른 말을 매일 들을 수 있어서, 혹 그중에 당인을 비호하거나 교묘하게 헐뜯는 간사한 무리가 있어도, 자신들의 사욕(私慾)을 성취할 수가 없을 것입니다.[55)]

앞에서 보는 바와 같이 이상진은, 붕당을 싫어할 것이 아니고 먼저 그 인물의 현사(賢邪)와 시비(是非)를 분별하여, 한 편에 치우침이 없이 공평하게 대하여 줄 것을 인조에게 요구하고 있다. 이로 미루어볼 때, 젊은 시절 이상진의 붕당에 대한 인식은, 붕당을 타도해야 할 대상으로 여기지는 않았으며, 어차피 인간의 정치집단이 있는 곳에는 붕당이란 없을 수 없는 것이고, 붕당에는 군자와 소인이 혼재(混在)하는 것쯤으로 인식하였던 것 같다. 그리하여 임금과 나라를 위하여 옳은 말을 서슴지 않는 충성스런 신하와, 현사(賢邪)와 시비(是非)를 분별하여 공평성을 확고히 유지할 현명한 임금만 있으면, 붕당정치란 별로 문제가 되지 않을 것으로 이해하였던 것으로 생각된다. 이상진이 다른 사람들이 꺼리고 피하는 말들을 항상 주저 없이 임금에게 아뢴 것도, 충직한

55) 『만암유고』 권2, 13쪽, 「承批後辭遞疏」 참조.

신하가 감당해야할 소임이라고 확신한 때문이었던 듯하다.

이 시기 붕당(朋黨)들은, 태생적(胎生的)으로 학연(學緣) · 지연(地緣) · 가문(家門) 등과 일정한 관계를 가지고 있어서, 자신의 분명한 선택이나 입당(入黨)의 선언(宣言), 혹은 명시적(明示的) 절차가 없이 그 소속이 형성 · 인정되는 인간관계였고, 당색(黨色)의 대부분은 자의(自意)보다는 타의(他意)에 의하여 결정되어지는 경향마저 없지 않았던 것으로 알고 있다.

당색(黨色)이란 것이 이처럼 학연 · 지연 · 가문에 따라 결정되어지는 필연적 · 운명적 측면이 있는 것이라면, 이상진의 말처럼 인물을 등용하는 데 있어 당색은 무시하고 인물의 현사(賢邪)만을 보며, 정책 대결에서 당색은 무시하고 그 시비만을 가려서 채택하면 되는 것이었다.

이상진의 경우, 그가 출생하면서 서인(西人)이 많이 모여 있는(淵藪) 호남(湖南)이라는 인문적·지리적 환경으로 말미암아, 자연스럽게 서인에 속하였던 것으로 보인다. 그러나 그가 관직에 나아간 이래로 항상 당색을 초월한 정치적 행보(行步)를 보였다. 그는 어느 정권하에서도 인물의 현사(賢邪)와 정책의 시비만을 생각하고, 당색 같은 것은 생각하지 않은 채, 치우침이 없는 과감한 정론(政論)을 폈다. 그는 어느 붕당이 집권하고 있는가하는 것도, 자신이 비난하거나 혹은 변호하는 인물의 당색도 도외시하고, 오직 인물의 현사(賢邪)와 정론의 시비만을 중시하였다.

이러한 이상진에게도 당쟁으로 인한 시련들이 가혹하게 다가왔다. 현종 6년(1665)에 들어서면서 그가 받아야만 하였던 많은 도전과 견제가 그것이다.

현종 6년 1월의 일이다. 이조참판이었던 이상진이 김소(金素)를 승지의 망단(望單)에 올렸는데, 이조좌랑 홍만용(洪萬容 : 1631~1692)이 김소를 망단에서 삭제코자 하다가 붓을 던지고 일어섰으므로, 이상진이 이를 현종에게 아뢰고 홍만용을 추고(推考)할 것을 청하였는데, 이때 이조판서 김수항(金壽恒 : 1629~1689)이 홍만용을 여러 방법으로 구원(救援)하는 상황에 봉착하였다.[56] 그 해 9월 25일의 일이다. 대사간 이상진이 차자(箚子)를 올려 아뢰되, 약방제조(藥房提調)와 의관(醫官)으로서 임금의 거둥에 수행한 사람들은, 침놓고 약으로써 치료한 공이 설사 없다고 하여도, 전례를 적용하여 상을 줄 수 있지만, 도성(都城)에 남아서 지킨 자들과, 임금을 수행한 대소(大小) 관원들에게 상을 내려서는 안 된다면서, 지나친 시상(施賞)을 거둘 것을 청하였다.[57] 그러자 집의 김만기(金萬基 : 1633~1687)·사간 이유(李柚)가 이상진으로부터 공척(攻斥)을 받았다는 핑계를 대고 관직에서 물러났고, 응교 이민서(李敏叙) 등은 이상진을 체직(遞職)하고 이유(李柚) 등을 관직에 나오게 하기를 청하였는데, 현종도 이에 따랐다.

현종 7년 1월의 일이다. 전에 이상진이 올린 소(疏)에서 '옥당(玉堂) 사람들이 갑자기 앞장서서 한 마디 말을 주창하여, 자기들 마음대로 처리한다.'는 옥당을 비판한 말이 있었는데, 부교리 남이성(南二星 : 1625~1683)·부제학 조복양(趙復陽 : 1609~1671) 등이, 이는 조정의 체

---

56) 『만암유고』 권5, 31쪽, 38년 1월 기사 참조.
57) 『현종실록』 6년 9월 25(무신)일.

면에 관계되는 일이라고 주장하면서, 이상진의 대사헌직을 체차(遞差)할 것을 청하였다.[58]

이와 같이 현종 6년 초부터 시작된 당인(黨人)들의 노골적인 배척과 견제가, 다음 해인 현종 7년까지 지속되면서, 이상진은 붕쟁(朋爭)에 이미 환멸(幻滅)을 느꼈던 것으로 생각된다. 왜냐하면 현종 7년 2월에, 이상진은 관계(官界)에서 물러날 결심을 하고 두 번이나 사직을 청하였다가 허락되지 않자, 온천욕(溫泉浴)을 청하여 낙향한 뒤로 충주(忠州)에 3년 동안 우거(寓居)하다가, 현종 10년(1669) 3월에 전주(全州)로 이거(移居)하여 살면서, 현종 12년 2월까지 무려 5년 동안이나 관직에 나아가지 않았기 때문이다.[59]

더구나 만암유고(晩庵遺稿)의 연보(年譜)의 찬자(撰者)는, 이상진이 현종 7년 2월에 관직을 그만둘 결심을 이미 하고 있었다고 밝히고 있고[60], 현종 8년 6월에 이상진이 함경도 관찰사에 임명되어 부임하지 않았을 때, 우의정 정치화(鄭致和 : 1609~1677)가 현종에게 아뢰기를, '이상진이 원래 은거(隱居)하는 선비가 아닌데, 한 때 명관(名官)들로부터 욕스러운 일을 당한 까닭으로 물러나서 나오지 않는 것입니다.'라고 한 것이며[61], 현종 7년 1월에 조복양·남이성 등이 이상진을 체차할 것을 요청하였던 일에 대하여, 연보의 찬자는, '이 사태가 사실은 시론(時論)이 다른 데에 말미암은 것이라서, 여론이 이를 애석히 여기었다.'

58)『현종실록』 7년 1월 19(경자)일.

59)『만암유고』 권5, 33~35쪽 참조.

60)『만암유고』 33쪽, 2월 기사. 「時, 先生已決退歸之計 再疏辭職 不許 又乞浴溫」.

61)『만암유고』 34쪽, 40년 6월 기사 참조.

고[62] 기록하고 있는 것으로 미루어, 이상진이 현종 6년 이후의 파당적(派黨的) 정치 행태(行態)에 이미 염증을 느꼈던 것이라고 판단된다.

5년 여에 걸친 사실상의 칩거(蟄居)생활을 마치고 관직에 복귀한 것은 현종 12년(1671) 봄의 일이었다. 그 해 봄은 전국적으로 기근(饑饉)이 극심하였는데, 조정에서 논의하기를, 이런 때를 당하여 만일 이상진에게 목민관(牧民官)의 직임을 맡기면, 도리 상 나아오지 않을 수 없을 것이라 하고, 비변사에 그를 천거하여 수원부사에 임명하였던 것이다. 이때도 물론 이상진이 사직을 청하는 글을 올렸지만 체직되지 아니하였는데, 결국 진휼(賑恤)이 지체될 수 없는 일이라는 생각에 구애(拘碍)되어, 그는 결심을 접고 수원부사에 부임하였던 것이었다.[63]

이후로 대사헌 · 이조판서를 역임하고 현종 15년(1674)에 의정부 좌참찬에 이르렀는데, 그해 8월에 현종이 승하(昇遐)하고 숙종이 즉위하게 되었다. 숙종이 교화(敎化)를 펴는 집정초기는, 예론(禮論)에서 승리한 남인(南人)들이 정권을 장악한 시기였는데, 서인(西人)인 이상진이 병조판서 겸 판의금부사에 임명되어 서인과 남인들의 붕쟁(朋爭)의 중심에 섰다. 이상진은 나이 어린 임금이 정사(政事)를 보게 된 것을 국가의 일대 불행으로 인식하고 있었으며[64], 현종 대에 이미 확정한 전례(典禮-服制문제)를, 추론(追論)을 허락함으로써 큰 소란스런 단서를 열어 놓은 숙종의 우유부단함과, 이런 때를 틈타서 원한을 풀고자

---

62) 『만암유고』 33쪽, 39년 1월 기사 참조.
63) 『만암유고』 36쪽, 44년 1월 기사 참조.
64) 『만암유고』 권3, 143쪽, 「辭兵判兼陳所懷疏」, 144쪽, 「幼主當宁 自是國家之大不幸.....」

「오례(誤禮)」를 핑계대어 장차 선한 사람(善類)들을 해하려고 하는 세태(世態)를 보면서[65], 누차 자신의 사직을 청하였으나 허락되지 않았으므로, 하는 수 없이 숙종을 도와 숙종초년의 정치적 혼란을 수습해야만 하였다.

2) 이상진의 정치적 균형감각

이상진은 어느 한 쪽에 치우치지 아니하는 불편불의(不偏不倚)한 공정한 정치도의를 지닌 인물이었다. 우리는 다음 기사를 주목할 필요가 있다.

> (가) 이상진이 한평생 사람을 사귀고 일을 처리하며, 말하고 글을 지을 때, 오직 그 사람의 현부(賢否)와 시비(是非)를 보았을 뿐, 일찍이 당론(黨論)에 얽매이지 아니하였고, 또 반드시 자기의 생각을 굳게 지켰으며, 다른 사람의 의견에 적당히 따르는 것을 즐겨하지 아니하였다.[66]
>
> (나) 또 송시열이 관청에 나아가서 한 말과 논의가 인정(人情)에 맞지 않는 것이 많고, 그의 문하에 드나들며 그의 풍모(風貌)에 기대는 이들이, 그의 존귀함에 의지하여 일을 그르치는 폐단이 없지 않은 까닭에, 이상진이 일찍이 송시열의 뜻에 따르지 않고 그 주장을 단호하게 거절하였으므로, 송시열의 미움을 산 것이 오래다.[67]

위 (가)·(나)는『만암유고(晩庵遺稿)』제5권, 연보(年譜)의 숙종 1

65) 위 책, 144쪽 및『만암유고』권5, 39쪽, 9월 기사 참조.
66)『만암유고』권5, 41쪽 참조.
67) 위와 같음.

년 기사(記事)다. 연보의 찬자(撰者)에 의하면, 이상진은 모든 사람을 당론에 얽매이지 않고 오직 현부와 시비만을 보았으며(가), 같은 당인(黨人)인 송시열의 정치적 행보(行步)에도 시비를 가려서 행동할 뿐, 모든 행보를 무비판적으로 같이하지는 않았다(나). 이상진의 이러한 정치적 신념은 그 이후에도 변함이 없었다.

숙종 1년(1660)의 일이다. 장령 남천한(南天漢 : 1607~?) · 정언 이수경(李壽慶 : 1627~1680)이 임금에게 아뢰기를, '효종(孝宗)은 인조(仁祖)의 둘째 적출(嫡出)로서, 왕위에 있은 지가 10년이나 되는 적통(嫡統)인데, 송시열이 효종의 호칭을 격(格)을 낮추어(貶稱) 「체이부정(體而不正)[68]」으로 단정하였으니, 송시열을 극변(極邊)으로 귀양 보내야 합니다.' 하였다.[69] 이 때 송시열과 정치적 행보를 달리 하였던 이상진은, '효종이 나라의 치욕(恥辱)을 씻고자 하여 택한 충의로운 선비가 송시열입니다. (둘 사이에) 그 감응(感應)하는 것이 바람과 호랑이(風虎)요, 고기와 물(魚水)의 관계와 같을 뿐만이 아니었는데, 송시열이 효종을 깎아 내렸다(貶損)는 말은 천리(天理)와 인정(人情)에 전혀 그럴듯하지 않습니다.' 하고 송시열을 변호하였다.[70]

이때 사신(史臣)은, 조정의 신하들 중에 송시열을 변명한 것으로는, 이상진이 올린 차자(箚子)만한 것이 없다[71]고 하였는데, 이는 송시열

68) 大統(왕위)을 이었으나 長子가 아니고 衆庶子라는 뜻이다.
69) 『숙종실록』 1년 1월 2(신유)일.
70) 위 책, 1월 5(갑자)일.
71) 위와 같음.

을 따르던 사람들보다 송시열과 다른 행보를 하였던 이상진이 더 적극적으로 송시열을 변호하였다는 말이다. 이것이 바로 이상진의 진면목(眞面目)이랄 수 있다. 『만암유고』에 의하면, 이상진은 숙종 1년에 올린 앞의 차자보다 앞서, 숙종 즉위년 10월에도 송시열을 변호하는 소(疏)를 올렸었는데, 그 주장은 대략 다음과 같다.

> 선조(先朝)에서 이미 전례(典禮 : 服制문제)를 확정하여, 지금껏 재론함이 없이 다만 수상(首相)만을 벌하는 데에 그치고, 다른 사람들의 죄를 묻지 않은 것은 실로 선조(先朝)의 법집행이 관대한 것이었습니다. 그런데 이제 다시 추론(追論)한다면, 이는 아래로는 동료들 간의 화협(和協)하는 뜻에도 어긋나고, 위로는 선조(先祖)의 뜻을 이어가는 도리에도 어긋나니, 이미 의리를 손상한 것입니다. 더구나 기해년(1659)의 복제(服制)는, 사실은 원상(院相)[72]이 국전(國典)을 준용(遵用)한 것이요, 송시열이 비록 논의에 참여하였으나 원래 독단(獨斷)한 것이 아니며, 경자년(1660)의 의견수렴 때에야 비로소 「고례(古禮)」를 모두 인용하여 고증(考證)하였을 뿐이고, 금년 봄의 복제(服制)는 송시열이 알 바 아닙니다. 이로써 말한다면 결단코 그가 일을 그르친 우두머리일 수가 없습니다. 비록 천한 사람들도 억울한 사정을 하소연할 기회를 기다려서 죄를 결정하는데, 두 왕조에서 예우한 재상을 어떻게 죄명(罪名)을 강제로 덧씌울 수 있는 것입니까? 비록 난신적자(亂臣賊子)라도 반드시 임금에게 원망하는 바가 있어야 감히 무도(無道)한 마음을 품는 것이거늘, 일찍이 송시열 같은 현인(賢人)으로서 효종으로부터 지우(知遇)를 입음이 얼마이고, 은총을 입음이 얼마인데, 감히 털끝만큼이라도 헐뜯고 비난할 생각이 있겠습니까? 「폄손(貶損)」두 글자는 송시열이 지극히 원통해할 일입니다.[73]

72) 임금이 죽은 뒤 어린 임금을 보좌하며 政務를 맡아 다스리던 임시 관직.

앞에서 본 바와 같이, 이상진이 너무도 진심어린 간절한 말로 송시열을 구원(救援)하고 있다. 사실 송시열과의 관계는 소원(疏遠)하였지만 오직 시비(是非)만으로 그를 두호(斗護)하였던 것이다. 이상진은 그 뒤에도, 효종과 송시열의 복수대의(復讎大義)를 함께한 관계를 감격적으로 변호하면서, 시열을 귀양지로부터 석방할 것을 청하기도 하였다.[74]

이러한 이상진의 초당적(超黨的) 행보(行步)는 이후에도 계속된다. 숙종 6년(1680) 5월의 일이다. 이환(李煥)이 익명서(匿名書)를 내걸던 날에, 이환이 윤휴(尹鑴 : 1617~1680)의 집에서 자면서 함께 비밀히 의논하였고, 그 이튿날 윤휴가 차자(箚子)를 올려 흉서(凶書) 중에 이름이 들어 있는 사람들을 국문하고자 청한 일이 있었다.[75] 이에 숙종이 대신들의 입시(入侍)를 명하여 윤휴를 논죄(論罪)할 일에 대하여 물었는데, 대신이하 모든 신하들이 모두 윤휴를 극률(極律)로 다스리자고 하였다. 이 때 이상진은, 그의 죄를 논한다면 진실로 죽어 마땅하지만, 명색이 유현(儒賢)으로 예우를 받았고, 또 인후(仁厚)한 조선왕조에서 일찍이 사대부를 가볍게 죽이지 않았으니, 죽음을 용서하는 것도 한 가지 방법이라는 의견을 제시하였는데[76], 숙종도 이상진의 말을 옳게 여겨 사형을 감하여 귀양을 보냈다. 숙종 6년 5월은, 4월에 있었던 경신대출척(庚申大黜陟)으로, 서인이 남인을 타도하고 정권을 탈환한

73) 『만암유고』 권3, 143쪽, 「辭兵判兼陳所懷疏」, 144~146쪽 참조.
74) 『숙종실록』 1년 1월 15(갑술)일, 및 『만암유고』 권5, 40쪽 참조.
75) 『숙종실록』 6년 5월 13(신축)일.
76) 『만암유고』 권5, 44쪽, 53년 5월 기사 참조.

서인 집권기였다. 이러한 시기에 송시열과 정치적으로 첨예하게 대립하였던 남인 윤휴를 이상진이 감싸 안았던 것이다. 정말로 소신이 있고 용감한, 그리고 양심적인 지성인의 행동이었다.

숙종 12년(1686)의 일이다. 홍우원(洪宇遠 : 1605~1687)이 상소문에서, 『주역(周易)』의 가인괘(家人卦)를 인용하였다가, 이것이 자성(慈聖)을 핍박하는 말이라고 조신(朝臣)들의 공격을 받고 있었고, 민희(閔熙 : 1614~1687) 또한 '복선군(福善君)이 있다'는 말을 하였다가 조신들의 공격을 받고 있었다. 이때도 이상진은, 홍우원이 『주역』의 곤괘(坤卦)를 인용하지 않고 가인괘(家人卦)를 인용하였으니 자성(慈聖)을 핍박한 것이 아니며, 민희가 말한 '복선군이 있다'는 말은, 허적(許積 : 1618~1680)·허견(許堅) 부자가 죽은 뒤에 말한 것이고, 증거 또한 없으니 죄가 분명치 않다면서, 저들의 죄를 가볍게 처리할 것을 숙종에게 아뢰었다.[77] 홍우원과 민희(黯의 동생)는 모두 남인들이었으니, 결국 이상진은 서인집권기에 남인을 구원하였던 것이다.

이로 인하여 이상진은, 부응교 조상우(趙相愚 : 1640~1718) · 부수찬 김만길(金萬吉 : 1645~?)로부터, 붕당에 치우쳐서 죄인들을 비호(庇護)한다는 공격을 받았고[78], 이이명(李頤命 : 1658~1722)으로부터도, 민희 · 홍우원을 놓아주어야 한다고 임금에게 아뢴 이상진을, 연노(年老)하다는 이유로 용서할 수 없다고 논척(論斥)을 받았다.[79]

---

77) 『숙종실록』 12년 9월 21(임인)일.
78) 위 책, 12년 9월 24(을사)일.
79) 『숙종실록』 12년 9월 27(무신)일.

생각해 보면, 조신들의 집중 공격을 받고 있는 홍우원·민희를, 죄가 분명하지 않으니 가볍게 처리해야 한다고 주장한 것은 매우 용기 있는 주장이었다. 이러한 용기 있는 주장에 대한 본정(本情)은 헤아리지 않고, 이상진을 역신(逆臣)을 옹호하는 사람으로 비방(誹謗)하는 옥당(玉堂)과, 이이명의 모골(毛骨)이 송연(悚然)한 무차별적인 공격에, 이상진은 분명히 붕쟁(朋爭)에 염증을 느꼈을 것이다. 그렇기에 이 때 이상진이 소(疏)를 올리고 성 밖으로 나갔던 것이고, 이후로 다시는 조정에 발을 들여놓지 않았던 것이다.[80)]

이 무렵 이상진이 관직을 그만두려 했던 분명한 사실은, 그 보다 10여 년 전에 이상진이 윤증(尹拯 : 1629~1714)에게 지어주었던 시(詩)에도 잘 나타나 있다.

용계(龍溪)가 특별히 기이하니,
능히 노(魯)나라의 기(沂)에 견줄 만하네.
문득 벼슬길 접고 도(道)를 논하던 자리 생각하며,
한가로이 자연과 풍류 즐김 보겠네.[81)]

이는 이상진이 관직을 떠나고 싶은 자신의 심경(心境)을, 그 때 마침 홍주(洪州)의 용계(龍溪)에 우거(寓居)하고 있던 윤증의 삶에 빗대어 노래한 것이다. 『논어』 권11, 선진(先進)편을 보면, 공자(孔子)의 제자 점(點)이 공자의 물음에 대하여, 기(沂 : 魯城 남쪽에 있던 강)에서

---

80) 『만암유고』 권5, 54쪽, 10월 기사 이후 참조.
81) 위 책, 권1, 21쪽, 「贈明齋」 龍溪特地奇 堪比魯之沂 却想春風座 悠然見詠歸.

목욕하고 무우(舞雩)에서 바람 쐬고, 시를 읊으며 돌아가겠다고 대답하자, 공자도 나도 점(點)과 함께하고 싶다고 말한 대목이 있다. 결국 이 시는 이상진이 공자의 말을 빌어서, 한평생 관직에 나아가지 않은 채 유유자적(悠悠自適)하는 윤증의 삶에, 공감(共感)을 표현하고 있는 것이었다.

3) 붕당(朋黨)의 폐해 인식

이상진이 붕당의 폐해를 인식하기 시작한 것은 숙종 12년(1686) 무렵의 일로 생각된다. 그것은 이상진이, '나라를 망칠 일이 바로 동서분당(東西分黨)으로서, 그 유폐(流弊)가 오늘날에 이르러 극도에 달하여서, 색목(色目)에 구애(拘礙)되어 한쪽 사람들(一邊人)을 완전히 배격하므로, 인재(人材)의 부고(府庫)로 일컬어지던 영남(嶺南)이 경신년(1680) 이후로 한 사람도 채용되지 않고 있다.'[82]고 이해하고 있는 데서 확인된다. 여기서 「경신년」은 경신대출척(庚申大黜陟)을 지칭한 것이니, 서인 김석주(金錫胄 : 1634~1684)·김익훈(金益勳 : 1619~1689) 등이, 남인 영의정 허적(許積 : 1610~1680)의 서자 허견(許堅)이 종실(宗室)인 복창군(福昌君)·복선군(福善君)·복평군(福平君) 3형제와 함께 역모(逆謀)한다고 고발하여, 옥사가 일어나서 3복(福)과 허견·허적·윤휴(尹鑴 : 1617~1680) 등이 살해되고, 서인이 정권을 탈환하였던 해를 가리킨다. 사실 이때 이후로 서인의 일당전제정치가 행하여졌던 것이다.

말하자면, 붕당을 타파(打破)해야 할 부정적 존재로 인식하지 않았던

82) 『숙종실록』 12년 9월 21(임인)일.

이상진의 젊은 시절의 붕당관(朋黨觀)이, 숙종 6년의 경신대출척과, 남인 숙청을 둘러싸고 서인들이 노론(老論)과 소론(少論)으로 자기분열(自己分裂)을 하던 숙종 9년의 노소분당(老少分黨)을 경험하면서, 질적(質的)인 변화를 겪게 된 것이다. 이상진에게 있어 경신대출척과 노소분열의 충격은 사상적 전환을 가져다주기에 충분한 큰 사건이었다.

이상진이 이 무렵에 가지게 된 붕당싸움에 대한 부정적 시각은, 그가 지은 시(詩)에도 나타나기 시작한다. 다음의 시는 그가 스스로 지음(知音)이라 하였던 그의 가장 절친하였던 친구 장선충(張善沖 : 1619~1693)에게, 숙종 12년에 지어 보낸 것이다.

> 쌓인 눈 외로운 손(客) 괴롭히는데,
> 어디고 사활(死活)을 알릴 사람 없네.
> 이 괴로움 누굴 찾아 얘기할까,
> 그대는 아직 때가 아님을 알겠지.[83)]

위에서 우리는, 세상이 온통 당파로 나뉘어 싸우고, 정의와 공의(公義)가 소멸한 세상이 되어서, 그 어디고 진심을 말하고 정을 줄 곳이 없는 각박한 세상이 되어버린 데서 받는 작가의 환멸을, 느낄 수 있을 것으로 생각한다. 또 같은 해에 이상진이 남구만(南九萬 : 1629~1711)에게 지어 보낸 다음과 같은 시(詩)가 있다.

---

83) 『만암유고』 권1, 38쪽, 「寄張叔涵」. 積雪愁孤客 無人間死生 鬱鬱從誰話 知君不世情.

한 줄기 강물이 위아래로 흐르니,
두 강둑이 동서로 마주하네.
무슨 이유로 거룻배 끊기니,
이 길 소통(疏通)을 기약하기 어렵네.[84]

위의 시(詩)는, 위정자(爲政者)들이 모두 붕당으로 나뉘어 무한이 대립할 뿐, 소통이 없는 안타까운 정치현실을 비기어 읊은 것임이 분명하다. 어질고 사악함(賢邪)과 옳고 그름(是非)만을 분별하여 선택하면 될 뿐, 붕당이란 크게 괘념(掛念)할 것이 못된다고 인식하였던, 이상진의 젊은 시절의 붕당에 대한 인식에 큰 변화가 감지(感知)되는 대목이다.

이후 이상진은 정치적 균형 감각을 가지고 중립적 태도를 굳게 유지하면서, 붕당(朋黨)의 보합(保合)에 주력하였으며, 세상의 편견(偏見)에 단호하게 맞섰다. 다음은, 윤선거(尹宣擧 : 1610~1669)·윤증(尹拯 : 1629~1714) 부자에 대한 세상의 비난에, 이상진이 자신의 공의(公義)로운 견해를 공고히 유지하면서, 숙종에게 아뢰었던 내용의 개략이다.

(가) 윤증이 스승을 배반했다는 주장이 대노(大老 : 송시열)와 관계되는 까닭에, 사람들이 모두 말하기를 어려워하나, 그 대략을 말하면, 윤증의 아버지 윤선거가 갑자기 중상모략을 당하고, 여러 장소에서 회복할 여지가 없는 치욕(恥辱)을 당하였으니, 윤증의 가슴 아픈 심정으로 어떻게 이를 참고 사제(師弟)의 도리를 다하겠습니까? 그 존귀함은 아버지와 스승이 비록 같지만, 그 정(情)은 마땅히 아버지를 먼저하고 스승을 뒤로할

84) 『만암유고』 권1, 39쪽, 「東南相」, 一江流上下 兩岸對西東 底事扁舟阻 難期此路通.

것이니, 이로써 말한다면 윤증이 스승을 배반했다고 할 수 없습니다.[85)]

(나) 윤선거의 강도(江都)의 일에 대하여서는 무함(誣陷)과 비방(誹謗)이 거듭 일어납니다. 설사 그 모두가 사실이라고 하더라도, 이것은 그가 학문을 하기 이전의 일이며, 이후에 이룩한 바가 뛰어나서 오래도록 사림(士林)들의 추앙(推仰)을 받았으니 그의 어짊을 알 수 있는데, 나양좌(羅良佐 : 1638~1710)가 소를 올려 스승(윤선거)을 위해 변명하다가, 대노(大老)를 배척한 까닭에 조정에서 그를 귀양 보냈습니다. 그런데 한성보(韓聖輔)가 소를 올려 윤선거를 비방하고 모욕하기를 난잡하게 하였으니, 똑같이 현사(賢士)를 모욕하였는데도 끝내 처벌하지 않았습니다. 조정의 법 집행이 어찌 이렇게 균평하지 않는 것입니까?[86)]

(다) 윤선거·윤증 부자가 대대로 유학(儒學)을 가문에 전하여 실행한 것이 순수하고 올바른데, 지금 부자가 함께 나쁜 평판(評判)을 받으니 세상의 도리가 원망스럽습니다. 신(臣)은 젊어서부터 종유(從遊)하였고, 만년에는 그의 성취(成就)에 감복하였습니다. 신의 두 사람에 대한 정(情)은 균등하여 치우침이 없으니, 어찌 한 쪽을 편드는 일이 있겠습니까? 다만 소견을 그대로 아뢸 뿐입니다.[87)]

위 (가) (나) (다)에서 이상진은, ①상황윤리(狀況倫理)상으로 윤증이 스승 송시열을 배반했다고 단정하기 어렵고, ②조정의 법 집행이 공평하지 못하며, ③세상의 평판(評判)이라고 하는 것도 공정하지 않다는 점을 분명히 하고 있다. 그는 도도(滔滔)한 송시열 중심의 노론세력

85) 『만암유고』 권5, 62쪽 참조.
86) 위 책, 권5, 62~63쪽 참조.
87) 위 책, 권5, 63쪽 참조.

의 전제(專制)에, 무참히 유린당하던 소수의 약자들의 보호를 자임(自任)하였던, 누구도 흉내 내기 어려운 용감한 저항(抵抗)정신을 실천하고 있었던 것이다.

위에서 못다 한 이야기들을, 이상진은 다시 이 날의 주강(晝講)에서 숙종에게 차자(箚子)로써 다음과 같이 아뢰고 있다.

최근 조정의 기상(氣像)이 서로 반목(反目)하고 의심하며 멀리하는 일이 날로 심하여, 융화(融和)와 안정(安靖)을 기약할 수 없는데, 이 병통을 제거하지 않는다면 나라가 장차 나라 될 수가 없습니다. 요컨대 이 모든 이유가 조정의 조치(措置)들이 때로는 너무 과중하고, 돕고 억제하는 것이 너무 치우침을 면치 못하여, 옛날 성왕(聖王)의 중정(中正)한 법도와 준칙(準則)을 세워 치우침이 없던 법도에, 어그러짐이 있는 데에 말미암는 것입니다.

윤증의 일로 말하면, 윤증을 처벌하자는 여러 의견이나 주상(主上)의 윤증에 대한 예우가, 실로 공의(公議)에 합당하지 않고 인심을 만족시키지 못함이 있습니다. 윤증은 유학(儒學)을 가학(家學)으로 전하고, 관직의 유혹을 뿌리쳤던 몇 안 되는 한 나라의 현사(賢士)라 할 인물로서, 왕년에 다른 사람과 주고받은 편지에서, 송시열의 일을 언급하는 중에 비록 과오가 없었던 것은 아니나, 그 정상(情狀)이 용서할 만한데도, 널리 따져보지도 않고 스승을 배반한 것이라고 직단(直斷)하여, 유생(儒生)명부에서 영원히 삭제하고 조관(朝官)의 명부에 들지 못한지가 5년입니다. 진실로 생각건대 주상(主上)의 처분(處分)이 실로 깊이 한 쪽에 치우쳐서, 선비들의 공론(公論)이 이 때문에 분하고 답답해하며, 조정의 논의가 이로 말미암아 서로 갈라져서, 감정과 뜻이 통하지 않고 화합(和合)을 기약할 수 없으니, 이것이 틀림없는 나라를 멸망시킬 바탕인 까닭으로, 꺼리고 피해

야 할 일을 무릅쓰고 진실된 마음을 모두 드러내는 바입니다.[88]

위에서 보는 바와 같이 이상진은, 조신(朝臣)들 사이에 반목과 의심이 깊어져서 장차 나라를 위태롭게 할 지경인데, 이는 조정의 조치가 한쪽에 치우치고, 법의 집행이 중정(中正)하지 못한 때문이라면서, 공평하고 중정한 통치 질서의 확립을 주문하고 있다. 이는 현사(賢邪)를 분별하여 인재를 등용하고, 시비(是非)를 따져 정책을 결정함으로써, 붕당(朋黨)간의 첨예(尖銳)한 대립을 지양(止揚)하여 화합의 정치로 승화(乘化)시키고자 하는, 이상진의 정치적 염원(念願)이 담긴 주청(奏請)이었다고 생각된다.

4) 이상진의 젊은 정치적 사고(思考)

이상진은 신념을 가지고 명리(名利)를 초월하여 항상 공의(公義)를 최고의 덕목(德目)으로 생각하였으며, 청렴(淸廉)과 절조(節操)를 중시하여 옳은 말을 서슴지 않고 감간(敢諫)하는 용기를 지닌 충직(忠直)한 선비였다. 그는 나이가 들어서도 나이와 상관없이 지기(志氣)가 상합(相合)하는 젊은 이들과 가까이 하였다.

숙종 1년(1675) 11월의 일이다. 이상진이 충청도 아산(牙山)으로부터 부여의 금강촌(琴岡村)으로 이사하였는데, 이때 윤증(尹拯)이 마침 부여에서 하룻길 거리인 홍주(洪州)의 용계촌(龍溪村)에 우거하고 있었다. 이들은 둘이 서로 왕래하면서 많은 시문(詩文)을 주고받았다.[89]

---

88) 『만암유고』 권5, 64~65쪽 참조.

이 때 이상진의 나이 63세 무렵이었고 윤증의 나이 48세 무렵이니, 무려 15살의 나이 차이를 뛰어넘어 교감(交感)하였던 것이다.

이상진은 한태동(韓泰東 : 1646~1687) · 박태보(朴泰輔 : 1654~1689)와도 충절을 숭상한다는 점에서 지기(志氣)가 통하였던 까닭에, 30살, 40살이라는 연차(年差)에도 관계없이 저들을 흠모하고 있었음을, 우리는 다음에서 확인할 수 있다.

> (가) 청렴타는 명성과 굳은 절조 사람들 다투어 흠모하는데,
> 매양 조정에 나아갈 때면 그 풍채 신선 같았네.
> 함께 어울려 세교(世交)를 수행치 못한 한스러움일랑,
> 황천(黃泉)에서의 만남 기약하고 훗날을 기대하세나.[90]
> (나) 죽지 않고 살아남은 늙은이 선생을 조상(弔喪)하는데,
> 충직한 말과 곧은 절조는 어떤 방해에도 꿋꿋했구려.
> 하나의 무덤은 오랜 세월 아름다운 이름을 보전할 것이나,
> 삼각산의 밝은 달은 긴 세월 쓸쓸하겠소.[91]

위 (가)는 숙종 13년(1687)에 한태동이 죽으매 이상진이 그를 위하여 지은 만사(輓詞)이고, (나)는 숙종 15년(1689)에 박태보가 죽자 이상진이 그를 위해 지은 만사이다. 한태동과 박태보는 다 이상진보다 젊은 사람들이었으며, 충직하고 절조(節操)가 있는 사람들이었다. 이들은 사고(思考)가 경직(硬直)되지도 고루(固陋)하지도 아니하였으며, 의지

89) 『만암유고』 권5, 42쪽, 11월 기사 참조.
90) 위 책, 권1, 102쪽, 「輓韓司諫泰東」 참조.
91) 위 책 권1, 63쪽, 「櫻院哭朴學士泰輔」 참조.

와 기개(氣槪)가 예리하였다. 때문에 이들은 자신들의 당색(黨色)이 서인이면서도, 남인들을 무고(誣告)하여 경신년(1680)에 남인들을 타도한 장본인인 김익훈(金益勳)·김환(金煥)을 처벌할 것을 주장하는가 하면, 김석주(金錫胄) · 김만기(金萬基 : 1633~1687)·민정중(閔鼎重 : 1628~1692)등의 척신(戚臣)정치를 배척하고, 송시열의 전횡(專橫)을 배격하였던 것이다.

이처럼 이상진이 가까이한 사람들은, 강직하고 아첨하지 않고 깨끗한 절조를 지키는 이들 젊은이들이었다. 만년(晩年)의 이상진은 노회(老獪)한 대신들보다 이들 젊은이들의 편에 서서 그들을 대변하고 옹호하였다.

숙종 9년(1683)의 일이다. 지평(持平) 유득일(兪得一 : 1650~1712)과 응교(應敎) 박태손(朴泰遜 : 1641~1692)이, 오늘날 훈척(勳戚)의 권세가 날로 성하여 온 조정이 붙좇고 다투어 서로 덮어주고 비호하니, 형정(刑政)이 문란하여지고 시비(是非)가 어긋나게 되었다고 상소하고 즉시 체직되었는데[92], 이 때 이상진은, 요즘의 대간(臺諫)들이 나이가 젊은 사람들이어서, 의지와 기개가 예리하고 말과 논의(論議)가 과격하나, 악(惡)하다할 만한 정황(情況)이 없는데도, 파직시키고 또 외직(外職)에 보임(補任)하는 것은 여론을 더욱 격렬(激烈)하게 할 뿐이라면서, 저들의 처벌을 반대하였다.[93] 그럼에도 불구하고 김석주(金錫胄)의 청에 따라서 조지겸(趙持謙 : 1639~1685)과 한태동(韓泰東 : 1646

92) 『숙종실록』 9년 6우러 2(계유)일.
93) 『만암유고』 권4, 123쪽, 6월 12일 「所懷箚」 참조.

~1687)이 파직되고, 오도일(吳道一 ; 1645~1703)이 외직에 보임(補任)되는 조치가 내려지자[94], 이상진은 또다시 다음과 같은 차자(箚子)를 올려서 저들의 처벌을 중지할 것을 청하였다.

> 이번에 견책(譴責)을 받은 신하들은 모두 나이가 젊은 사람들이어서, 민첩하고 정예(精銳)한 기질은 있지만 자못 진지(眞摯)하고 후덕(厚德)한 품격(品格)이 부족하여, 행동하고 논의하는 때에 사리(事理)에 어긋나고, 과격한 병통과 망령(妄靈)되고 경솔한 허물이 없지 않습니다. 그러나 저들은 남이 꺼리는 일도 피하지 않고, 원대한 뜻이 견고(堅固)하여 한결같으며, 강직하여 아첨하지 않는 성품과 깨끗한 절조(節操)를 유지하기에 노력하는 것이 가상(嘉尙)하여, 앞뒤를 두루 살피며 받들고 순종하는 데에 분주한 사람들보다 오히려 낫습니다. 더구나 삼사(三司)를 예부터 재상(宰相)과 같다고 말한 것은 그 소임(所任)이 중한 때문이어서, 지존(至尊)하신 인군(人君)도 가볍게 억누르지 아니하였는데, 하물며 물의(物議)를 진압하고 조론(朝論)을 안정·화합케 하며, 강직한 기개를 장려하고 언로(言路)를 넓게 열어야 하며, 인군의 적정도(適正度)를 벗어난 행동을 바로 잡아야할 대신들이, 삼사(三司) 언관(言官)들의 처벌을 역청(力請)하니, 이해가 되지 않는 일입니다. 세도(世道)가 날로 쇠퇴하고 조정의 기강이 해이해지는 때에, 그들로 하여금 모든 것을 말하게 하여도 오히려 언로(言路)가 떨치지 못할까 두려운데, 도리어 강직(強直)하고 과단(果斷)하여 과감히 직간(直諫)하는 이들을 한꺼번에 모두 물리치니, 장차 조정에서는 주저하며 결정하지 못하고 비굴하게 남의 비위나 맞추는 그런 사람들만을 보게 될 것입니다. 안정시키고 조정(調定)하는 것이 원래 대신들의 책무이니, 이런 때를 당하여 한 목소리로 대신들의 죄를 청하고, 명확하게

94) 『숙종실록』 9년 윤6월 26(병인)일.

판별하여 준엄(峻嚴)하게 질책(叱責)해야 합니다.[95]

위에서 보는 바와 같이, 이상진은 충직한 젊은이들을 대변하고 옹호하였으며, 이들을 배격하는 대신들을 과감하게 논척(論斥)하였다. 조정(調定)과 보합(保合)을 강조하던 이상진이, 소론(少論)으로 지목되었던 그 까닭이 바로 이와 같은 그의 젊은 사고(思考)에 있었던 것이라고 생각된다.

6. 결어(結語)

이상진은 17세기 초에 전주에서 태어나서 벼슬이 우의정에 오른, 몇 안 되는 이 지역을 빛낸 이 고장의 인물이다. 그는 자신이 알고 있는 일이면, 그 것이 임금의 과오라고 할지라고 결코 꺼리거나 피하는 일이 없이, 모두 임금에게 직언(直言)하였던 충직(忠直)한 사람이었으며, 한평생을 관직에 몸담고 있었으면서도, 그의 만년에 농사를 지어 먹을 만한 농토는커녕 자신의 몸을 의지할 집 한 칸이 없었던 지극히 청렴한 인물이었다. 그는 인군(人君)에 충성하고 나라를 걱정하며 백성을 사랑하는 올곧은 마음으로 한평생을 살았다. 다수(多數)의 위압이나 임금의 지엄한 명령에도, 그것이 부당한 것이면 굴(屈)하지 않고 결연히 그에 맞서 차라리 처벌을 감수(甘受)하는 의로움을 실천하였다.

95)『만암유고』 권4, 138쪽, 28일의 箚 참조.

그의 정치적 이상은 민본(民本)정치와 평등사상의 정치적 구현(具現)이었다. 백성들을 침학(侵虐)하는 내수사(內需司)와 궁가(宮家)의 폐해(弊害)를 지적한 것이나, 무려 5년 동안이나 관직에서 물러나 있던 그가 수원(水原)부사로 부임하였던 것, 백골징포(白骨徵布)의 폐해를 근절(根絶)할 것을 요구하였던 일들은, 백성이 국가 존립의 기반이라고 굳게 믿었던 그의 민본(民本)사상의 발로(發露)였으며, 비록 그의 평등사상이 신분제의 부정(否定)에 까지는 이르지 못했다고 하더라도, 한 나라의 인재를 신분의 귀천이나 문지(門地)의 고하(高下)에 관계없이, 능력에 따라 임용할 것을 주장한 것은, 분명히 그가 실현하기를 염원하던 그의 평등사상을 엿볼 수 있게 하는 한 단면(斷面)이었다.

이상진은 붕당(朋黨)에 관계없이 인물의 현사(賢邪)와 정론(政論)의 시비(是非)만을 살펴서 선택하는, 치우침이 없는 공평·중정(中正)한 정치를 지향(志向)하였다. 그리하여 1659년의 기해예론(己亥禮論)이나, 1680년의 경신대출척(庚申大黜陟), 1689년의 기사환국(己巳換局)의 정치적 소용돌이 속에서도, 초당적(超黨的)으로 그 시비를 따라서 정론(正論)을 펴며 결코 주저하지 아니하였다.

그는 충절(忠節)을 숭상하여 항상 충절한 사람들을 가까이 하였으며, 조정의 첨예(尖銳)한 대립에는 항상 보합(保合)과 조정(調定)에 노력하였던, 정의롭고 용감한 선비였다. 사실 그의 임금과 나라와 백성을 위한 변함이 없는 사랑과 충절이야말로, 바로 한평생 그를 지탱해 주던 그의 정신적 지주(支柱)였던 것이다.

목산(木山) 이기경(李基敬)

1. 서언(序言)

목산 이기경 초상

목산 이기경(李基敬 : 1713~1787)은 본관이 전의(全義)이며, 나주(羅州)의 외가(外家)에서 태어나서 전주에서 한평생을 살았다. 영조 14년(1738)에 진사시(進士試)에 합격하였고, 다음해인 영조 15년에 문과 정시(庭試)에 장원으로 급제하였으며,[1] 영조 33년(1757)에는 문과 중시(重試)에서 장원으로 급제하였던[2] 학문과 문장력이 매우 출중하였던 유사(儒士)였다.

그는 김창협(金昌協 : 1651~1708)의 문인으로서 노론(老論)의 중심인물로 활약하였던 도암(陶菴) 이재(李縡 : 1680~1746)의 문하에서 글을 배웠으며, 후일 도암의 문집을 정리하는 데 참여하였던 도암의 고제(高弟)였다.[3] 그는 훗날 도암예설(陶菴禮說)을 수정할 정도로 예설(禮說)에도 조예가 깊었다.[4] 그러나 그에게서 놀라운 것은 스승 이재의

1) 『국조문과방목』 참조.
2) 『국조문과방목』 참조.
3) 「海上日錄」, 무진 12월 1일 참조. 『木山藁』(서원사, 1990) P, 110 ⓓ.

경계(警誡)와 교훈에 대한 철저한 수용(受容)과 생활에서의 실천이었다. 스승의 지위를 임금과 대등한 지위에 두고자 하였던 것이나, 영조의 탕평책과 인사정책에 비판적인 입장을 고수한 것 등 이재의 정치사회적 시각이 바로 이기경의 부동의 시각으로 고정되어 갈 만큼, 이기경의 정치사상이나 생활방식은 모두 이재의 절대적인 영향 하에서 형성된 것으로 여겨진다.

이기경은 군신(君臣) 간에서 좀처럼 찾아볼 수 없는 영조의 각별한 총애를 받아서, 자주 대간직(臺諫職)과 승지에 영조의 특별한 배려로 임명되었지만, 자주 사직하고 고향으로 내려갔다. 그는 임금의 지우(知遇)를 자신의 명리를 도모하는 데 활용하기 보다는 도리어 자중(自重)하고 경계하여, 관직에 나아가기 보다는 물러나는 데에 힘썼으며, 영조가 심혈을 기울여 시행하던 탕평책에 대하여 과감한 반론(反論)을 펴다가 유적(流謫)의 길을 떠나는 등, 실로 자기의 사상과 정치적 소신을 실천하고 생활화하는 데에 주력하였던 참 선비였다.

그는 명예와 절조(節操)가 날로 쇠퇴해가는 세상을 바라보며 염치를 힘써 권장해야 한다고 외쳤고, 나라가 날로 원기(元氣)를 상실해가는 것을 보고 유도(儒道)를 널리 장려할 것을 주장하던 우국(憂國)의 선비였다.

본 연구는 노론과 소론 간의 격심한 붕쟁(朋爭)과 그 위에 시파(時派)와 벽파(僻派)간의 파쟁(派爭)이 혼효(混淆)하던 난마(亂麻)와도 같은 세기(世紀)를 살면서, 이기경이 추구하고 실천코자 하였던 정치사상과

4) 『木山先生年譜』 기사년(1785) 記事 참조.

생활철학은 무엇이었던가를 밝혀보고자 하였다.

2. 이기경의 관직관(官職觀)

이기경은 그의 나이 15살 때부터 이재(李縡)에게서 글을 배울 생각을 하였을 만큼 이재를 숭배하였으며, 24살 때 용인(龍仁)의 천곡(泉谷)으로 이재를 찾아가서 3년 여 동안 수학하였는데, 이기경의 정치사상이나 생활철학은 모두 이 기간에 형성되었던 것으로 생각된다.

이재는 제자들에게, 말을 할 때 그 의도가 말하는 데에 있고 이를 실천하는 데에 있지 아니하면 유익함은 없고 도리어 해로움만 있을 뿐이라고 하여[5], 실천의 중요성을 강조하였으며, 인륜에 있어서 최고의 덕목(德目)은 군 · 사 · 부(君 · 師 · 父)를 한결같이 섬기는 것(生三事一)이라면서, 군(君)과 사(師)가 일체(一體)인데 어찌 스승에게는 구속받지 아니하면서 인군에게는 구속받을 것인가! 하여 인군과 스승이 동위(同位)임을 역설하였다.[6]

이기경이 영조 15년(1739)에 단경(端敬)왕후 신씨(愼氏)의 복위(復位)를 경하(慶賀)하기 위하여 설행(設行)하였던 문과 정시(庭試)에 장원으로 급제한 뒤 이재를 찾아갔을 때의 일이다. 이재는 이천(伊川 : 程頤의 호)의 말을 빌어서, 젊은 나이에 좋은 성적으로 과거에 급제하는 것이 불행이라는 것을 들려주면서, 결코 교만한 마음을 가지지 않도

5) 「求心錄」, 『목산고』 P, 51 ⓓ.
6) 「求心錄」, 『목산고』 P, 53 ⓑ.

록 경계하였고,[7] 또 벼슬살이 할 때 유념할 2가지 일로서, 죽음을 두려워하지 말 것과 벼슬에 너무 애착(愛着)하지 말 것을 당부하면서, 아울러 항상 벼슬에 나아가는 것은 어렵게 벼슬에서 물러나는 것은 쉽게 하라고 거듭 타일렀다.[8]

이재는 또 이기경에게 벼슬에 나아가더라도 벼슬에 너무 오래 있지 말고 때로는 휴가를 얻어서, 혹은 사직을 청하여 고향에 내려가 있는 날이 많고 서울에 머무는 날이 적은 것이 좋되, 시세(時世)를 헤아리고 사리(事理)를 살펴서 처신하는 것이 옳다고 지도하였고,[9] 또 벼슬살이를 하는 도리는 분수를 따라 하는 것이며 벼슬을 요구해서는 안 된다고 경계하였는데, 이때 이기경은, 높은 벼슬은 자기가 바라는 바가 아니며, 자그마한 고을살이만 얻어 해도 다행이겠다고 흔연하게 응수하고 있다.[10]

앞에서 살핀 바와 같이 이재의 교훈과 당부는 아주 간략하였지만 매우 적절하게 그 요체(要諦)를 갖추었으며, 이기경 또한 스승의 교훈과 당부를 자신의 사상과 철학으로 수용하여, 탄복할 정도로 이를 실제 생활에서 철저하게 실천하였음을 우리는 다음에서 확인할 수 있다.

이기경이 관직에 임명된 것은 영조 15년 9월에 정시에서 장원급제하고 10월에 성균관 전적(典籍)이 된 것이 처음인데, 이때 그는 영조에게 숙배(肅拜)한 뒤 휴가를 얻어 곧바로 고향으로 내려갔다. 그해 11월에 예조정랑으로 이직되었지만, 이기경은 너무 조급하게 벼슬길에 나아갈

7) 「求心錄」, 기미년(1739) 10월 18일 기사, 『목산고』, P, 53 ⓒ.
8) 「求心錄」, 기미년(1739) 10월 18일 기사, 『목산고』, P, 53 ⓓ.
9) 「求心錄」, 기미년(1739) 10월 18일 기사, 위와 같음.
10) 「求心錄」, 기미년(1739) 10월 18일 기사, 『목산고』, P, 54 ⓐ.

생각을 하지 말라던 스승 이재의 경계를 충실하게 지켜서 3년 동안 서울에 발을 들여놓지 않았으며,[11] 영조 18년(1742) 9월에 어머니 상을 당하여 다시 3년 동안 거상(居喪)의 예를 다하였다.

이기경이 처음으로 벼슬길에 나아간 것은 영조 22년(1746)에 병조좌랑에 임명된 때였으니, 그의 나이 34살이 되던 때부터였다. 그해 8월에 태천(泰川)현감으로 옮겼고, 2년 뒤인 영조 24년 11월에 사헌부 지평에 임명되자 8,400 여언(餘言)에 달하는 장문의 상소문을 올려서, 탕평책과 언론(言路) 및 인사정책에 이르기까지 체계적으로 신랄한 비판을 가하였다.[12] 그는 언관(言官)으로 있으면서 제 소임을 다하지 못할 때에는 그 직에 있을 수 없으며, 그 소임을 다할 수 있을 때에만 그 직에 있을 수 있다고 생각하였다.[13] 이것이 이기경의 언관(言官)의 직분에 대한 인식이었던 것이며, 때문

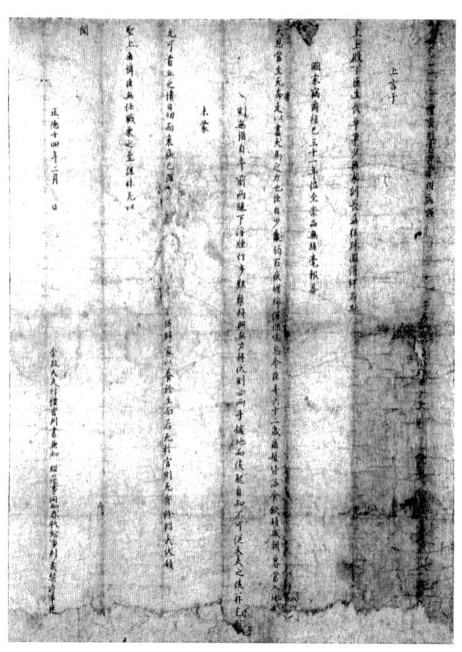
이기경 상소문(개인 소장)

11) 『목산년보』 기미년 12월 기사 참조.
12) 「持平言事疏」 참조. (『목산고』 P, 473).
13) 「辭獻納書」 (『목산고』 P, 484) 참조.

에 그가 지평이 되자 가위(可謂) 만언소(萬言疏)를 올려 언관으로서의 직임을 다하고자 하였던 것이다.

그러나 2 · 3일 동안에 8,400여 언사소(言事疏)를 짓는다는 것이 불가능하다고 생각한 영조가 다른 사람의 사주를 받아 미리 지어둔 상소문이라고 오해를 하였던 까닭에, 이기경은 즉시 해남(海南)으로 유배를 떠나야 했다. 그리고 2년이 지나서 영조 27년(1751) 1월에야 유배지에서 풀려났으나, 그해 2월에 아버지 상을 당하여 3년 상을 한결같이 주문공가례(朱文公家禮)에 따라서 예를 다하였다.

이기경은 관직에 나아가고 물러나는 것은 신하의 큰 절의(節義)에 관계되는 것이라고 생각하여, 나아가서는 안 될 관직에 나아가는 것은 염치와 의리가 없는 행동이라고 여겼다. 그리하여 받을 만한 관직과 사양해야할 관직을 알아서 스스로 절도 있게 처신하였으며, 분수에 맞지 않는다고 생각되면 차라리 엄한 형벌을 감수할지언정 한사코 사양하였다. 그리고 그는 관직의 수여는 전조(銓曹)의 의망(擬望)을 통하여 이루어져야 하며, 국왕의 특별한 배려로 관리를 임명하던 중비(中批)제도를 상규(常規)가 아니라고 부정하였다.[14] 그가 영조 35년(1759) 7월에 강원도 감사에 임명되었을 때, 그는 감사의 임명이 영조의 특별한 배려로 이루어진 점과[15] 감사직이 자신의 분수에 넘치는 관직이라는 점을 들어, 의금부에 나아가 죄인의 신분이 되어 심리(審

14) 「辭江原監司書」 참조 (『목산고』 P, 481). 「用人之法, 自有定價, 則宋桶棵闌 宣付有司之各當......」.

15) 「사강원감사서」 (『목산고』 P, 491). 「降旨選部, 俾試方面, 事非常格.....」.

理)를 받으면서까지 한사코 사양하였으며,[16] 궁궐 문 앞에 엎드려 대죄(待罪)하면서까지 결연(決然)히 사양하였던 것이다. 이것은 겸양(謙讓)을 가장한 의례적인 사양이나 사직이 아니었으며, 그의 관직관의 철저한 실현이었다.

이기경은 조그마한 혐의(嫌疑)의 단서만 있어도 벼슬에 나아가지 아니하였다. 영조 38년(1762) 7월에 충청도 감사 윤동섬(尹東暹)이 대간(臺諫)의 탄핵을 받아 체직되고, 이기경이 그 후임으로 임명되었을 때의 일이다. 이기경은 전에 자기가 대사간으로 있을 때 윤광소(尹光紹)를 논죄(論罪)한 일이 있는데, 이번에 대간이 같은 죄목으로 윤동섬을 탄핵하여 체직하게 되었으니, 자기가 직접 윤동섬을 논척(論斥)한 것은 아니라지만 만일 자기가 충청감사가 된다면 이것은 결과적으로 자기가 윤동섬의 관직을 빼앗는 것이 되니, 결코 충청감사에 부임할 수가 없다는 것이었다.[17] 이처럼 이기경은 벼슬에 나아갈 때와 물러날 때에 염치와 명절(名節)을 중히 하였다.

이러한 그에게 영조 말년의 정치적 격동(激動)이 새로운 선택을 강요하는 상황으로 전개되었으니, 영조 38년(1762)에 사도(思悼)세자를 사사(賜死)하는 비극적인 사건이 일어나면서,[18] 이전의 노론 · 소론 · 남인들이 사도세자를 동정하는 시파(時派)와 영조를 동정하는 벽파(僻派)로 재분열(再分裂)하여 그 파쟁(派爭)이 한층 심각해지고, 영조 40

16) 「本末錄」 기묘년 9월 19일 기사 참조 (『목산고』 P, 358).
17) 「辭忠淸監司疏」 (『목산고』 P, 491) 참조.
18) 『영조실록』, 38년 윤5월 계미.

년 2월에는 반세손파(反世孫派)인 벽파의 반대에도 불구하고 왕세손(王世孫)을 효장(孝章)세자의 후사(後嗣)로 정하고,[19] 5월에는 소론 박세채(朴世采)를 문묘에 종향(從享)하라는 영조의 명이 내려졌으며,[20] 뒤이어 대신과 2품 이상의 유신(儒臣)들을 불러놓고 '이후로 당론(黨論)을 하는 자는 난신적자(亂臣賊子)'라고 엄명하였던[21] 일련의 조치들이 그것이다. 이러한 일련의 변화들에 실망한 이기경이 퇴휴(退休)를 생각하고 있을 때 그의 결심을 굳히게 한 결정적인 사건이 발생하였다. 이기경이 밝힌 그 사건이란 진신탕평소모록(搢紳蕩平疏冒錄) 사건이었다.[22] 그 사건의 개략은 이러하다.

영조 40년 5월 15일에 영조가 선정(先正) 박세채를 문묘에 종향하라고 명하였는데,[23] 다음날에 도승지 심수(沈鏽), 교리 이상지(李商芝) 등이 연명(聯名)으로 상소하여 박세채를 종향하라는 명이 너무 갑작스럽고 진신(搢紳)들의 논의도 일치하지 않았다고 아뢰자,[24] 영조가 크게 격노하여 백관(百官)들을 궁궐의 뜰에 모이게 한 뒤, 즉위 존호(尊號)를 받지 못하겠다고 유시(諭示)를 내리고 뜰에 모인 사람을 모두 파직하라고 명하였다.[25] 그러자 전 영의정 홍봉한(洪鳳漢), 전 좌의정 윤동도(尹東度), 전 우의정 김상복(金相福) 등이 중신(重臣)으로부터

19) 『영조실록』, 40년 2월 임인 · 계묘.
20) 『영조실록』, 40년 5월 병인.
21) 『영조실록』, 40년 5월 무진.
22) 『목산연보』, 영조 40년 6월 기사 참조.
23) 주 20)과 같음.
24) 『영조실록』, 40년 5월 정묘.
25) 『영조실록』, 40년 5월 무진.

시종(侍從)·한림(翰林)·주서(注書)에 이르기까지 모두 연명(聯名)하여 박세채의 문묘 종향에 이의가 없음을 아뢰는 소를 올렸는데,[26] 이때 홍봉한 등이 연명으로 올린 소장(疏章)에 본인도 모르게 이기경이라는 이름이 들어가 있었던 것이다.

이것은 본인의 의사도 묻지 않고 소장에 연명하였다는 데서 오는 불쾌감의 문제가 아니다. 노론 벽파인 그로서는 박세채의 문묘 종향을 바라는 바가 아닌데, 자신의 의사에 관계없는 종향에 찬성한다는 것을 인증(認證)했다는 사실이 몹시 자존심을 상하게 하였을 것이다. 게다가 노론 벽파라는 그의 당파적 측면에서도 또 당시 그의 관직이 승지였다는 점에서도, 5월 16일에 도승지 심수 등이 연명으로 올린 소장에 이기경의 이름이 들어있으니, 이는 이기경이 16일의 소에서는 박세채의 문묘 종향을 반대한다 하고, 다음날에 올린 소에서는 찬동한다고 하여 하룻밤 사이에 소신을 바꾼 지조 없는 사람 혹은 변절자(變節者)가 되고 말았다는 사실이 치욕스러운 것이었을 것이다. 그렇기에 이기경은 홍인한(洪麟漢)을 찾아가서, 그의 형 홍봉한의 세상에서 벼슬을 하다가는 끝내 소인배(小人輩)를 면치 못할 것이라는 말을 남기고 6월에 고향으로 내려오고 말았던 것이다.[27]

이후 누차의 부름에도 응하지 않다가 하향(下鄕)한 지 8년 만인 영조 47년(1771) 3월에 안성(安城)군수로 부임하여 4월에 한성부 우윤(右尹)에 이직되었는데, 그는 즉시 소를 올려 임금의 산림(山林)에 대한

---

26) 위와 같음.

27) 『목산연보』, 영조 40년 6월 기사 참조.

예우가 옛날 같지 않아서 산림들의 아룀을 본심을 헤아리지 않고 처벌하니 장차 사학(斯學)이 끊어지게 될 것이라는 것과, 초선(抄選)은 아름다운 제도이니 설령 망언(妄言)을 한다 해도 꺾어서는 안 되거늘, 더구나 이번에 진언(進言)한 초선들의 본심은 다만 자신들의 생각을 스스로 편 것일 뿐인데 멀리 귀양을 보내는 것은 지나친 처사라는 것을 과감히 지적하였다.[28] 이에 대하여 영조는 이기경의 상소가 유곤록(裕昆錄)을 범하였고 또 권진응(權震應)의 무죄를 변명하여 구원한 것이라며 즉시 삭탈관직을 명하였다.[29] 이처럼 이기경은 진퇴(進退)가 구차하지 아니하여 관직을 잃을까 염려하거나 관직에 미련을 가지지 아니하고, 오직 영조를 바른 군주로 인도하려는 일념에 자기가 생각하고 있는 모든 것들을 숨김없이 아뢰는 올곧은 신하로서의 본분을 다하였던 것이다.

이기경이 사직(司直)으로서 다시 관직에 나아간 것은 이로부터 3년 뒤인 영조 50년(1774) 6월의 일이었으며, 영조 52년 2월에 동지중추부사(同知中樞府事)에 임명되었으나 3월에 영조가 승하하자 4월에 정조(正祖)에게 사직소를 올리고, 만류하는 정조를 뒤로 하고 고향으로 내려옴으로써 그의 관직생활을 마감하였다.

3. 이기경의 붕당관(朋黨觀)

이기경은 그의 나이 15살 때에 이재 문하에서 수학할 것을 이미

28) 『영조실록』, 47년 4월 임진.
29) 위와 같음.

결심하였다고 스스로 말하고 있다.[30] 이는 그가 이재를 정신적 스승으로 삼고 흠모하였음을 말해주는 것이다. 그가 20살이던 때의 일이다. 어느 날 주소사(做蕭寺)에 놀러갔었는데 무리 중에 송시열(宋時烈 우암(尤翁))을 모욕하여 말하는 사람이 있었다. 그러자 이기경이 말하기를, 다 같이 학문을 하는 사람들의 모임에 이같이 선정(先正)을 해치는 무리가 있는데 내 어찌 구차하게 함께하랴 하고 즉시 서둘러 행장을 꾸려 돌아간 일이 있었다.[31] 여기서 우리는 이기경이 송시열 중심의 노론의 의리론에 경도(傾倒)되어 있었음을 알 수 있다.

이기경이 용인의 천곡으로 이재를 찾아가서 배움을 청한 것은 그의 나이 23살이 되던 해(1735) 2월의 일이었고,[32] 그가 이재로부터 가르침을 받은 것은 24살 되던 해 3월부터였으며,[33] 영조 15년(1739) 4월에 그의 문하를 떠날 때까지 3년 동안 이재에게서 수업을 받았다.[34] 이후에도 기회가 있는 대로 천곡에 가서 많은 가르침을 받았는데,[35] 이기경을 한평생 지탱해주던 그의 관직관이나 붕당관 등이 모두 이 시기에 형성되었던 것이라고 생각된다. 이기경의 정치 이념이 노론적 의리론으로 고착(固着)된 것은, 노론 4대신의 한 사람인 김창협(金昌協)의 문인으로서, 의리론(義理論)을 들어 영조의 탕평책을 부정하던 노론 중의 준론(峻論)의 대표적 인물이었던 이재에게서 글을 배웠던 그의

30) 「就正日記」, 을묘년 2월 기사 (『목산고』 P, 77 ⓓ).
31) 『목산연보』, 임자(1732)년 기사 참조.
32) 「就正日記」, 을묘년 2월 기사 (『목산고』 P, 77 ⓐ).
33) 「就正日記」, 병진년 3월 17일 기사 (『목산고』 P, 79 ⓐ).
34) 「就正日記」, 기미년 4월 19일 기사 (『목산고』 P, 86 ⓑ).
35) 『목산연보』, 신유(1741)년 5월 기사 참조.

학문 연원(淵源)과 관계가 깊었다.

우리는 아래에서 이기경이 관직에 나아가기 이전 시기의 그의 초기적 붕당에 대한 이해 태도를 볼 수 있다. 다음은 영조 17년(1741) 5월 어느 날의 일이다. 이 무렵 정언(正言) 홍계희(洪啓禧)가 김유(金濰)·김시위(金始煒)에 대한 위리안치(圍籬安置)의 명을 거두시라고 영조에게 아뢴 일을 두고, 교리 이제원(李濟遠)이 말하기를 김유·김시위가 지은 죄는 비록 용서할 만한 것이지만, 그들이 원래 행실이 보잘 것이 없는 무리들인데 홍계희가 그들을 구원할 것까지는 없었다고 하였다. 이 문제를 두고 스승 이재는 이제원의 말이 정론(正論)이라고 말하였고, 이기경은 이 일은 오늘의 김유·김시위 만을 볼 것이요, 지난날 그들이 소인(小人)쪽 사람이었음을 말해서는 안 된다고 하여 이재의 주장에 동의하지 아니하였다.[36] 그는 또 이어서 말하였다. 지난 겨울에 김상신(金相紳)이 소를 올려 우의정 소론(少論) 송인명(宋寅明)을 논박하기를 이현필(李顯弼)을 과거시험에 급제시킨 것을 역적을 보호한 죄라하였는데, 이는 그때 송인명이 죄를 지어 파직된 데다가 마침 임금의 생각이 그를 중죄로 다스리려 하고 있었으므로, 김상신이 기회를 틈타서 송인명을 제거할 계책을 삼은 것이라면서 그 의도가 매우 좋지 않다고 말하였다.[37]

위에서 본 바와 같이, 이 시기의 이기경은 자신의 당색(黨色)이 비록 노론(老論)이었지만 노론의 일이라면 무조건 옹호하고 소론의 일이라

36) 「구심록」, 신유년 5월 26일 기사 (『목산고』 P, 55 ⓒ).
37) 「구심록」, 신유년 5월 26일 기사 (『목산고』 P, 55 ⓓ).

면 무조건 배격하지 아니하였으며, 자변(自邊)이냐 타변(他邊)이냐를 막론하고 옳은 것은 옳고[是是] 그른 것은 그르다고[非非] 분명하게 말하고 있었다.

이러한 이기경에게 이재는 다음과 같이 말을 이어갔다. 김상신이 올린 소의 내용을 내가 알 수는 없지만, 주자(朱子)의 생각으로 본다면 군자(君子)편 사람들은 비록 잘못이 있더라도 반드시 보호하여 보전(保全)해야 하고, 소인들은 비록 뚜렷한 죄악이 없더라도 만일 죄줄 만한 단서만 있으면 마땅히 서둘러 탄핵하여 제거하는 것이 옳다고 하였다. 또 이어 말하기를, 이 말은 외견상으로 보면 한쪽에 치우친 잘못이 있는 것 같지만, 양(陽)을 부축하고 음(陰)을 억제하는 도리로서 그렇지 않을 수 없는 것이니, 이것이 바로 주자의 준엄하고 정대(正大)한 기상(氣像)인데, 후세 사람들이 의리(義理)에 밝지 못하여 그 폐해가 신속하게 오늘날의 이른바 탕평으로 빠져 들어가는 것이라고 분명한 어조로 말하였다.[38] 이것은 어쩌면 노론 측의 의리를 정치사회에 구현해야 한다는 대명제(大命題) 앞에서 작은 일에 시시비비(是是非非)하는 정련(精鍊)되지 않은 이기경에게 이재가 보낸 엄한 경계였는지 모를 일이다. 이후 이기경도 이른바 노론의 의리에 대하여 많은 고뇌(苦惱)를 하였을 것으로 생각된다.

이후의 어느 날의 일이다. 이재가 이기경을 돌아보며 말하기를, '자네가 만일 김유 등의 생각을 구원코자 한다면 끝내 큰 것을 보지 못하고 요즘의 탕평제도로 돌아가고 말 것이네' 하였다. 이때 이기경이 대답하

38) 「구심록」, 신유년 5월 26일 기사 (『목산고』 P, 56 ⓐ).

기를, '제가 평소에 소견이 크지 못하여 항상 한태동(韓泰東 : 1646~1689) · 조지겸(趙持謙 : 1639~1685)의 일을 크게 그르다고 생각지 아니하였는데, 나중에 선생님의 말씀을 듣고 반복하여 깊이 생각하고서야 차츰 깨달음이 있었습니다.'하였다.[39] 이는 노론 · 소론 간의 의리론의 대립에서 이기경이 확실하게 노론의 입장에 섰음을 선언한 것이다. 이때 이재는 우암이 붙들어 지키고 굳게 세운 것이 분명히 하나의 큰 의리인데, 김익훈(金益勳 : 1619~1689)을 구원했다는 한 가지 일 때문에 정대(正大)한 군자가 아닐 수는 없는 것이라고 하였다.[40] 이러한 사제간의 진솔한 대화가 있은 이후로 이기경에게는 확실한 붕당관의 변화가 있었던 것으로 보인다.

영조 14년(1748)에 지평 이기경은 이인좌(李麟佐)의 난에 대하여 규정하기를, 신임사화(辛壬士禍)는 실로 당론의 진퇴에 말미암은 것이지만, 이인좌 등이 무리를 양성하여 배치해두었던 것은 그 도당(徒黨)들이 뜻을 이루었을 때 그들에 의탁하여 갑자기 반란을 일으킬 흉계(凶計)였으니, 이는 당론의 진퇴로 볼 수만은 없는 것이고, 또 군대를 일으켜 대궐을 침범한 역적을 다만 당론으로 지목할 수는 없는 것이라면서 저들 소론을 역적도당으로 규정하고, 충역(忠逆)을 분별하고 시비를 밝혀서 사악한 싹의 기세를 꺾어야 한다고 강변(强辯)하였다.[41]

영조 24년 4월에 3사에서 이광좌(李光佐) · 조태억(趙泰億) 두 소론

---

39) 「구심록」, 신유년 5월 26일 기사 (『목산고』 P, 56 ⓐⓑ).
40) 「구심록」, 신유년 5월 26일 기사 (『목산고』 P, 56 ⓑ).
41) 「지평언사소」 (『목산고』 P, 477 ⓐⓑ).

대신들의 관작을 추탈(追奪)하자는 계사(啓辭)를 올렸는데, 대사헌 소론 이종성(李宗城)이 소를 올려 두 대신을 두호하고,[42] 조진세(趙鎭世)가 두 대신의 관작을 추탈하라는 3사의 계사(啓辭)를 정지시켰는데,[43] 이기경은 이때 '이종성이 패역(悖逆)한 소를 올리고, 조진세 등이 감히 대론(大論)을 정지시키며 앞장서서 당인들을 보호하였다'고 저들 소론들을 강력하게 비난하였다.[44] 이렇게 관직에 진출한 이후의 이기경은 언제나 노론의 의리론적 입장을 변함없이 고수하였다.

이기경은 붕당은 마땅히 파괴돼야 한다고 생각하면서도, 탕평책의 허명(虛名)과 실상(實相)은 꼭 밝혀야 한다고 생각하였다. 결국 그는 당론은 하지 말아야 한다면서도, 충역(忠逆)과 시비(是非), 선악(善惡)과 정사(正邪)는 분별하지 않을 수 없다고 생각하는 그의 사상적 결벽성(潔癖性) 때문에, 붕당은 파괴돼야 한다면서도 그가 충(忠)·시(是)·선(善)·정(正)이라고 믿는 노론의 의리론적 입장을 철저히 고수했던 것이라 생각된다.

4. 이기경의 반탕평론(反蕩平論)

영조의 즉위를 전후한 시기의 조선의 정계는 노론·소론 간의 정쟁이 절정을 이루던 시기였다. 경종 1년(1721)에는 후사(後嗣)가 없고

---

42) 『영조실록』, 24년 4월 계미(30).
43) 『영조실록』. 24년 윤 7월 무진(16)
44) 「지평언사소」 『목산고』 P, 477 ⓒ 참조.

병약(病弱)한 경종의 뒤를 이을 세자책봉문제로 노론·소론 간에 다투다가 노론이 추대한 연잉군(延礽君, 뒤의 영조)을 세제(世弟)로 책봉하는 데 성공하였으며, 경종 2년에는 세제의 대리청정(代理聽政) 문제로 노·소론 간에 다투어, 노론 4대신[45]을 비롯하여 이기지(李器之)·이희지(李喜之)·김용택(金龍澤) 등 많은 노론들이 처형되었다.

그러나 1724년에 영조가 왕위에 오르자 영조를 추대하였던 노론들이 득세하여 조태구(趙泰耉)·조태억(趙泰億)·유봉휘(柳鳳輝)·최석항(崔錫恒) 등 이른바 소론 4대신을 처형하는 보복을 단행하였다.

영조는 자신의 즉위를 전후하여 발생한 당쟁의 참화(慘禍)를 보면서 혼돈(混沌)의 정국(政局)을 전환할 개혁적 방안을 모색하게 되었는데, 이때 제기된 것이 소위 탕평론이었다. 양반관료집단의 입장에서는 일진일퇴(一進一退)를 반복하면서 궁극적으로는 노론·소론 모두의 자멸(自滅)을 초래하게 될 당쟁의 와중에서 벗어나기 위한 자구책(自救策)을 생각하지 않을 수 없었던 것이고, 국왕의 입장에서도 신권(臣權)의 균형 위에 왕권의 강화와 지위의 회복이 필요하였던 것이다. 이와 같은 정치 사회적 배경 하에서 대두한 탕평책이 정착하게 된 것은 영조 5년 이후의 일이었다.

완론(緩論)을 펴던 조문명(趙文命 : 1680~1732)·송인명(宋寅明 : 1689~1746) 등 소론과 노론 내의 온건론자인 홍치중(洪致中 : 1667~1732) 등이 연정(聯政)을 구성하여 탕평정국을 주도하였는데, 영조 5년(1729)의 탕평정국은 노론·소론 간의 쟁점인 신축(辛丑, 1721)·임인

45) 李健命·李頤命·金昌集·趙泰采

(壬寅, 1722)년의 일을 처리함에 있어서 영조를 세제(世弟)로 정하여 대리청정케 하였던 신축년의 건저대리(建儲代理) 문제는 노론 측의 의리를 옳은 것으로, 목호룡(睦虎龍)의 무고(誣告)로 이루어졌던 임인년의 대옥사(大獄事)에 대해서는 소론 측의 주장을 옳은 것으로 판정하고, 노론 4대신의 신원(伸寃)문제에 있어서는 이건명(李健命) · 조태채(趙泰采) 만을 관직을 회복하고, 김창집(金昌集) · 이이명(李頤命)의 관직회복은 허락하지 않는 것으로 합의를 도출해냈던 것이다. 이것을 기유처분(己酉處分, 1729)이라 부르는데, 노론의 의리와 소론의 주장을 절충한 것이었다. 영조 5년의 이런 타협 위의 조선 정부는 노 · 소론을 함께 조용(調用)하는 인사정책을 실시하였다.

그러나 기유처분은 노 · 소론 간의 잠정적인 합의이었으며, 인사정책도 당파 간의 이해 조정을 우선으로 한 것이어서, 유능한 인재의 임용을 기본목표로 하는 인사정책과는 거리가 먼 것이었기 때문에, 탕평과 반탕평의 공방(攻防)은 그 이후에도 여전히 계속되다가 영조 16년(1740)에 이르러 임인옥(壬寅獄)이 무옥(誣獄)으로 판정됨[庚申處分]으로써, 신축 · 임인년의 일은 노론이 소망했던 대로 역옥(逆獄)이 아니고 무옥으로 된 것이다. 결국 노론 측의 명분적인 승리로 확정된 것이다. 그리고 경신처분 이후에는 노론 김재로(金在魯) · 원경하(元景夏), 소론 송인명(宋寅明) · 조현명(趙顯命) · 이주진(李周鎭), 남인 오광운(吳光運) 등이 탕평책을 추진하는 핵심세력으로 등장하여 노론 명분하의 탕평책을 추진해갔다.

그러나 영조 17년에는 경신처분을 다시 수정하여, 신축년의 건저(建

儲)는 자성(慈聖)과 경종의 하교(下敎)에 따른 것으로, 임인년의 옥사는 무옥이므로 죄인은 신원(伸寃)하되 김용택(金龍澤)·이천기(李天紀)·이희지(李喜之)·심상길(沈尙吉)·정인중(鄭麟重) 등 5인은 역(逆)으로 단정하여 별안(別案)에 두는 것으로 노·소론 간의 절충이 이루어지면서 신임옥사에 대한 노론의 명분이 완전히 수용되어 이후의 정국은 노론이 주도하게 되었다. 그와 함께 그 지배적 입장이 반탕(反蕩)이던 노론도 점차 찬탕(贊蕩)으로 되어갔다.[46]

탕평 정국인 영조 15년(1739)에 이기경이 처음으로 성균관 전적(典籍)에 임명되지만, 벼슬길에 나아가는 것을 너무 서둘지 말라던 이재의 교훈을 좇아 부임하지 않고 오히려 학업을 유지하였는데,[47] 이기경의 정치 이념적 성향이 이 기간에 정립(定立)되었던 것으로 보인다. 이기경의 정치사상은 영조 24년(1748)에 그가 사헌부 지평에 임명되면서 작성해서 올린 지평언사소(持平言事疏)에서 그 전모(全貌)를 엿볼 수 있으므로, 이 언사소의 분석을 통하여 그의 반탕의 논리를 다음과 같이 고찰하고자 한다.

1) 탕평정책하의 인물 등용이 인재본위(人才本位)가 아니라는 것이었다

이기경은 인물의 등용을 신중하게 하지 않으면 재앙이 닥치는 것이니, 한 나라의 성쇠(盛衰)는 인재 등용과 관계되는 것이라고 이해하였

---

46) 崔完基,, 「영조조 탕평책의 찬반론 검토」, 『진단학보』56.
鄭萬祚, 「영조대 초반의 탕평책과 탕평파의 활동」, 『진단학보』56.
鄭萬祚, 「영조대 중반의 정국과 탕평책의 재정립」, 『진단학보』111 참조.

47) 「구심록」 기미년 이후 기사 참조. (『목산고』 PP, 53~70).

다. 그는 재이(災異)의 근본은 하늘에 있지 않고 사람에게 있으며, 먼데 있지 않고 조정 위에 있으니, 재해(災害)의 징조인 요성(妖星)의 출현이나 태양의 변고(變故, 일식 등)가 두려운 것이 아니고, 두려운 것은 조정의 부정(不正)이라고 하여, 임금이 착안할 점은 정사(政事)에 임하여 간사한 인물을 임용하지 않는 것이라고 강조하였다.[48)]

그는 특히 인사 전형(銓衡)을 경유하지 않고 임금의 특지(特旨)로서 관리를 임용하는 중비(中批)제도의 남용을 지적하고, 또 임금이 언사(言事)로써 낙점(落點)하는 데 인색하면, 정관(政官)들은 임금의 뜻에 거스를까 의망(擬望)하기를 꺼리게 되어, 조정에 꿋꿋하고 모난 사람은 보이지 않고 간교(奸巧)하게 뜻을 이루려는 자들로 가득 차게 될 것이라고 우려하였다.[49)]

한 나라의 흥망이 관리의 임용에 매어 있으니 그 직에 합당한 인재들을 선발 임용해야 하는데, 현재의 관리 임용이 자주 중비에 의하여 이루어지고 있고, 그것 또한 그 직에 합당한 재덕(才德)을 선발하는 것이 되지 못하고 있는데, 그것은 탕평이란 명분하에 관직에 따른 충현(忠賢)과 재덕(才德)을 선발하는 데 주력하지 않고, 노론과 소론 인사들을 적당히 안배하여 등용하는 데에 초점을 맞추고 있기 때문이라고 분석하였다. 이렇게 인재 등용상의 측면에서도 탕평책은 좋은 정책이 아니라는 결론을 내리고서, 그는 영조에게 얼굴 한 번 찡그리고 웃는 것조차 아끼고, 상벌(賞罰)이 혹시라도 치우치지 않는지 깊이 경계하

---

48) 「지평언사소」, 『목산고』 P, 476 ⓒ 참조.
49) 「지평언사소」, 『목산고』 P, 475 ⓒⓓ 참조.

며, 매양 사람을 임용할 때면 스스로 좋아하거나 싫어하는 것으로써 경솔하게 퇴척(退斥)하거나 발탁(拔擢)하지 말고, 재능과 덕망이 있는 사람을 조심스럽게 선발하고 간사한 무리들을 물리침으로써, 호색(好色)을 좋아하고 악취(惡臭)를 싫어하는 뜻을 널리 알려서 천명(天命)에 호응하여 재앙을 멎게 하는 도리를 다할 것을 주문하고 있다.[50]

2) 탕평이란 미명하에 충역(忠逆)과 시비(是非)가 혼재(混在)하고 있다는 것이다

이기경은 단속[隄防]을 엄히 하지 않으면 난적(亂賊)이 제멋대로 횡행하게 되고, 단속을 엄히 하고자 하면 공정하게 시(是)와 비(非)를 판정해야한다고 하여, 모든 일에 있어서 그 시비의 판정이 중요함을 역설하였다. 그는 또 천하의 일 중에서 분별하기 어렵지 않은 것이 충역(忠逆)이고, 한 번 정해지면 바꿀 수 없는 것이 시비인데, 영조가 충역을 구분코자 매우 자세히 살피고, 시 · 비의 변별을 꿰뚫어 보지만, 다만 인(仁) 만을 숭상하여 때로는 결단력이 결여되고, 공(公)을 추구하지만 사심(私心)으로 되돌아가서 때때로 적(賊)을 아들로 오인하고 악독한 사람을 보양(保養)하여, 엄격함은 행해지지 않고 은택만 너무 베풀어서 마땅히 엄해야할 때 엄하지 않고 처벌하여야할 때 도리어 용서함으로써, 사당(邪黨)은 기운을 북돋우고 충성스런 뜻을 가진 현사(賢士)들이 흩어져도 선(善)한 이를 권장하는 일이 없고 악한 이를 징벌하는 일이 없으므로, 점차 의리가 어두워지고 인심과 세도(世道)가 날로

50) 「지평언사소」, 『목산고』 P, 476 ⓒ 참조..

파괴된다고 진단하였다.[51)]

이것은 충역의 구분을 모호하게 하고 시비의 판정을 유보(留保)한 채 노론과 소론이 잠정적으로 타협하고 있는 형태의 탕평책에 대한 근본적인 불신(不信)을 토로한 것이다.

여기서 이기경은 노론과 소론을 충(忠)과 역(逆), 시(是)와 비(非), 선(善)과 악(惡), 정(正)과 사(邪), 아(我)와 적(賊)으로 대비하여 노론을 충·시·선·정·아로, 소론을 역·비·악·사·적으로 상정(想定)하고 있는 것이다. 따라서 역·비·악·사·적은 제거해야할 대상일 뿐 공존의 대상일 수 없듯이, 노론과 소론도 공존할 수 없는 관계로 인식하고 있었던 것이다.[52)]

이기경은 영조가 화란(禍亂)이 다시 일어날 것을 염려하여 흉역(凶逆)의 무리들을 시종 보전하려 하는데, 그것은 오히려 화란을 양성(釀成)하는 것이라고 보았으며,[53)] 노론과 소론이 일진일퇴(一進一退)하던 폐단이 신임사화(辛壬士禍)를 불러온 것이라고 규정하면서, 현재로서 해야 할 일은 충역을 변별하고 시비를 밝혀서 간흉(奸凶)한 싹을 미리 잘라서 화란을 부르는 계기를 모르는 사이에 사라지게 하는 것일 뿐이라고 하였다.[54)] 그는 영조 17년의 신유처분에도 만족하지 않고 소론에 대한 청토론(請討論)을 주장하였으며,[55)] 단호하게 시비를 판정하고 명

51) 위와 같음.
52) 「지평언사소」, 『목산고』 P, 476 ⓒⓓ 참조.
53) 「지평언사소」, 『목산고』 P, 476 ⓓ 참조.
54) 「지평언사소」, 『목산고』 P, 477 ⓐⓑ 참조.
55) 「지평언사소」, 『목산고』 P, 477 ⓓ 참조.

의(名義)죄인들을 처벌하여 조정에 함께할 수 없음을 보인 뒤에라야 단속이 엄해지고 난적이 다스려진다고 주장하였다.[56]

이와 같이 이기경은 탕평책을 반대하는 이유로서, 충역과 시비의 판정을 유보함으로써 충역과 시비가 혼재하는 때문이라고 하는 것을 분명히 하고 있다.

3) 당론(黨論)을 금한다는 미명(美名)하에 언로(言路)를 막고 있다는 것이다

이기경은 나라에 대간(臺諫)을 설치한 것은 그 뜻이 우연한 것이 아니며, 군덕(君德)에 흠이 있으면 바로잡고 정사에 잘못이 있으면 바로잡고 풍속에 결점이 있으면 바로잡으면서, 홀(笏)을 들고 전폐(殿陛)에 서서 인주(人主)와 가부(可否)를 다투는 일을 대간만이 할 수 있는 까닭에 대간의 지위는 비록 낮으나 권세가 재상과 동등하였으며, 인주도 저들을 경외하고 모든 관료들이 저들을 두려워하였으므로 조정의 기강이 추락하지 않고 공론(公論)이 확장되는 것이라고 이해하고 있었다.[57] 이것이 바로 그의 언론관이었다. 그러나 그는 탕평정치 하에서 당론을 엄금함으로써 언로가 크게 위축되고 있음을 보면서 이를 분명하게 지적하였다.

연잉군(뒤의 영조)의 세제책봉과 대리청정을 반대하였던 소론 이광좌(李光佐)·조태억(趙泰億)의 관작을 추탈(追奪)하자는 논의를 중단

56) 「지평언사소」, 『목산고』 P, 478 ⓓ 참조.
57) 「지평언사소」, 『목산고』 P, 478 ⓓ 참조.

시킨 이종성(李宗城)·조진세(趙鎭世) 등은, 대의(大義)에 어두우며 자기들의 당(黨)이 있는 것만을 알고 종사(宗社)가 있다는 것을 알지 못하는 사람들인데, 영조가 저들을 치죄(治罪)하지 않을 뿐만 아니라 저들을 질책하는 사람들을 도리어 억압하고, 엄한 분부를 내려 출척(黜斥)하거나 외관(外官)으로 발령하여 저 불령(不逞)한 무리들을 보호하니, 이러고서는 오늘의 시비가 정해졌다할 수 없으며, 형정(刑政)이 공평하다고 할 수 없다고 주장하였다.58) 사실 시비의 구분은 마치 흑백처럼 구별되는 것인데, 그렇지 못하고 혼미(混微)한 까닭에 시(是)인 것 같으나 비(非)인 것이 그 사이에 섞여 있는 때문인데, 요즘 이를 논의하는 사람들이 저것 또한 당습(黨習)이고 이것 또한 당습이라고 하여 모두를 당습이라고 한다면 시비를 논할 수 없으니, 이 말은 옳은 것 같으나 실은 그른 것이라고 하였다.59)

이기경은 또 영조가 언관들을 형벌하여 욕보이고 억압하여도 누구 한 사람 이를 간하지 아니하니 진실로 신하들의 잘못이지만, 실은 임금의 우레 같은 위엄과 형벌로써 천하의 입을 재갈물리고 천하의 기상(氣象)을 꺾었으므로, 대각(臺閣)이 그 직책을 잃게 되면서 삼사(三司) 언관(言官)의 자리를 사람들이 모두 꺼려서 피하며, 처음에는 고해(苦海)라고 하더니 이제는 흉가(凶家)라고 부르기에 이르렀다면서, 이는 어진 임금이 다스리는 아름다운 일도 태평한 세상의 기상도 아니라고 탕평정치 하에서의 언로의 탄압을 신랄하게 비판하였다.60)

---

58) 「지평언사소」, 『목산고』 P, 477 ⓓ~478 ⓒ 참조.
59) 「지평언사소」, 『목산고』 P, 477 ⓓ 참조.

대각을 중하게 하지 않으면 언로가 열리지 않고, 언로(言路)가 열리지 않으면 국가에 위망(危亡)이 따르기 때문에 대각과 언로를 중히 해야 하는데, 지금 논사지신(論事之臣)에 대하여 조금도 용서가 없으므로 사람들이 입을 다물고 인주(人主)를 위하여 말하려는 자가 없어서, 인군(人君)이 간사한 무리에 가려지고 충성스러운 말이 막혀서 국가의 존망에 관계되는 일마저도 인군이 알 수 없게 될 것이라고 개탄하고 있다.[61]

4) 탕평책으로는 붕당(朋黨)을 타파할 수 없다는 것이다

이기경은 붕당은 마땅히 타파해야 하지만 탕평책의 허명(虛名)과 실상(實相)도 또한 밝혀야 한다고[62] 전제하고, 요(堯)·순(舜) 때의 탕평이 진심과 덕정(德政)의 감화(感化)로 실시되고, 작당(作黨)하여 꾀하는 일이 위에 없었으며, 계책(計策)이 있는 이를 생각하고 재능이 있는 이를 임용하며, 선행에 작록(爵祿)을 내리고 악행은 처벌하였는데, 지금의 탕평은 따지고 상의하여 거짓으로 꾸미고자 하며, 전하(殿下)의 한쪽에 치우친 생각이 굳게 자리 잡아 떨칠 수가 없고, 인물의 임용은 다소 균등하나 논의하는 것은 흙탕물을 끌어다가 맑은 물과 섞는 것 같으며, 항상 형식에 얽매어 굽은 것[枉]과 곧은 것[直], 흐릿한 것과 확실한 것[眩實], 어진 이와 어리석은 이[賢愚]가 한 데 뒤섞여

60) 「지평언사소」, 『목산고』 P, 478 ⓓ 참조.
61) 「지평언사소」, 『목산고』 P, 479 ⓑ 참조.
62) 「지평언사소」, 『목산고』, P 474 ⓑ 참조.

있는데, 탕평의 효과를 얻고자 하니 근본적으로 잘못된 것이라며, 탕평이 붕쟁을 종식하는 방법이 될 수 없다고 비판하고 있다.[63]

그는, 현부(賢否)를 보아 사람을 등용하고 성사(誠邪)를 살펴서 말을 들으며, 괴격(乖激)을 의심하지 말고 유연(柔軟)을 기뻐하지 아니하며, 군자만을 임용하고 공론(公論)과 함께하여 군신 간에 형식을 서로 잊으면 조정 반열(班列)에서 색목(色目)이 저절로 사라지고, 선을 좋아하고 악을 싫어하며, 옳은 것을 옳다 하고 그른 것을 그르다 하여 모두가 정당한 데 이르면, 붕당은 기필코 깨뜨리려 하지 않아도 저절로 깨지고, 탕평은 기필코 이루려하지 않아도 이루어진다는 말로 붕당을 타파하는 방법을 제시하고 있다.[64]

그는 인위적인 탕평책의 실시가 결과적으로 탕평당(蕩平黨)이라는 또 하나의 붕당을 만들어내고서도, 당(黨)이 없음을 드러내고자 하여 의식적으로 숨기는 데 힘써서 더욱 꺼릴 것이 없게 되었다고 탕평당의 무소불위(無所不爲)를 그 폐해로 지적하기도 하였다.[65]

5. 이기경의 애향(愛鄕)과 호남변(湖南辯)

이기경은 한평생 전주에 살면서 전주를 몹시 사랑하였다. 그가 벼슬살이를 하는 동안만은 어쩔 수 없이 고향을 떠났지만, 벼슬이 없을

63) 「지평언사소」, 『목산고』, P 480 ⓒ 참조.
64) 「지평언사소」, 『목산고』, P 482 ⓐ 참조.
65) 「지평언사소」, 『목산고』, P 480 ⓓ 참조.

때면 반드시 고향 전주로 돌아왔다.

그는 고향을 사랑하였기에 호남(湖南)에 대한 편견(偏見)을 매우 싫어하였다. 영조 33년(1757) 8월 28일의 일이었다. 영조가 말하기를, 호남에 잡술(雜術)이 참으로 성한데 이는 근래 조정에서 호남사람들을 등용하지 않은 까닭에 많은 사람들이 술사(術士)가 되는 것을 출세의 계제(階梯)로 삼기 때문이라 하였고, 곁에 있던 유신(儒臣) 홍경해(洪景海)도 호남에 과연 술사로서 행세하는 자가 많다고 하였다.[66] 이러한 세간의 편견에 대하여 이기경은 평소의 소회(所懷)를 다음과 같이 개진(開陳)하였다.

(사실은) 술사로 행세하는 사람들은 신분이 낮은 교생(校生)의 무리들에 지나지 않습니다. 선비라는 사람들이 어찌 술사로서 행세할 수 있겠습니까? 또 출세했다는 사람들도 역시 잡직(雜職)이나 영직(影職)을 얻은데 지나지 않으니 말할 만한 것이 못됩니다. 유사(儒士)와 양반이 아니면서 다소 재능이 있는 자들이 할 만한 일이 없어 잡술로 들어가는 때문입니다. 처음에는 조정에서 인재를 등용하거나 등용치 않는 일과 관계가 없었으나, 근래에는 호남이 쇠퇴하여 조정에 널리 들어난 사람이 없고, 다만 잡술에 종사하는 사람들만 서울에 성행하는 까닭에, 마침내 잡술이 호남을 다 가려버리게 된 때문으로, 신은 항상 호남을 생각하며 이를 원통해 하였습니다.[67]

위에서 보는 바와 같이, 이기경은 호남에 잡술이 성하다는 외지인(外

---

66) 「본말록」, 정축년 8월 28일, 『목산고』 P, 352 ⓒ 참조.
67) 「본말록」, 정축년 8월 28일, 『목산고』 P, 352 ⓒⓓ 참조.

地人)들의 주장이 실은 사실과 다른 편견임을 항변(抗辯)하고 있다.

이기경은 다음과 같이 말을 이었다.

호남의 폐해는 따로 있습니다. 호남은 원래 문명(文明)하다고 일컬어지던 지역으로 인재들이 많이 배출되었으나, 최근에 책을 읽고 글 배우기를 좋아하는 이들이 매우 적고, 또 그 익히는 것이 오로지 과업(科業)이어서, 사대부들의 기풍이 날로 퇴색(退色)하고 심성(心性)이 날로 파괴되어, 그 폐해가 잡술보다 심합니다. 때문에 신(臣)은 잡술 때문에 호남을 걱정하지 않고, 과거공부 때문에 호남을 걱정합니다.[68]

여기서 우리는 이기경이, 호남에 과거공부를 하는 사람이 다소 있을 뿐, 학문에 전념하는 사람이 없음을 진심으로 안타까워하고 있음을 볼 수 있다.

이때 영조는 이기경의 말이 모두 맞다 동의하였고, 홍경해는, 이기경이 호남인인 까닭에 그렇게 말하지만, 대체로 호남인심은 지극히 좋지가 않다고 자기의 편견을 고집하였다. 이에 이기경은 호남인심에 대하여 진지하게 변론하기 시작하였다. 그의 호남변(湖南辯)은 다음과 같다.

과연 호남인심이 좋지 않다는 말이 있습니다. 옛날부터 호남의 풍속이 속이기를 잘한다고 말하나 이것은 다만 풍속으로써 말한 것인데, 풍속이 편벽됨은 그 폐해가 적고 교화(敎化)를 행하는 것은 그 공(功)이 커서, 이전 명종(明宗) · 선조(宣祖)의 전성기에는 명신석보(名臣碩輔)가 호남

68) 「본말록」, 정축년 8월 28일, 『목산고』 P, 352 ⓓ 참조.

에서 끊이지 않고 나와서 교화를 선양(宣揚)하고 민속(民俗)을 유지하였으니, 그 시기에 어찌 호남의 풍속이 속이기를 좋아한다고 말하였겠습니까? 지금은 사람들이 옛날과 같지 않고 습속(習俗)이 점차 무너지면서 이로부터 인심이 좋지 않다는 말이 있으나, 인심이 참으로 좋지 않다면 이는 전적으로 어진 인물이 없고 교화가 해이(解弛)해진 때문입니다. 사람의 죄를 땅에 떠넘기는 죄지지론(罪地之論)을 신(臣)은 평소 마음속으로 그르게 여겨왔습니다. 그렇지만 신(臣)과 같은 사람도 매양 다른 지역으로 이사하고 싶은 생각이 있었습니다. 신(臣)은 항상 호남을 위하여 한 번 가슴에 맺힌 원통함을 하소연하고 싶었습니다.[69]

이기경의 호남변을 들은 영조도 '승지의 말이 본질을 알았다. 인심의 문제는 위에 있는 사람들이 어떻게 가르쳐 인도하는가에 있다'하였다.[70]

생각해보면 어느 도의 인심은 사납고, 어느 도의 인심은 교활하다는 등, 지리적 조건이나 자연환경이 인성(人性)을 규정한다고 보아서 인간의 죄를 땅에 돌리는 죄지지론(罪地之論)은, 교육의 감화를 무시하고 인간의 이성적 · 지성적 활동을 무시한 황당무계한 주장임을 이기경이 지적하였고, 영조가 이에 동의한 것이었다.

이기경은 또 영조에게 다음과 같이 아뢰었다.

조정은 감사(監司)의 벼리[綱]이고, 감사는 수령(守令)의 벼리입니다. 조정은 한 도(道)를 감사에게 위임하고, 감사는 한 고을의 수령에게 책임

69) 「본말록」, 정축년 8월 28일, 『목산고』 P, 353 ⓐ 참조.
70) 「본말록」, 정축년 8월 28일, 『목산고』 P, 353 ⓑ 참조.

지우니, 백성들에게 수령보다 친근한 이가 없는데, 수령 중에 능히 수령의 도리를 다하는 자가 적고, 도성(都城)에서 멀리 떨어진 곳은 왕화(王化)가 먼 까닭에 혹 불법(不法)을 자행(恣行)하는 일이 있으면, 백성들이 명령을 감내하지 못하고 입으로 저주하고 마음속으로 그르게 여겨, 때로 감영에 호소하고 때로 비변사에 소장(訴狀)을 제출하는 자들 또한 있는데, 사람들이 그것을 보고 드디어 민속이 극악(極惡)하다고 합니다. 관청에 호소하고 소장을 내는 일은 진실로 악한 풍속이지만, 그러나 그들이 이 지경에 이르게 된 것은 근본적으로 수령의 죄이며, 수령은 왕인(王人, 군왕의 사신)인 까닭에 백성들이 왕인의 불의하고 무례함을 보고, 마침내 조정을 가벼이 여기는 마음을 가지는 것 또한 작은 일이 아닙니다. 임금의 명령을 선포하여 백성을 교화하고 교화를 널리 베풀 책임이 감사에게 있는데, 감사가 된 자가 전혀 교화에 마음을 쓰지 않고서 말하기를, '풍속이 이와 같으니 어찌할 수 없다'하고, 심지어 때로는 도내의 백성들을 얕보고 멸시하는 일까지 있으니, 어디에 그의 관풍찰속(觀風察俗)의 생각이 있는 것입니까? 참으로 통탄할 일입니다.[71)]

그러자 영조도 그 말이 옳다고 재삼 강조하였다. 위에서 우리는 이기경이 호남인심이 좋지 않다는 악의적(惡意的)인 세평(世評)이 생성(生成)·유포(流布)되는 과정을 통해 그 허구성(虛構性)을 예리하게 설파(說破)하고 있음을 확인하였다. 사실 전라도를 폄하(貶下)하는 말들은 전라도민을 다스리기 위해 관찰사 혹은 수령으로 전라도를 다녀갔던 타지인(他地人)들이 만들어낸 것이었다.

일찍이 현종의 치세에 전라감사에 임명된 서울사람 정만화(鄭萬和)

71)「본말록」, 정축년 8월 28일,『목산고』P, 353 ⓒ 참조.

가 임지로 떠나기 전에 현종을 숙배하는 자리에서, '호남은 인심이 교활하고 속임수가 있어 허위적인 풍습과 옥송(獄訟)의 폐단이 그칠 날이 없습니다.' 라고 아뢰고 있고,[72] 상주(尙州)사람 이조판서 정경세(鄭經世)는 '인물은 영남이 으뜸'이라고 자랑하다가 인조(仁祖)가 '정인홍(鄭仁弘)은 악역(惡逆)이 어찌 그 지경에 이르렀는가?' 하고 묻자, 그는 '정인홍이 사는 곳(합천)이 호남에 가깝기 때문입니다'고 대답하고 있다.[73] 서울사람 심전(沈銓)은 전주부윤으로 있을 때 선량한 백성을 강도로 꾸며 혹독한 장형(杖刑)으로 죽인 것이 수십여 호나 되었으므로, 이웃들이 도피하여 마을이 텅 비자 집들을 불태우고 전지(田地)를 모두 몰수하고 도적을 잡았다고 보고하여 가선대부(嘉善大夫)에 올랐고,[74] 충청도 도사 최팔준(崔八俊)은 전라도 도사로 바꾸어 주기를 임금에게 진정하는가 하면,[75] 이황(李璜)은 호남의 능성현(綾城縣)을 자청하여 능성현령이 되었다.[76]

죄지지론은 정경세 · 정만화와 같은 편견(偏見)의 노예가 된 자들과 타지인으로서 호남에서 외관(外官)을 역임한 자들에 의해서 만들어진 것이었다. 호남의 고을살이를 희망했던 사람들일수록 고을살이를 축재(蓄財)의 기회로 여기고, 호남인들을 수탈(收奪)의 대상으로만 여겼던 사람들이었으며, 자신들의 무한정한 수탈에 대항하여 생존을 위한 몸

72) 『현종실록』, 5년 3월 신사(19).
73) 『인조실록』, 8년 7월 을사(4).
74) 『명종실록』, 16년 7월 기해조, 동 17년 4월 을축조 참조.
75) 『예종실록』, 1년 7월 15일.
76) 『명종실록』, 21년 7월 15일.

부림으로 고소·고발로 저항하는 백성들을 교활하고 옥송을 좋아하는 사람들로 매도하는 데 앞장섰던 사람들이다.

영조 7년(1731) 7월에 부교리 황정(黃晸 : 1689~1752)이 호남의 해도(海島)를 안렴(按廉)차 순행하다가 그 곳의 토지와 어염(漁塩)이 모두 궁가(宮家)와 중앙관청에 절수(折受)되고, 경외(京外)의 호족(豪族)들이 사사로이 이를 점유하고서 갖가지로 침학하는 때문에 이곳의 풍속과 습성이 완악하다고 아뢰고 있는데,[77] 이처럼 한 지역의 풍속과 습성이 완악해지는 것은 외관들의 무분별한 강압적 수탈 때문이었던 것이다. 이런 의미에서 볼 때 앞에서 본 이기경의 호남변은 지극히 정당한 것이었음을 확인할 수 있다.

이기경 자신도 다른 지역으로 이사하고 싶을 만큼 호남의 홀대가 적지 않았던 시대를 살면서, 죄지지론의 부당성(不當性)을 사회를 향하여 외롭게 항변하면서도, 전주를 사랑하는 변함없는 마음에 그는 마지막 순간까지 전주를 떠나지 아니하였던 것이다.

6. 결어(結語)

목산 이기경은 문과 정시(庭試)와 문과 중시(重試)에 장원(壯元)으로 급제하였을 만큼 학문과 문장력이 출중하였던 유사(儒士)였으며, 예설(禮說)에도 매우 조예가 깊었다. 그러나 그의 참 모습은 자신의 정치사

---

77) 『영조실록』, 7년 5월 갑자(2).

상과 생활철학을 실제 생활에 실천하고 있었다는 데에서 발견할 수 있다.

그는 관직에 나아가고 물러나는 것은 절의(節義)와 관계되는 것이라고 생각하여 자기의 분수에 맞는 관직이면 나아가되, 분수에 넘치는 관직이라고 판단되면 한사코 나아가지 아니하였다. 뿐만 아니라 관직은 사사로이 호오(好惡)에 의해서 수여되어서는 안 된다고 생각하여, 영조의 특별한 총애로 자신에게 수여되던 관직을 대부분 고사(固辭)하고 나아가지 아니하였다.

그는 붕당은 마땅히 타파돼야 한다고 생각하였다. 그러나 이 세상의 일에는 충역(忠逆)과 시비(是非), 선악(善惡)과 정사(正邪)가 있다고 생각하였고, 스스로 충(忠)·시(是)·선(善)·정(正)이라고 믿고 있던 노론의 의리론을 고수하면서, 역(逆)·비(非)·악(惡)·사(邪)의 구축(驅逐)을 꾸준히 지향하였다.

그는 또 탕평책하의 인재 등용이 인재본위(人材本位)가 아니고 붕당간의 이해 조정을 우선적으로 고려하여 적당히 안배하려는 것이라는 것, 엄히 구분해야 할 충역과 시비를 당습(黨習)이란 말로 그 언급을 금하고 있는 까닭에 충역·시비가 혼재한다는 것, 탕평이란 미명(美名)하에 대각(臺閣)의 당론을 금하고 있어 언로가 막혀있다는 점 등을 들어, 탕평책을 신랄하게 비판하고 기본적으로 부정하고 있었다.

그는 애향심도 출중하여, 호남인심이 좋지 않다던 다분히 악의적인 무날(誣捏)에 대하여 죄지지론(罪地之論)의 부당성을 항변하면서, 마지막 순간까지 애향을 실천하였던 자존심이 강한 인물이었다.

이기경은 한평생을 관직에 나아가는 것은 어렵게, 또 물러나는 것은 쉽게 하는 삶을 살았다. 사실 그의 삶은 누구도 흉내 내기 어려운 진유(眞儒)의 삶, 구도자(求道者)의 삶 그것이었으며, 그의 한평생은 그가 학문을 통하여 체득한 생활철학과 생활신념을 실현해가는 과정 바로 그것이었다.

부록

전주관방(全州關防) 남고(南固)산성과 그 주변의 유물 · 유적

1. 머리말

전주시 완산구 동서학동 산 228번지 남고산에 있는 남고산성은, 1981년에 사적(史蹟) 294호로 지정되었는데, 그 넓이는 163,970㎡에 이른다. 산이 시 변두리에 바짝 다가서 있고 또 그리 가파르지도 높지도 않아서, 필자가 중 · 고등학교를 다닐 때만해도 소풍지로서 인기가 있었던 곳이다.

지금도 꽃이 피는 화창한 봄날이나 단풍이 곱게 물드는 가을철이면, 이곳을 찾아 아름다운 경치를 완상(玩賞)하는 시민들이 적지 않은 것으로 알고 있다.

이처럼 남고산성은 우리 가까이에 있어 쉽게 찾는 곳인데도, 실은 우리들이 남고산성에 대하여 얼마나 알고 있는지 생각하면 부끄러운 마음 뿐이다. 솔직히 말하면 우리들이 남고산성에 대하여 너무 아는 것이 없다고 고백하는 편이 나을지 모르겠다.

예컨대, 남고산성이 언제쯤 축조되었는지? 남고산성은 외적의 전주

내침 때 어떤 기능을 수행하였는지? 남고산성과 만마관(萬馬關)의 관계는 어떤 것인지? 남고산성과 그 부근에는 어떤 역사적 유물과 유적이 분포되어 있는지? 등 어느 것 하나 쉽게 대답할 수 있는 것이 없다 해도 과언이 아니기 때문이다.

이에 필자는 이러한 문제들에 대하여 종합적으로 고찰하고 정리하여 남고산성이 가지는 역사적 의의와 문화적 위상을 밝힘으로써, 전주와 완주 나아가 전북도민들에게 내 고장의 역사와 문화에 대한 이해심과 애호심을 제고하려는 생각에서 이 글을 준비하였다.

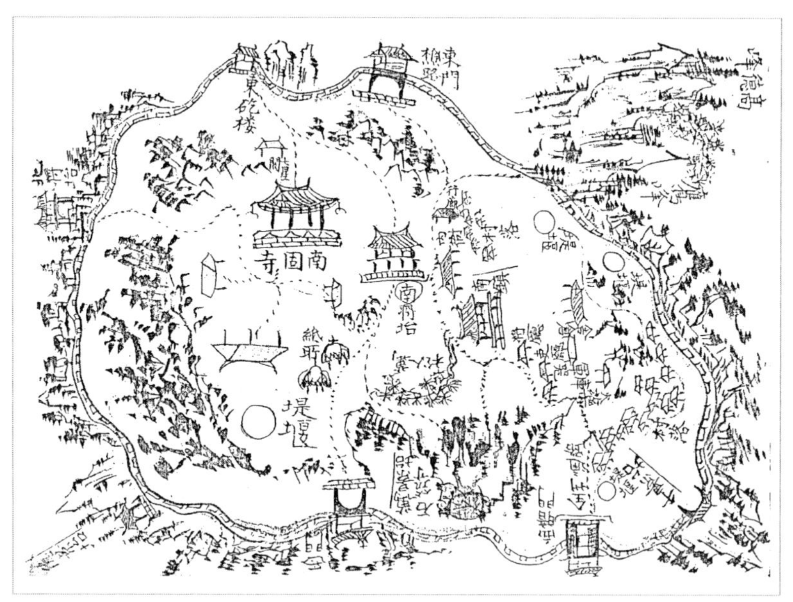

남고진고지도

2. 전주관방(關防) 남고산성의 역사

남고산성은 전주의 관방, 즉 전주를 외적의 내침으로부터 방어하기 위한 목적으로 설치한 성이었다는 점에서, 운명적으로 전주의 역사와 그 영고(榮枯)를 같이 할 수밖에 없는 것이다. 따라서 남고산성의 역사적 등장은 전주의 정치 · 사회적 위상과, 전주의 물적 · 인적 자원 등 그 읍력(邑力)의 성장과 일정한 관계를 가지는 것으로 이해 할 수 있다. 뿐만 아니라 막대한 인력과 물력을 동원하여 변경도 아닌 내륙에 성을 쌓은 데에는 그렇게 예비하지 않으면 안 될 만한 분명한 외적 위협이 존재하였던 것이라고 생각되기도 한다. 그렇다면 남고산성은 언제, 어떤 계기로 쌓게 된 것일까?

전주는 역사적으로 볼 때 백제시대의 그 정치 · 사회적 위상을 현재로서는 말하기가 어렵다. 그러나 적어도 통일신라의 경덕왕 16년(757)에 전국의 지방행정 구역을 9주(州) · 5소경(小京) · 117개 군 · 293개 현으로 정비한 이래, 전주는 9주의 하나로서 남원 소경과 10개 군, 31개 현을 거느리던, 말하자면 오늘의 전북지역을 관할하던 지방행정의 중심지였다. 그리고 견훤의 후백제때에는 한 나라의 수도였으며, 또 고려 시기에는 전주 목으로서 역시 오늘의 전북지역 군현들을 영솔하던 큰 고을이었다.

조선왕조가 창건되면서 전주는 전주이씨의 본향이라는 점이 중시되어 태조 대에 완산부(完山府)로 승격되었고, 태종 3년(1403)에는 전주부로 개정되면서 관찰사와 품계가 같은 종2품 부윤이 파견되었으며,

나라를 연 땅(肇基之地)임을 경하하는 경기전(慶基殿)이 전주에 건립되고 태조의 영정까지 모시게 되었다. 게다가 전주는 조선왕조 500여년간 전라감영이 설치되었던 전라도의 수부(首府)로서, 오늘의 전라남·북도와 제주도를 관할하던 이 지역 통치행정의 중심지였다.

고대의 전투에서는 물론, 임진왜란 때 행주산성 전투와 병자호란 때 남한산성 전투에서 확인되듯이, 중세까지도 산성전투가 전쟁의 승패를 결정짓는 중요한 전투였다는 점을 감안할 때, 전주는 고대 이래 어느 시기에도 남고산성 같은 관방을 확보하기에는 충분한 정치·사회적 위상과 역량을 확보하고 있었다고 볼 수 있다.

그럼에도 불구하고 19세기 이전의 기록물에서는 아직껏 '남고산성'이란 단어를 발견할 수가 없다. '남고진'이라는 단어가 확인되는 시대적으로 가장 앞서는 기록이 조선왕조 헌종 12년(1846)에 건립된 남고진사적비(南固鎭事蹟碑)의 비문이다. 따라서 남고산성에 관한 고찰은 남고진사적비의 검토로부터 시작될 수밖에 없다.

그런데 문제는 이 비문 어디에도 여기가 남고산이라고 표현한 데도 없고, 또 1811년부터 여기에 성을 쌓기 시작하여 1812년에 완공하였다고 기록하고 있을 뿐, 그것이 창설인지 아니면 수축이나 증축인지를 분명히 하고 있지 않다는 것이다. 그렇다 하더라도 여기에 이전부터 산성이 있었던 것만은 엄연한 사실이다. 다음에서 우리는 이를 확인할 수 있다.

(ㄱ) 상(上)이 이르기를, "전주 만경(萬頃)산성의 형세는 어떠한가?"하

자, (이)항복이 아뢰기를, "지세가 별로 좋지 못합니다."하였다. 상이 이르기를, "전부터 있었는가?"하자, 아뢰기를, "전부터 있었습니다……" (『선조실록』 30년 5월 27일)

(ㄴ) 전 전주부윤 박경신의 공초에,……본부에 부성(府城)이 있었으나 지세가 낮고 성첩이 얕아서 수비하기에 온당치 못하여 지난해에 본도 관찰사의 분부를 받아 5리 밖의 옛 성을 증축하였다……(『선조실록』 30년 11월 9일)

우리는 위 인용문 (ㄱ)에서, 전주에 만경산성이 이전부터 있었다는 사실과, (ㄴ)에서 선조 29년(1596)에 전주 5리 밖에 있는 옛 성을 증축하였다는 사실을 알 수 있다. 그런데 철종 13년(1863)에 김정호(金正浩 : ? ~ 1864)가 편찬한 『대동지지(大東地志)』의 전주, 성지(城池)조를 보면, 남고산성은 전주부 남쪽 5리 지점의 고덕산 위에 있는 옛 석성으로서 순조 13년(1813)에 개축되었다고 설명하고 있다. (ㄴ)의 '5리 밖의 옛 성'이란 바로 남고산성을 가리키는 것이 분명한데, (ㄱ)에서는 남고산성이라고 하지 않고 만경산성이라 하고 있는 것이다.

재론할 필요 없이 만경산성의 '萬頃'은 오늘의 남고산성 안에 있는 만경대(萬景台)의 '萬景'을 빌어 표현하면서, '景'을 '頃'으로 잘못 기록한 것일 뿐이다. 그리고 이러한 현상이 벌어진 것은, 오늘에는 고덕산과 남고산이 확연히 구분되지만, 16세기 말까지도 남고산이 고덕산과 분리하여 따로 부르는 독자적인 이름을 가지지 못하였기 때문이었다. 다시 말하면 16세기 말까지도 남고산은 고덕산의 일부로 파악되고 있었다는 말이다.

그렇기에 1872년 경과 1895년 경에 각각 편찬된 완산지(完山誌) 산천(山川)조에서조차 만경대가 고덕산에 있는 것으로 기술하고 있었던 것이며, 고덕산은 전주부의 남쪽 10리에 있는데 진안의 마이산으로부터 산맥이 흘러왔다 하고, 완산(完山)은 고덕산에서 뻗어 와서 전주의 안산(案山)이 되었다고 설명하면서도, 남고산에 대해서는 설명이 없는 것이다.

따라서 19세기 이전의 기록에서, 남고산성의 역사는 고덕산성의 역사에서 찾아야한다는 사실을 우리는 유념해야 한다.

『세종실록지리지』, 전라도 전주부 기사에, 고덕산성은 둘레가 1413보이며, 성내에 우물이 7개 있고 또 시내가 있는데, 겨울이나 여름에도 마르지 않는다고 기록되어 있다. 이 기사는 우리를 혼란시키기에 충분한 기사다. 고덕산은 해발 603m로 남고산의 동남쪽에 있는 산이다. 따라서 고덕산성이라 하면 우리는 바로 오늘의 고덕산 위에 쌓은 성을 연상하게 된다. 그러나 고덕산은 높고 가파르며 전주로부터 너무 멀어서, 유사시 청야(淸野)하고 피란하여 농성(籠城)하기 위해 평소에 식량과 군기를 비축해 두고 외환에 대비할 성을 쌓기에는 부적절한 산이다. 게다가 고덕산 위에는 우물이나 시내도 없어서 산성의 존립요건도 갖추지 못했다.

앞에서 이미 논의한 바와 같이 『세종실록지리지』의 고덕산성은 오늘의 남고산성을 지칭한 것이었다. 고덕산성에 우물 7개와 시내 하나가 있다는 『세종실록지리지』의 기사와, 『대동지지』의 남고산성 기사가 일치하는 것도 그 때문이다.

앞에서 우리는 남고산성이 조선 초기에 고덕산성이라는 이름으로 이미 존재하고 있었음을 확인하였다. 그렇다면 남고산성은 언제 축조되었을까? 이 때 우리가 유념해야 할 것이 있다. 그것은 산성이란 원래 읍성(邑城 : 本城)보다 먼저 축조되지 않는다는 것이다. 산성이란 전투에서 읍성을 지킬 수 없다고 판단될 때, 읍민들과 함께 대피(待避)하는 곳이기 때문이다. 따라서 우리는 전주 읍성의 조성(造成) 시기에 대하여 살펴볼 필요가 있다.

『완산지(完山誌)』 성지(城池)조를 보면, 전주읍성을 전라도 관찰사 최유경(崔有慶 : 1343~1413)이 조성하였다고 밝히고 있는데, 최유경이 전라도 도관찰출척사(都觀察黜陟使)로 재임한 것이 고려 창왕 즉위년(1388) 9월부터 공양왕 1년(1389) 10월까지였으므로, 전주읍성이 축조된 것은 고려 말의 일이었다. 따라서 남고산성의 축조 시기도, 전주의 본성(本城)인 전주읍성의 축조시기와 같거나, 이후의 어느 시기일 것이므로, 1380년대 말에서 『세종실록지리지』가 편찬된 1450년대 초의 시기일 것이 분명하다고 생각된다.

1846년에 남고진사적비문을 지은 최영일(崔英一)이 남고산성이 견훤성의 옛터인 듯하다고 추측한 이후 1872년 경에 편찬된 『완산지』 고적(古蹟)에서는 고덕산성을 견훤이 쌓은것이라 기록하고 있으나 그렇게 보기는 힘들 듯 싶다. 왜냐하면 1454년에 편찬된 『세종실록지리지』에서 고덕산성을 말하면서 견훤과의 관계를 전혀 말하지 않고 있으며, 1530년에 편찬된 『신증동국여지승람』에서 견훤이 쌓았다는 고토성(古土城:동고산성)과 축조연대 미상의 고덕산성을 구별하여 기록하고 있기 때문이다. 뿐만 아니라 후삼국의 전란의 와중에서 왕성인 동고산성 외에 남고산성을 쌓을 겨를도 없었겠거니와, 두 개의 산성을 동시에 쌓아서 전력(戰力)을 분산했을 리도 없다고 생각되는 까닭이다.

하지만 이러한 문제는 고고학과 같은 다른 인접 학문과의 공동연구가 진행된 뒤에야 보다 정확한 해답을 얻을 수 있을 것으로 생각된다.

3. 남고산성과 만마관(萬馬關)의 관계

1) 전주관방 남고산성의 기능

남관진창건비 (완주 상관)

전주를 수호하는 데 있어서의 남고산성의 기능은 우선 임진왜란의 와중에서 확인할 수 있다.

임란 중의 전주 수성(守城)에 대하여『선조수정실록』 25년 7월 1일조의 기사에, 왜병이 전주에 침입하였을 때 본 고을사람 이정란(李廷鸞)이 주민(州民)을 이끌고 전주성을 지켰으며, 전라감사 이광(李洸)은 전주성 밖 용함대(龍函台)에 진을 치고서, 낮에는 의병(疑兵 : 적을 속이기 위해 가장한 군대)을 설치하여 깃발이 산골짜기를 덮게하고, 밤이면 횃불을 줄지어 세워 서로 응하게 하였다고 전하고 있다. 또『선조실록』 25년 9월 12일 기사에서 선유사(宣諭使) 윤승훈(尹承勳)은 전주성을 수비할 때 감사 이광은 용암대(龍岩台)에다 진을 치고, 방어사 곽영(郭嶸)과 수성장 이정란은 성으로 들어가 지키면서 안팎에서 협공하였다고 선조에게 보고하고 있다.

위 두 기사는 같은 내용을 기술한 것이므로 서로 보완하면, 왜적이 전주에 침입했을 때 전주성 안에서는 곽영 · 이정란이 지키고, 밖에서는 감사 이광이 용암대에 군대로 진을 쳐서, 성안과 성 밖이 협공의 자세를 갖추고 전투에 임하였다는 내용이 된다.

그러면 용암대는 어디인가? 현재로서는 정확한 장소를 필자가 지적해낼 수 는 없다. 그렇지만 용암대는 현재 남관진창건비(南關鎭刱建碑)가 서있는 완주군 상관면 용암리, 다시 말하면 남고진사적비에서 만막관(萬莫關)으로 기술하고 있고, 19세기 후엽에 편찬된『완산지』의 사계약도(四界略圖)에 만마관(萬馬關)으로 표시된, 이른바 만마관의 관문이 설치되었던 용암리 만마관 주변의 돈대를 지칭한 것임에는 틀림이 없다.

여기서 문제가 되는 것이 용암대가 전주부성의 동문이나 남문에서 직선거리로도 40리가 되는 거리에 있다는 것이다. 따라서 용암대에 진을 친다면,『선조실록』에서 서술한 것처럼 전주성과 용암대가 안팎이 되어 협공할 형세(內外挾勢)를 이룰 수도 없고 남고진사적비에서 서술하고 있는 것처럼 의각(犄角)의 형세(양면작전의 태세)를 취할 수도 없다. 뿐만 아니라 전주성 주변의 왜적에게 용암대에 내거는 깃발이 나 횃불은 보이지도 않으니 위협이 될 수도 없다. 결론적으로 용암대에 진 쳤다는 실록의 기사는 잘못되었다는 말이다.

전주성을 침입코자 전주성 주위를 맴돌던 왜적들의 배후를 불안케 할 목적으로, 낮에는 깃발을 밤에는 횃불을 줄지어 내걸 곳이라면, 전주성의 배후가 되며 눈으로 확인이 가능한 지근거리에 있는 남고산성이 그곳이다. 그런데도 두 실록기사들은 이광이 진을 친 곳이 용암대라고 하고 있는 것이다. 그것은 남고산성과 만마관이 다 같이 전주 수호를 위한 단일 관방시설이었음에도 불구하고, 내부적으로 본부와 전방의 직소(直所) 같은 구분이 있음을 알지 못했던 까닭이었다.

2) 남고산성과 만마관의 관계

남고진사적비에 의하면, 남고진의 동남쪽으로 산등성이가 이어지고 산봉우리가 겹쳐지면서 수백 리를 뻗어나가니 곧(이 곳이) 만막관이라 하였다. 물론 관(關)이란 전략상 중요지점에 구축해 놓는 군사시설인 요새를 의미한다. 이를 구체적으로 지적하면, 오늘의 남고산에서 고덕산-옥녀봉-갈미봉을 연결하며 상관면 용암리에 이르는 산줄기에 에워싸인 곳이 만막관(만마관)이라는 설명이다. 당연히 다른 한쪽으로는 치명자산에서 은내봉-북치-박이뫼산을 연결하면서 용암리에 이르러 좁은 목을 이루는 산줄기에 에워싸인 지역이 된다. 두 산줄기에 에워싸인 지역 즉 동서학동의 약수터 좁은 목에서 신리-죽림리-남관-용암리 좁은 목에 이르는 요새지가 만마관이요 만마동으로 불리는 곳이었다.

이처럼 남고산 어귀(약수터 좁은 목)로부터 만마관 문이 설치되었던 용암리 좁은 목 까지 40리 에 걸친 산골짜기를 만마동으로 이해하고 있었으므로, 이광의 군대가 전주성 밖의 남고산성에 진을 쳤던 것을 두고 전주성 밖 용암대에 진 쳤다고 하였던 것이다.

만마관은 전주를 수호하는 데 절대적인 요새였다. 남관진 창건비문의 표현을 빌린다면, 남관진이 설치된 만마동 일대는 촉도(蜀道)[1]와 진관(秦關)[2]에 비견할 만한 천험(天險)을 갖춘 요새였다. 이 만마동의

만마관 (완주군 상관면 용암리)

---

1) 산골짜기에 걸쳐 놓은 다리(잔도:棧道)를 건너야만 갈 수 있는 중국 사천성으로 통하는 험준한 길.

2) 동은 함곡관(函谷關), 서는 산관(散關), 남은 무관(武關), 북은 소관(蕭關)으로 둘러 쌓인 관중(關中)을 말한다.

용암리 좁은 목에 관문을 설치하고 군대로 하여금 문을 지키면서 출입을 감시하고 통제케 하였던 것이다. 정확히는 이 관문이 만마관이다.

만마관은 2층 구조물이었는데 위층은 6간의 문루(門樓)로 되어있고, 아래층은 부채모양의 철문을 단 홍예문이었다. 그 밖에 관문을 지키는 장졸(將卒)들의 수직방(守直房) 3간이 있었다.

만마관에서 통행을 철저히 통제하면서, 남원방면에서 전주를 향하던 길손들은 관문이 닫히면 문이 열리는 다음날 아침까지 문밖에서 하룻밤을 지내지 않으면 안 되었는데, 이러한 길손들로 관문 밖의 노고바위 마을에 주막과 여인숙이 성업을 이루었다니 만마관은 관문으로서의 기능을 십분 수행하였다할 수 있다. 오늘의 상관면 용암리 산정마을에 있는 보호수의 아래편 시냇가 낮은 지역이 노고바위 마을 터인데, 신관 사또 변학도가 부임길에 노고바위에서 점심을 먹은 것이 춘향가에 나올 정도로 당시로서는 유명한 곳이었다.3)

만마관은 평소 수문장과 수직하는 병졸 몇 명이 머무는 전방의 경비초소와 같은 곳이었으므로, 여기에 번들던 군대는 독립부대가 아니고 남고산성진 별장의 지휘를 받는 남고진소속의 파견부대였다고 생각된다. 1872년경에 편찬된 완산지(完山誌)를 보면, 남고진사례(南固鎭事例)에서 만막관의 상황을 서술하고 있을 뿐만 아니라 만막관의 위치를 말하면서 '남고진으로부터 동쪽 40 리 거리'(自鎭東距四十里)라고 표현하고 있기 때문이다.

---

3) 김연수(金演洙) 저 『창본춘향가(唱本春香歌)』1967. 31장에 '전라감영을 들어가 객사에 염문허고 영문에 얼풋 다녀 노고바우에 중화(中火)허고'라는 구절이 있다.

만마관이 언제 설치되었는가 하는 문제 역시 해명하기 어렵다. 그러나 임란 때 전주 수성과 관련하여 자주 만마동과 용암대가 거론되는 것으로 보아 이때 이미 만마관이 있었던 것은 분명하다. 임란 이전에 이미 있었던 만마관이라면, 남고산성과 만마관의 관계로 보아서 아마도 왜구의 출몰이 빈번하였던 여말에, 남고산성과 함께 설치되었던 것이 아닌가 하는 생각이 든다.

4. 남고산성과 그 주변의 유물 · 유적들

1) 남고산성 내의 유물 · 유적

다음의 도형(圖形)에서 확인할 수 있듯이 1812년에 증축된 남고산성은, 동포루에서 북장대 · 억경대 · 서문 · 서암문 · 천경대를 잇는, 둘레가 2693보인 성으로서, 그 안에 남고사 · 남장대 · 장청 · 지소를 비롯하여 110여호에 달하는 민가를 내포하고 있었다. 그러나 지금은 그때의 모습을 볼 길은 없지만 아직도 많은 문화유산들을 우리에게 전해주고 있다.

(가) 남고진사적비

① 원문

(전면)

南固鎭事蹟碑(남고진사적비)

州之南有山峷峁如壐盖甄城古址也

其東南連岡疊嶂環亘數百里卽萬莫關也

奧在龍蛇之變召募使李公廷鸞守州城設犄角使兇鋒不敢豕突者寔由於神變之籌而盖因天設之險矣 英廟甲寅趙相公顯命來守是邦增築府城功訖後圖城於此當瓜遞而未遂焉逮夫 純廟辛未李相公相璜按節察邇乃收州內章甫及三營將官府老之諸議劃策經始事幾過半翌年壬申錦豊君朴公崙壽遵之而告功克完固圉噫金湯之設雖關氣數之會抑亦待時而成也

남고진사적비 (전주 남고진)

當時三營將官殫竭鳩財以障北城擬其紀事備 玆貞石迄未亟成于此三紀矣

今因僉議攸同切欲繼往而壽後爰紀爰刻不朽其傳云爾

崇禎紀元後四丙午 月 日 州之士人 崔英一 撰 李三晩 書

② 역문

전주의 남쪽에 산이 있는데 그 봉우리가 높이 솟아 산어귀(山門)같으니 아마도 이곳이 견훤성(후백제왕성)의 옛 터인 듯하다.

그 동남쪽으로 산들이 첩첩이 이어져 수 백리를 둘러싸고 있으니 곧 이곳이 만막(마)관이다.

임진왜란 때 소모사 이정란이 전주성을 지키면서, 여기에 협공의 태세를 갖추어서 흉적으로 하여금 감히 쳐들어올 수 없도록 하였으니, 진실로 신비롭고 불가사의한 책략에 말미암은 것이지만, 실은 모두 천연적으로 험난한 지형을 이용한 것이었다.

영조10년(1934, 갑인)에 조현명이 관찰사로 와서 전라도를 다스릴 때에, 부성을 증축하는 일을 마친 뒤,(여기에)성을 쌓고자 하였으나 임기가 만료되어 이를 이루지 못하였다. 순조 11년(1811, 신미)에 관찰사 이상황이 이 지방을 안찰할 때에 고을 안의 선비들과 삼영장관 그리고 전주부 원로들의 여러 의견을 수렴하여 축성을 시작하여 일이 거의 절반에 도달하였다. 다음해(1812, 임신)에 금풍군 박윤수가 그것을 이어 공사를 준공함으로써 능히 견고한 성을 완성할 수 있었다.

아! 견고한 성(金城湯池)을 만든다는 것이 비록 운수의 만남과 관계되는 일이지만 생각건대 또한 때를 기다려야 이루어지는 것인가 보다.

이때에 삼영장관이 정성을 다하여 재물을 모아 이 성을 수축하고서 그 기사를 기초하여 이 빗돌을 준비하였으나 완성하지 못한 것이 그로부터 거의 3기(紀) 즉 36년이나 되었다.

이제 여러 사람들의 의견이 합쳐진 바에 따라 간절하게 지나간 일이 끊어지지 않고 후세에 보전되게 하고자 기록하고 새기니 영원히 없어지지 않고 전해지라고 이를 뿐이다.

숭정기원후 4병오(1846) 월 일

전주 선비 최영일 지음

이삼만 씀.

(나) 만경대 암각시(岩刻詩)

만경대에는 4편의 시가 바위에 새겨져 있다.

정몽주(1337~92)의 시는, 이성계가 운봉의 왜구를 소탕하고 개선하는 길에 전주 오목대에서 전주 이씨들과 잔치를 하던 중에, 이성계가 한고조의 대풍가(大風歌)를 불러 개국할 야망을 넌지시 드러내자, 종사관이었던 정몽주가 이곳으로 달려와서 지은 시라고 전한다.

권수(權燧 : 1656~?)는 조선조 숙종 때 사람으로 관직이 전주나 전라도와 관련이 없는데, 언제 어떤 계기로 이 시를 지었는지는 알 수 없으나 포은을 사모하는 마음은 시에서 느껴진다. 권적(權樀 : 1675~1755)은 권수의 아들이며, 영조 17년(1741) 11월부터 다음해 8월까지 전라감사로 재직하였다. 그가 차운(次韻)에 앞서 서사(序詞)에서 밝혔듯이 자기 아버지의 암각시를 보면서 애절하게 사모하는 마음을 시로 노래한 것이다. 이서구(李書九 : 1754~1825) 역시 전라감사를 역임한 사람이다.

① 정몽주 시

(원문)

登全州望京臺
千仞岡頭石逕橫
登臨使我不勝情
青山隱約扶餘國
黃葉繽紛百濟城
九月高風愁客子

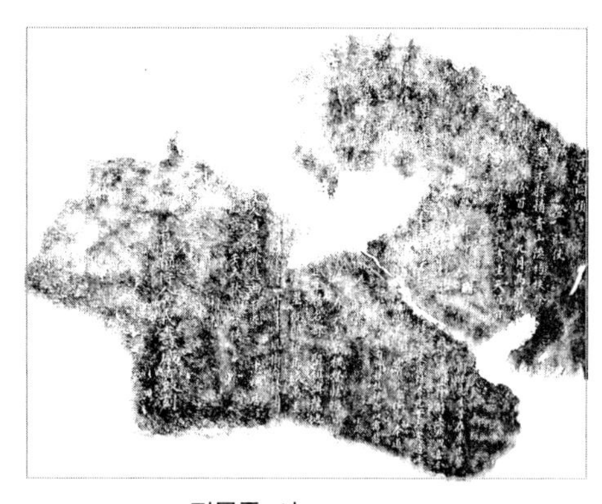

정몽주 시 (전주 만경대)

百年豪氣誤書生
天涯日沒浮雲合
矯首無由望玉京

(역문)

천길 산머리에 돌길 가로 놓여,
그 산 올랐으나 스미는 감정 이길 길 없네.
청산에 은밀히 서약한 부여국인데,
누런 잎만 어지러이 백제성에 날리누나.
구월 가을바람에 나그네 시름 깊고,
한평생 호방한 기상 서생을 그르쳤네.
하늘가에 해는 지고 뜬 구름 모이는데,
머리 들어 할 일 없이 개경만 바라본다.

② 권수 시

(원문)

善竹橋邊一路橫
行人今古幾傷情
松篁帶愴餘遺廟
禾黍興悲但廢城
天地長留題板在
山河無際暮雲生
忠魂不逐風烟散

권수 시(전주 만경대)

長衛龍孫朝玉京

盤翁(반곡 권수)

(역문)

선죽교 변두리에 한 길 가로놓여,

지나는 손 지금껏 얼마나 마음 상했나.

송죽은 슬픔 띠고 오래도록 사당에 머무는데,

벼 기장 비감 일으키며 부질없이 성만 무너뜨리네.

하늘 땅 장구하니 오랜 세월 편액에 남기고,

산하는 끝이 없으니 저물녘 구름 일어난다.

충의론 영혼 좇지 않아도 바람과 연기 흩어지듯,

길이 용손 호위코자 옥경에 알현하리.

圃隱先生 昔在麗末 登臨此臺 吟一律辭意悲慨 到今傳誦 令人感泣 吾先子亦嘗過此 而追和其韻 不肖今適按節本道 撫跡興懷 不能自抑 茲敢續貂以寓悲慕之思云尒

포은(정몽주)선생이 옛날 여말에 이 돈대에 올라가 한 율시를 읊었는데 글의 뜻이 슬프고 분하여 지금까지 전해지며 사람들을 감격하여 눈물 흘리게 한다. 내 아버지 또한 일찍 이곳을 지나다가 추모하여 같은 운으로 시를 지었다. 내가 지금 마침 전라도 관찰사가 되어, (아버지) 자취를 어루만지며 일어나는 감회를 스스로 억제할 수 없어, 이에 감히 능력을 돌보지 않고 애절하게 사모하는 심정을 가탁할 뿐이다.

③ 권적 시

(원문)

漢漢春天老氣橫
登臨暇日感余情
名都聖祖興龍地
廢壘甄郎躍馬城
萬里山河騁遠矚
卄年風樹柰餘生
佳人且莫歌悲曲
百死忠魂杳九京
　壬戌秋 觀察使 權𥛚
　丙寅鎭將金義壽感古改刻

(역문)

쓸쓸한 봄 날씨에 노기가 충만하여,
산에 올라 한가로우니 시정이 절로난다.
명예로운 도회는 성조가 창업한 땅이요,
황폐한 보루는 견훤이 말달리던 성이라.
먼 산하를 멀리 바라보는 데 맡기고,
스무해 불효한 후회에 남은 생은 어이할고.
사모하는 이여 잠시 슬픈 곡조를 노래하지 마오,
백번 죽어도 충성된 마음 구천에 그윽하리.
　임술년(1742) 가을 관찰사 권적
　병인년(1866)에 진장 김의수가 옛날을 생각하며 고쳐 새겼다.

④ 이서구 시

(원문)

萬景臺巖刻詩

高臺徒倚暮雲橫

惆悵孤臣去國情

數疊靑山圍曠野

萬家霜樹擁重城

西風淅瀝秋聲至

落日蒼茫海氣生

爲是圃翁吟眺地

天涯獨自望神京

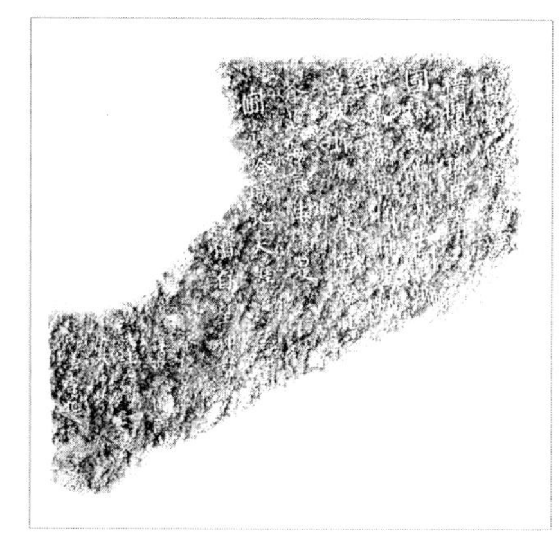

이서구 시(전주 만경대)

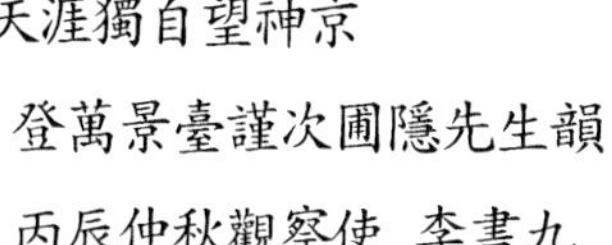

登萬景臺謹次圃隱先生韻

丙辰仲秋觀察使 李書九

(역문)

만경대암각시

높은 대에 부질 없이 기대니 저녁 구름만 길게 퍼지는데,

슬프다 외로운 신하 나라 잃은 설움이여.

겹겹이 쌓인 청산 넓은 들 둘러있고,

집집이 서리 내린 나무 모든 성을 끌어 안네.

서풍에 낙엽지니 가을소리 이르고,

지는 해 저멀리 바다 기운 생생하네.

여기가 포옹이 시읊으며 조망하던 곳,

아득히 멀리서 홀로 서울 바라본다.

만경대에 올라 삼가 포은선생의 운을 차운함. 1796년 중추 관찰사 이서구(1754~1825)

(다) 별장 최영우 청덕 선정비문

① 원문

(전면)

別將崔侯永宇淸德善政碑

維賢我侯 一鎭陽春

役結減古 田器加新

斂守革除 損惠咸均

心銘石刻 不忘斯民

(후면)

頌德文

南固鎭卽一府之關防 兩殿備虞之藩屛也 其所關重非他尋常山城之可比 而守城以聚民爲本 聚民以除役爲要 故前後 營府敎是軫念斗護 靡不用極 當初無民之地 漸成百餘戶大鎭 可足以胥爲支保矣 所謂垈墓田畓 分排執稅 有若正供 年加歲增 莫可奠保之境今畓呈營呈府 幸蒙蕩革 處分之際有訴白骨之寃 徵其數亦隨永蕩矣 結卜著成節目 一置本府 一置本鎭 常目在在爲旀 一切蕩革後若有一把束 侵漁之弊 則蔑法政民 罪當何居 惕念遵行之意 結數揚付 石刻永世不忘云

己巳年十二月 日 鎭民竪 蕩革結摠四結六十八卜

② 역문

(전면)

별장최후영우청덕선정비

우리 원님 어지시니 한 진이 태평성대요,

부역 토지세 예보다 주니 농기구 더 새로우네.

거두고 보전하기 그만두어 은혜입음 균평하니,

마음과 돌에 새겨 백성들 잊지 않으리.

(후면)

별장최우영우청덕선정비 (남고산성)

남고진은 곧 한 고을(전주부)의 방어 요새지이며, 양전(경기전의 正·別殿, 향교 대성전-역자)의 뜻밖의 사변에 대비한 변방重鎭이다. 그 연관됨의 중한 것이 다른 평범한 산성들이 비교할 만한 것이 아니로되, 성을 지키는 것은 백성을 모으는 것이 근본이 되고, 백성을 모으는 것은 병역을 면제해주는 것이 요체가 되는 까닭에, 전·후의 우리 감사 판관께서 마음을 써서 돌봐주는데 극진하지 아니함이 없어서, 당초에는 진민(鎭民)들이 없는 처지였으나 점차 백여호가 되는 큰 마을을 이루어 족히 서로 지탱하여 보존 할만하다. 그러나 이른바 집터 · 묘답에 분배하여 조세를 집행하는 것이 마치 정당한 부세와 같이 되어서, 해마다 증가하여 몸을 의탁하고 살 수가 없는 지경에 이르렀다. 금번에 감영과 전주부에 청원서를 제출하여 행히 탕감하여 없애주는 은덕을 입었는데, 처분할 즈음에 죽은 사람에게서 군포를 징수하는 원통함을 호소하여 그 액수를 밝혀 또한 즉시 영원히 탕감 받았다. 결복을 기재하여 절목을 만들어서 한 부는 전주부에 두고, 한 부는 남고진에 두어 항상 어디서나 볼 수 있게 하며 일체를 감면한 뒤에 만일 한 줌 한 뭇의 침탈한 폐단이라도 있으면 법에 의거하여 다스릴(바로잡을)것이니, 죄를 장차 어찌할 것인가? 두려워하는 마음으로 준행하라는 뜻으로 결수를 밝혀 돌에 새기니 길이 잊지 말지어다 하였다.

기사년(1869) 12월 일 진민이 세움. 탕감받은 결의액수 4결 68복

(라) 남고사(南固寺)

동서학동 2가 724번지 남고산성 내에 있는 사찰로서, 신라 문무왕 8년(668)에 명덕화상(明德和尙)이 창건하였다고 전한다. 명덕은 열반종조(涅槃宗祖)인 보덕(普德)대사의 수제자로서 당시의 명승이었다.

남고사는 경복사(景福寺)의 말사(末寺)로서 처음에는 남고연국사(南固燕國寺)라 하였으나 뒤에 남고사(南高寺)로 바뀌었다가 조선의

남고사 (전주 남고산성)

성종대 이후에 남고사(南固寺)라 하였다고 한다.

그러나 보덕화상의 고제(高弟) 11인이 창건한 8개 사찰에 남고연국사는 없으며, 다만 소재가 불분명한 연구사(燕口寺)가 보이는데, 혹 이것이 남고연국사가 아닐까 생각된다.

남고사는 선초까지 교종 계통의 사찰로 내려오다가 임란 이후에 선종사찰로 변하였다. 현재의 사찰 건물은 건축연대를 확실히 알 수는 없으나 건축된 지 100여 년이 지난 것으로 추정되며, 석가모니불을 주불로 우측에 약사여래상이 봉안되어 있다.

(마) 관성묘(關聖廟)

문화재자료로 지정되어 있는 관성묘는 관왕묘(關王廟) 혹은 관제묘(關帝廟)라고도 하며 관성을 모신 사당이다. 관성은 중국 역사상 위·

촉·오 3국시대의 촉한의 무인으로서, 3국이 정립하여 패권을 다투던 시기에 촉나라 임금이던 유비(劉備)와 생사를 같이할 것을 서약하고 항상 그를 도왔던 관우(關羽)에 대한 존칭이다. 관우는 어떤 상황에서도 유비에게 충성을 다했던 충의로운 무장으로서, 만인의 사표가 되기에 충분하였으므로, 송대(宋代)에 혜공무안왕(惠公武安王)에 봉해졌고, 명대(明代)에 다시 협천한국충의대제(協天漢國忠義大帝)에 봉해졌다.

관우는 죽은 뒤 신령으로 나타난 일이 있었는데, 송대부터 군신(軍神)으로서 관제묘(關帝廟)에 제사하여 그 신앙이 민간에 널리 행해졌다. 중국의 이런 관제 신앙이 전래되어 우리의 민간신앙으로 수용되었던 것이라 여겨진다.

1959년에 하계호(河繼鎬)가 발행한 『주해명성경(註解明聖經)』 부록

관성묘 (전주 남고산성)

에 의하면, 1884년[4]에 남고산성별장 이신문(李信文)[5]의 꿈에 관성이 현몽하여 관찰사와 상의하여 사당을 지으라 명하였고 또 관찰사 김성근(金聲根)의 꿈에도 나타나 엄히 명하였으므로, 그해 남고산성에 사당을 지었다고 하여 관성묘가 1884년에 건립되었음을 밝히고 있다.

19세기 말엽의 조선사회는, 1866년의 병인양요와 1871년의 신미양요에 이어 1876년에는 일본의 무력시위로 한 · 일 간에 강화도조약이라는 불평등 조약이 체결되었고, 1882년에는 군란이 일어나는 등 대외 · 대내적으로 정정(政情)이 심히 불안한 시기였다. 그리하여 군신(軍神)에 의지하여 외환을 막아보겠다는 일부 전주 인들의 소박한 소망과 기대가 관성묘의 건립을 서두르는 계기가 되었던 것이라 짐작된다.

2) 남고산성 주변의 유물 · 유적

남고산과 고덕산을 중심으로 하는 전주시 동서학동과 완주군의 구이면 · 상관면 일대에는 많은 유물과 유적들이 있다. 그 중 대표적인 것으로는 다음과 같은 것들이 있다.

(가) 보광사지(普光寺址)

남고산의 동남쪽 보광재 너머, 완주군 구이면 평촌리 상보(上普)마을에 있었던 보광사의 절터다. 이곡(李穀)의 가정집(稼亭集)에 전하는

4) 원문에 갑진년으로 되어 있으나 갑신년을 잘못 기록한 것이어서 바로 잡았다.
5) 원문에 이문신으로 되어 있는 것을 바로 잡았다.

중흥대화엄보광사기(重興大華嚴普光寺記)에 의하면, 보광사는 화엄종계의 사찰로서 백제 때부터 있던 대가람이었다. 비구승 중향(中向)이 보광사를 중흥할 뜻을 품고, 전주 출신으로 원나라의 자정사(資政使)에 오른 고용봉(高龍鳳)에게 도움을 청하여, 1337년에 중수하기 시작하여 6년만인 1343년에 100간의 사찰을 완공하였다고 하였다.

지금은 흔적을 찾아보기 어렵고 마을 길가에 불상의 연화대좌(蓮花台座)와 석등대좌(石燈台座)가 남아있을 뿐이다.

(나) 경복사지(景福寺址)

보광재 너머 고덕산 서남쪽 산록에 있는 구이면 광곡리 화원(花園)부락이 경복사의 절터다.

『삼국사기』 고구려본기, 보장왕 9년(650)6월 기사에 반룡사(盤龍寺)의 보덕화상(普德和尙)이 국가에서 도교를 받들고 불교를 믿지 않는다면서 남쪽 완산의 고대산(孤大山)으로 옮겨갔다고 되어있다. 비록 경복사라는 표현은 없지만 보덕이 고대산(지금의 고덕산)에 경복사를 창건한 내용을 기술한 것이다.

또 『삼국유사』 권3, 흥법, 보장봉로보덕이암(寶藏奉老普德移庵)조에는, 반룡사의 보덕화상이 고구려에 도교가 홍행하는 것에 대하여 수차 국왕에게 간하였으나 듣지 아니하므로, 신력(神力)에 의하여 방장(方丈 : 사원)을 날려 완산주 고대산에 옮겨 사니 영휘 원년(650) 6월의 일이며, 지금 경복사의 비래방장(飛來方丈)이 그것이라고 하였다.

이처럼 경복사는 백제 의자왕 10년인 650년에 창건된 사찰로서, 조선왕조의 세종대에는 거승(居僧)의 수가 70명이나 되는 거대한 가람이었다. (『세종실록』 6년 4월 경술) 그러나 지금은 경복사지 석등옥개석, 청자 파편, 와당 등이 여기저기에 산재해 있을 뿐이다.

(다) 남관진창건비

① 원문

南關鎭刱建碑

桐漁李公潘南朴公相繼爲本道觀察使築城於南固山而置鎭將守之又築城於南關而規模未備且財絀未遑至今六十有一年有識之憂歎厥由久矣樂齋大爺李公按本道之四年具由上聞又稟議于大院位乃於癸酉四月先修南關城譙距南固十里之地相陰陽觀流泉設鎭將之衙建儲胥之庫將臺在其南火砲廳在其西凡百有餘間矣盖其形便之勝殆若天設險阻而蜀道秦關可與爲伯仲者也自營造之初大爺黙運心筭不煩不擾閱七朔而百務就緖遂使千年豊沛之鄕奄成一大關防嗚呼盛矣況大爺按節以後百度修擧政成人和寇準之雅量富弼公之德望爲緗州士民百年尸祝則今日嶺湖士民之過此者相與之歎息曰此樂齋李公之功其所不諼之思豈但爲百年尸祝而已哉遂記之于石以示後人

崇禎紀元後五癸酉九月日

別監董副司果徐贊輔監董都監官前僉使白樂瑞折衝崔鳳彦看役嘉善金在永燔瓦浮石伐木色吏金魚洪鄭鳳翊張仁行內策應白樂弼外策應柳德雲

② 역문

동어(桐漁) 이공(李相璜 : 1762~1841)과 반남(潘南) 박공(朴崙壽 : 1753~1824)이 서로 이어 본도 관찰사가 되어 남고산에 성을 쌓고 진장을 두어 이를 수비케 했다. 또 남관에 성을 쌓았으나 규모가 갖추어지지 아니한 채 재정이 결핍하여 이를 완성할 겨를을 내지 못한지 61년이나 되었으니 유식한 이들의 걱정과 탄식이 그 사유가 오래다. 낙재(樂齋) 어른 이공(李鎬俊 : 1821~1901)이 본도를 안찰한지 4년에 사유를 갖추어 임금에게 아뢰고, 또 대원위(흥선대원군)에게 여쭈어 의논하여 이에 계유년(1873) 4월에 먼저 남관 성루를 수축하니 남고산성으로부터 10리쯤 떨어진 곳이다. 음양을 점치고 흐르는 물을 살펴서 진장의 관아를 건설하고 여러 물건들을 비축할 창고를 지었다.

장대(將台)는 그 남쪽에 있고 화포청은 그 서쪽에 있는데 모두 100여 칸이나 되었다. 아마도 그 지세의 뛰어남은 거의 하늘이 만든 험한 요충지 같아서 촉도(蜀道 : 사천성으로 통하는 험로), 진관(秦關 : 진의 關中)과 가히 우열을 가릴 수 없을 곳이다.

남관진을 영조할 처음부터 이호준 어른이 말없이 조용히 궁리하고 마음속으로 계획하여, 번잡하지도 요란하지도 않게 7달이 지나 모든 일이 두서가 잡혀, 드디어 천년고도 풍패지향으로 하여금 갑자기 하나의 큰 관방(변경 방어의 관문)을 이루게 하였으니 아! 훌륭하도다.

게다가 이호준 어른이 전라도를 다스린 이후로 온갖 일을 거행하여 정사는 훌륭하고 사람들은 화합하였다. 평중(平仲) 구준(寇準)[6]의 넓

6) 송나라 사람으로 平仲은 그의 字다. 거란의 내침 때 衆議를 배격하고 眞宗의 親征을

은 도량과 정(鄭)공 부필(富弼)[7]의 덕망으로 상주(緗州)[8]의 사족과 평민들이 오랫동안 제사를 지내니, 오늘의 영남 · 호남의 사족과 평민으로서 이곳을 지나는 사람들이 서로 탄식하며 말하기를, 이것이 낙재 이공(호준)의 공이라는 것이 속일 수 없는 생각인데, 어찌 다만 오래동안 제사만 지낼 뿐이겠는가 하였다. 마침내 이를 돌에 새겨 후인에게 알린다.

숭정기원후 5계유(1873)9월 일

별감동(別監董)[9] 부사과 서찬오, 감동도감관 전첨사 백낙서 · 절충 최봉언, 간역(看役) 가선 김재영, 번와부석별목색리 김노홍 · 정봉익 · 장인행, 내책응 백낙필, 외책응 유덕운.

(라) 반곡서원(盤谷書院)

반곡서원은 동서학동 2가 210번지(전주 교대 뒤편)에 자리하고 있으며 지방문화재자료로 지정되어 있다.

주벽(主壁 : 중앙에 안치된 위패)은 문정공 윤황(尹煌 : 1571~1639)이며, 시습재 이영선(李榮先 : 1588~?)과 육곡(六谷) 서필원(徐必遠 : 1614~1671)을 배향하고 있다. 윤황은 벼슬이 대사간에 이르렀으며,

---

청하여 화맹을 맺는데 공을 세웠으며 벼슬은 同中書門下平章事를 역임했다.

7) 북송인으로 거란 및 서하에 대하여 굴욕외교를 배격하여 송의 권위 확립에 노력하였으며, 거란의 할지 요구를 거부하고 양국의 교전 위기를 모면케하는 공을 세웠다. 樞密使를 역임하였으며 鄭國公에 봉해졌다.

8) 문맥으로 보아서 緗州는 전주를 지칭하는데 어디서도 전주를 상주라고 했다는 기록은 찾지 못했다.

9) 국가공사를 감독하기 위해 임시로 임명한 사람.

정묘·병자호란 때는 척화(斥和)를 주장하다가 유배를 당하기도 하였다. 그는 특히 1632년 4월부터 35년 4월까지 전주부윤을 역임함으로써 전주와 인연을 맺었다. 이영선은 사계 김장생(金長生)의 문인이며, 전주 출신으로 우의정을 역임한 이상진(李尙眞 : 1614~90)의 아버지다. 서필원은 신독재 김집(金集 : 1574~1656)의 문인으로 벼슬이 병조판서에 이르렀으며, 특히 1658년 9월부터 이듬해 4월까지 전라감사를 역임하여 전라도와 인연이 깊었다.

반곡서원에 관해서는 일반적으로 고종5년(1868)의 서원철폐령으로 훼철(毁撤)되었다가 고종 15년(1878)에 중건된 것으로 전해지고 있을 뿐, 그 창건 연대를 알지 못한다. 그러나 이상진의 아버지 이영선이

반곡서원 (전주교대 뒤)

배향인물에 포함된 것을 감안할 때 아마도 이상진이 우의정에 발탁되었던 1678년 이후의 어느 시기, 즉 17세기 말엽 무렵에 건립되었을 것으로 생각된다.

(마) 충경사(忠景祠)

충경사는 동서학동 840-19번지, 즉 전주교대를 지나 산성천(山城川)을 따라 남고산성을 향해 올라가는 길 왼편에 있는 그리 크지 않은 사우(祠宇)다.

향사(享祀)인물은 충경공 이정란(李廷鸞 : 1529~1600)이다. 그는 선조 25년(1592) 7월 9일 진안 곰치재를 넘어온 왜군들이 전주

충경사 (전주 동서학동)

성밖에 육박해왔을 때, 주민들과 함께 전주성을 고수하였고, 1597년 정유재란 때는 전주부윤으로서 전주성을 지켜냈다. 충경사는 이정란의 충절을 기리기 위하여 1993년에 건립한 사우(祠宇)다.

5. 맺음말

우리는 앞에서 남고산성과 그 주변의 유물·유적에 대하여 살펴보았다. 이것은 남고산성 주변의 문화유산에 대한 종합적 정리라는 수준을 넘지 못하였다. 그러나 남고진 사적비와 별장 최영우선정비의 번역을 통하여 남고산성의 역사에 대하여 보다 많은 이해를 가질 수 있었고, 별장의 행정기능도 확인할 수 있었으며, 남고산성과 만마동·만마진의 관계에 대한 고찰을 통하여 남고산성의 전주수호상의 군사적 기능을 파악할 수 있었던 것은 하나의 분명한 수확이었다고 할 수 있다.

남고산성 내에는 앞에서 고찰한 문화유산들 외에도 남고사 입구 왼편에 관찰사 서상정(徐相鼎)과 판관 강준수(姜駿秀)의 불망비가 암각되어 있고, 만경대 아래 편에는 별장(別將) 이신문(李信文), 장영풍(張永豊), 김서(金序), 송동옥(宋東玉) 등의 많은 불망비가 자리하고 있으며, 좁은목의 약수터 옆에도 불망비가 암각되어 있어 남고산성은 실로 우리 문화유산의 보고(寶庫)라 하기에 손색이 없을 듯 싶다.

뿐만아니라 남고산성 안 대나무 숲 사이로 구불구불한 옛길과 우물

터가 남아있고, 남진(南鎭)터로 여겨지는 집터 주춧돌이 선명하게 남아 있어, 당시의 남고산성의 모습을 그려볼 수 있게 한다. 이 일대를 복원 정리하고 만마관을 복원하는 일도 한번쯤 고려해 볼 만한 의미 있는 일이 아닐까 생각해 본다.

전라감영의 조직구조와 관찰사의 기능

1. 서언(序言)

한국사학계의 동향으로 볼 때, 비록 늦은 감이 있으나 1980년대 이후 지방사에 대한 관심이 차츰 증대되고 있는 것이 사실이다. 그리고 그에 힘입어 수령을 비롯하여 향리와 향청에 관한 이해가 제고(提高)되었음은 물론, 관찰사의 지방통치행정 기능에 대한 제도적 측면의 탐구가 상당한 정도의 성과를 이룬 것도 사실이다. 그럼에도 불구하고 「전라감영」, 「전라도관찰사」와 같이, 한 지역에 연구영역을 국한시킨 구체적 주제를 가지고 연구한 연구물은 아직까지 없는 것으로 알고 있다.

그러나 사실은 이러한 지역사의 구체적인 사례연구의 성과가 집적된 위에서만 비로소, 조선시기의 지방통치체계와 관찰사의 기능에 대한 보다 정확한 이해가 가능한 것이며, 중앙정부의 지방통치정책이 어떻게 지방사회에 침투 실현되었는가에 대한 실체적 이해가 가능할 것이었다. 본고가 작성되는 이유가 바로 여기에 있는 것이다.

본고를 작성함에 있어 가능한 한 전라감영과 전라도관찰사를 언급한 사료를 활용하고자 노력하였으며, 그 주요 사료는 『미암일기초(眉岩日

記草)』, 『완영일록(完營日錄)』, 『전라감영계록(全羅監營啓錄)』, 『전라감영지(全羅監營誌)』, 『전라병영계록(全羅兵營啓錄)』, 『전라좌수영계록(全羅左水營啓錄)』 등임을 밝혀둔다.

2. 관찰사제의 확립과 전라감영의 개설(開設)

조선왕조의 관찰사는 고려시대의 안찰사(按察使, 按廉使)의 후신이다. 고려시대에 수령들의 현부(賢否)를 염찰하여 못된 이를 내쫓고 착한 이를 올려 쓰며, 백성들을 위무하고 편안하게 하기 위하여 도(道)에 안찰사를 파견하였다.[1]

그런데 고려시기에는 '도'가 행정도가 아니고 안찰사의 순행 안찰구역을 의미하는 것이었으므로,[2] 안찰사 역시 도의 행정장관이 아니고 왕명에 따라 6개월간 도내를 순행, 안찰하다가 귀경하여 국왕에게 복명(復命)하는 봉명사신(奉命使臣)이었으며 외관(外官)이 아니었다. 따라서 짧은 기간의 염찰(廉察)과 염문(廉問)을 본령(本領)으로 하던 안찰사의 직능 수행에는 행정관청이 필요하지도 않았던 것이고, 행정관청이 없었으니 행정기구가 설치될 수도 없었던 것이다. 고려왕조에서 이처럼 군, 현의 상위 행정구역인 도(道, 행정도)를 설치하지 않았던 것은, 고려의 중앙정부가 소수의 수령을 직접 관장하는 지방통치정책

1) 『고려사절요』, 명종 18년 3월조.
2) 하현강, 『고려지방제도의 연구』, 한국연구원, 1977, 67~82쪽.

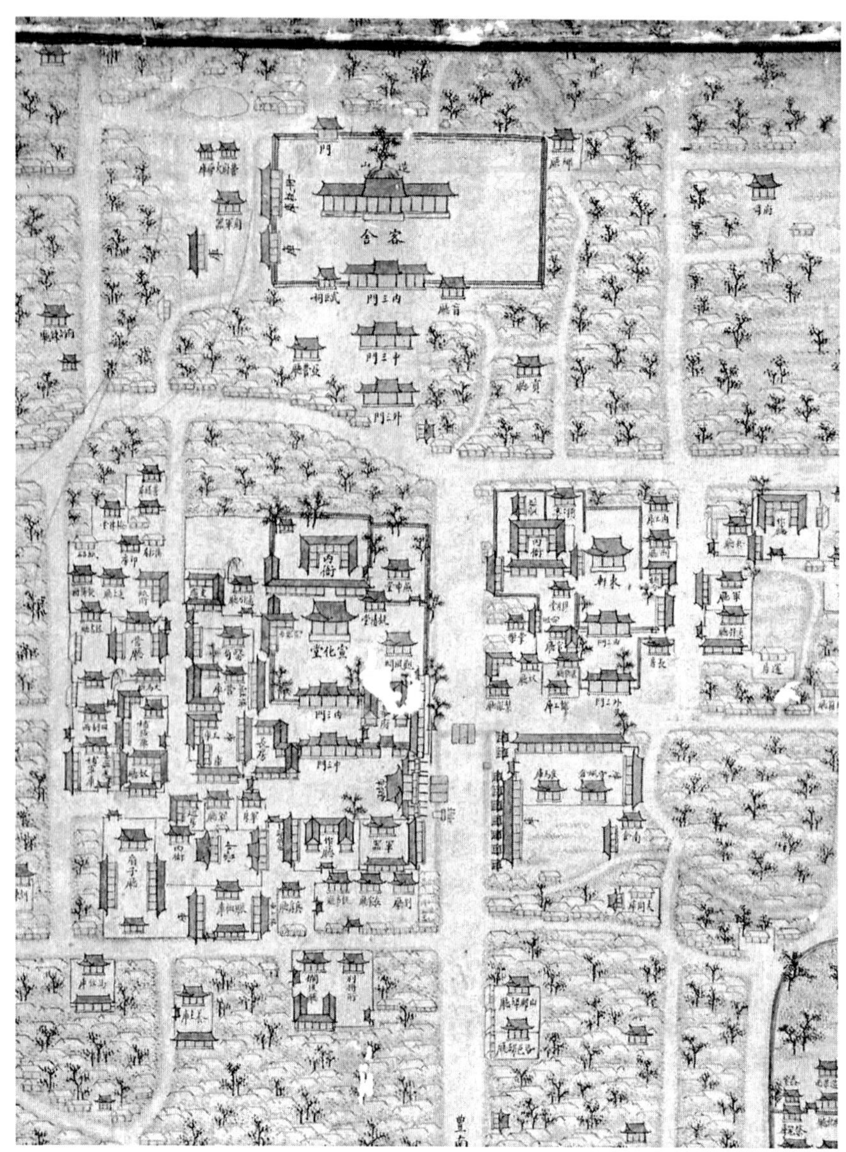

전주 1870년 전라감영 부분

을 실시하고 있었기 때문이다.[3]

그러나 여말에 이르러 수령의 수가 대폭 증가하면서 군·현의 상위 행정구역인 도를 설치하고, 도에 파견하는 관찰사를 통하여 수령을 장악하는 지방통치방식으로 정책 전환을 하지 않을 수 없었다. 바로 이러한 변화가 일어난 것이 창왕 즉위년(1388)의 일이었다.

창왕 즉위년 8월 안렴사의 품계가 낮다는 이유로 안렴사의 명호(名號)를 도관찰출척사(道觀察黜陟使)로 바꾸고, 2품 이상의 양부(兩府 : 문화부와 밀직사)대신으로 임명하게[4] 하였던 변화가 이를 말해준다. 실제로 이 해부터 전라도와 경상도에 도관찰출척사가 파견되고 있으며, 공양왕 3년의 경상도관찰사 안익(安翊)의 관품이 종2품 광정대부(匡靖大夫)였는데, 종2품은 그 당시 어느 외관직의 관품보다 높은 것이었다.

이러한 변화들은 관찰사가 도의 행정장관이 되면서, 외관직 최고의 관품을 보유케 하여 명실공히 지방 최고통치행정직의 위상을 확립하려는 것이었다.

도관찰출척사가 파견되면서 창왕대에 이미 관찰사영의 영리(營吏)들이 등장하고,[5] 공양왕 1년에는 경관(京官)을 구전차출(口傳差出)하여 도관찰출척사를 겸대(兼帶)케 하였던 구전겸대(口傳兼帶)제도를 폐지하고 관찰사를 별도로 제수하여 오로지 한 임무에만 전념케 하는

3) 졸고, 「고려의 군현제도와 지방통치정책」, 『고려사의 제 문제』 삼영사, 1988, 참조.
4) 『고려사』, 백관지2, 외직, 안렴사, 창왕 8월 기사.
5) 『경주선생안』, 「경상도영주제명기」 참조.

한편, 공양왕 2년에는 관찰사경력사(觀察使經歷司)를 설치하여[6] 경력이나 혹은 도사(都事)로 하여금 관찰사를 보좌케 하였다. 이같이 관찰사 경력사와 영리의 등장 시기를 관찰영(감영)이 구성된 시기로 생각해 볼 수도 있겠지만, 실은 아직 관찰사제가 확고히 자리하지 못하고 관찰사와 안렴사가 교차 파견되던 상태였으므로, 이 시기에 감영이 설치되었다고 보기에는 무리가 있다.

조선왕조실록에서 확인되는 바에 의하면, 태조 즉위교서에서 각 도의 안렴사가 해야 할 일을 밝히고 있는데, 이는 여말에 이미 각 도에 안렴사가 파견되었음을 알려주는 대목이다. 그러다가 태조 2년 9월에 관찰사제가 회복되었으며, 태종 1년에 다시 안렴사제로 환원하였다가 태종 2년(1402)에 관찰사제가 회복되면서,[7] 양계(兩界) 이남에 관찰사제가 확립되었던 것이다. 따라서 전라감영이 설치된 시기도 태종 2년 이후의 어느 시기로 생각해 볼 수 있다.

그렇다면 전라감영은 언제쯤 개설되었을까? 이에 대하여 『증보문헌비고』 직관고 17, 외관 1, 관찰사조에는

> (全羅道) ……本朝置按廉使 開營於全州府 世宗二十九年 改爲道觀察黜陟使…….

라고 기술되어 있다.

6) 『고려사』, 백관지2, 외직, 안렴사.
7) 『태종실록』, 2년 1월 계묘.

위 기사는 필자가 알기로는 전라감영의 개설을 언급한 유일한 기록이다. 그 내용인즉, 조선왕조가 개창되면서 도에 안렴사를 파견하고 감영을 개설하였으며, 세종 29년(1447)에 이르러 안렴사를 도관찰출척사로 바꾸었다는 것이다.

그러나 위 기사는 사실과 맞지 않는 잘못된 기술이다. 앞에서 논의한 바와 같이 안렴사는 임기 6개월 동안 순행구역을 계속적으로 순행·안찰하다가 귀경하는 봉명사신이었으므로 감영 같은 행정관청이 필요하지 않았으니, 안렴사가 파견되었던 시기에 감영을 개설하였다는 것은 옳지 않으며, 『전라도선생안』에 의하면, 태조 1년과 태종 1년에 전라도에 안렴사를 파견한 적이 있지만, 태종 2년에 도관찰출척사를 파견한 이후로 다시는 안렴사를 파견한 일이 없었으니, 세종 29년 도관찰출척사로 바뀌었다는 사실도 내용과 맞지 않는다. 그럼에도 불구하고 위 기사가 가지는 의미는, 전라감영의 개설시기가 태종 2년 이후의 시기인데, 그것이 늦어도 세종 29년 이전의 일이었다는 한 가지 사실만은 분명히 하고 있다는 점이라 할 수 있다.

3. 전라감영의 조직구조

비록 소략한 것이기는 하지만 조선전기의 전라도 감영조직을 엿볼 수 있는 사료를 우리는 다행이도 접할 수 있다.

유희춘(柳希春 : 1513~1577)의 『미암일기초(眉巖日記草)』 선조 4년

(1571) 10월 15일의 다음 기사가 그것이다.

> 於審藥檢律都事中房 各給贖木四匹
> 於都事奴子 給三匹
> 於書吏二十四 馬頭六 各給租一石 皆前例也

위 기사는 전라감사 유희춘이, 자신이 대사헌으로 전직되었음을 알고 서울로 떠나기에 앞서, 그간 자신을 도왔던 감영의 관리와 이서들에게 전례에 따라서 저지른 과오를 씻는다는 의미의 목면과 벼를 지급했다는 내용이다.

여기서 우리는 전라감사의 보좌관에 심약·검률·도사와 중방(中房)이 있었으며, 서리 24명과 마두 6명이 있었음을 확인하였는데, 심약·검률·도사는 조선전기 모든 도에 파견되었던 관찰사의 보좌관이었으며, 서리와 마두는 모두 영리들이었다. 여기서 문제가 되는 것이 중방이라는 존재다.

중방에 대하여 정약용은 그의 『목민심서』에서 겸인(傔人)이라고 설명하고 있고,[8] 『중종실록』에서는 관찰사의 중방을 설명하면서, 거느리고 다니는 반인(伴人)을 속어로 중방이라고 한다 하였다.[9] 여기 겸인이나 반인은 모두 사적으로 거느리고 다니면서 부리는 사람이라는 표현으로서, 관찰사의 사적인 보좌관을 말하는 것이었다.

---

8) 『목민심서』 제6권, 호적조. 「古風錢七八百兩 納于內舍 納于册房 納于中房(卽傔人)」
9) 『중종실록』17년 11월 무오. 「憲府啓曰黃海道觀察使朴光榮 在其道 多有失誤之事 其所率 中房者(俗語 謂率行伴人 爲中房)……」

조선전기 전라관찰사의 사적 보좌관으로는, 관찰사가 국왕에게 아뢰고 차임하였던 대솔군관(帶率軍官)이 있었는데,[10] 대솔군관은 대개는 전직관리들로서 행정실무에 밝은 사람들이었다.[11] 타도에서는 흔히 이들을 계청군관(啓請軍官)이라 하였는데, 이들이 곧 관찰사의 비장(裨將, 偏裨)이었다. 조선전기 전라관찰사의 중방은 바로 관찰사의 대솔군관으로서 훗날의 비장을 지칭하였음이 분명하다. 『명종실록』의 다음 기사에서 이를 확인할 수 있다.

軍官非裨將 而必欲稱之以中房 又何歟[12]

즉 군관은 비장이 아닌데도 꼭 중방이라고 부르려는 것은 어째서인가? 라는 말로서 이는 다시 말하면 비장이 중방인데, 비장이 아닌 군관을 어째서 중방이라고 하느냐? 는 표현이기 때문이다.

중방이 관찰사의 대솔군관, 즉 훗날의 비장임이 밝혀졌으므로, 조선전기 전라감영은 관찰사의 보좌관인 도사, 검률, 심약과 대솔군관 외에 영리 30명으로 구성되어 있었음이 확인된 셈이다.

그러나 이러한 조선전기 전라감영의 조직구조는 시대의 변천과 함께 약간의 변화를 겪게 되어, 1789년경에 편찬된 『전라감영지(全羅監營誌)』관직(官職)조에는 대솔군관 7원(員), 사자군관(寫字軍官) 1원, 화

10) 『미암일기』 신미(1571) 2월 11일. 「監司帶率軍官 以金宗麗羅士惇爲擬」
11) 전 제주판관 丁龜壽, 전 만호 金時洽 등이 군관으로 차임되었다. (『미암일기초』 신미 4월 26일, 5월 3일 참조)
12) 『명종실록』6년 12일 계유조 註記.

사군관(畵師軍官) 1원 등 총 9명의 군관(비장)과 영리(營吏) 30명, 계서(啓書) 6명, 마두(馬頭) 3명 등 총 39명의 영리, 139명의 인리(人吏)와 관찰사 보조관인 도사 · 중군 · 심약 · 검률 등이 감영을 구성하고 있었던 것으로 나타난다. 이들 감영구성원들의 직능은 다음과 같이 요약할 수 있다.

1) 도사(都事)

도사는 여말 이래로 경력(經歷)과 함께 관찰사의 수령관(首領官)으로 통칭되던 관찰사의 수석보좌관으로서 종5품관이었다. 세조 11년(1465)에 경력이 혁파된 이후에도 도사는 19세기 말까지 계속적으로 파견되어 도내를 순력(巡歷)하는 관찰사를 수행하면서, 불법을 범한 수령을 추국(推鞫)하고,[13] 관찰사와 함께 수령들의 근무성적을 평정하는 포폄등제(褒貶等第)를 정하였으며,[14] 관찰사 유고시에는 관찰사의 직임을 대행하기도 하였다.[15]

이처럼 도사는 관찰사의 보좌관이면서도, 한편으로는 관찰사와 수령들의 불법을 규찰하여 국왕에게 직접 보고하고 탄핵하는 직계론탄권(直啓論彈權)을 보유하였던 지방의 어사대(사헌부), 즉 외대(外臺)로서의 기능도 담당하였다.[16]

---

13) 『미암일기초』 신미 6월 4일. 「都事成君世平 還自咸平 推鞫前務安宰琴應夏 濫刑事也」
14) 『미암일기초』 신미 7월 29일.
15) 『성종실록』 4년 11월 병신. 「(金)碩更啓曰 都事亞監司 糾察一道 若監司有故 則代行其任」
16) 『성종실록』 4월 7일(계묘).

그러나 18세기 말엽에 이르러 도사는 외대로서의 기능을 상실하고,[17] 관찰사의 하급관리로 자리하게 된다. 현도관(玄都館)은 전라도사가 직무를 수행하던 곳이었다.

2) 중군(中軍)

중군은 임진왜란이 계속되던 선조 26년(1593)에 훈련도감(訓練都監)이 설치되면서, 훈련대장의 밑에 종2품의 중군을 두었던 것이 그 시초인데, 그 뒤 점차 감영과 병영에도 중군직이 설치되어 갔다. 선조 26년 2월의 행주산성전투에서 전라도 순찰사 권율(權慄)의 밑에서 조방장(助防將)으로 전공을 세웠던 조경(趙儆)이 바로 권율의 중군이었으며,[18] 선조 39년 함경감사 이시발(李時發)에게도 중군 박난영(朴蘭英)이 있었고,[19] 선조 28년 황해병사 구사직(具思稷)에게도 중군이 있었다.[20]

이렇게 임진왜란 중에 훈련도감 직제에 등장한 중군직은 감영과 병영에도 도입되어 1760년대에 편찬된 『여지도서』에는 모든 도의 순영(巡營)과 병영(兵營)에 설치되어 있다.

감영의 중군은 일반적으로 순영중군(巡營中軍)으로 호칭되던 정3품 당상 무관으로서, 관찰사의 군사업무를 보좌하고, 관찰사의 직속부대인 순영속아병(巡營屬牙兵)을 총지휘하였다. 19세기 중엽의 전라도 순

---

17) 『정조실록』 11년 12월 20일(계축).
18) 『선조실록』 37년 6월 21일(경자).
19) 『선조실록』 39년 11월 2일(정묘).
20) 『선조실록』 28년 7월 4일(을해).

영속아병의 군사조직은, 중군을 최고지휘관으로 하고 그 밑에 마병별대(馬兵別隊) 12초(哨), 3부(部)·6사(司)의 군대 30초로 편성되어 있었으니,[21] 순영중군은 휘하에 마병별장(馬兵別將)과 3천총(千摠) 6파총(把摠) 42초관(哨官)을 거느리고 있었다. 전라도 순영중군이 직무를 수행하던 곳은 주필당(籌筆堂)이었다.

3) 심약(審藥)

심약은 조선전기 이래 각 도의 감영에 상주하였던 관찰사의 의료보좌관으로서 종9품관이었다. 전의감·혜민서의 의원 중에서 차임하여 파견하였는데, 관찰사의 순력에 수행하며 질병에 신음하는 인민들을 치료하고, 관찰사의 건강과 질환에 대하여 상담하고 약을 조제하며, 도내 관인(官人)들을 치료하는 데 필요한 약을 조달하였다.[22]

---

21) 이를 그림으로 보여주면 다음과 같다.

<table>
<tr><td rowspan="7">中 軍</td><td colspan="3">馬兵別隊(別將) - 12哨(哨官)</td></tr>
<tr><td rowspan="2">左部(千摠)</td><td>左司(把摠)</td><td>前哨(哨官)
左哨(哨官)
中哨(哨官)
右哨(哨官)
後哨(哨官)</td></tr>
<tr><td>右司(把摠)</td><td>위와 같음</td></tr>
<tr><td rowspan="2">中部(千摠)</td><td>左司(把摠)</td><td>위와 같음</td></tr>
<tr><td>右司(把摠)</td><td>위와 같음</td></tr>
<tr><td rowspan="2">右部(千摠)</td><td>左司(把摠)</td><td>위와 같음</td></tr>
<tr><td>右司(把摠)</td><td>위와 같음</td></tr>
</table>

22) 『미암일기초』 신미 6월 17일, 7월 18일, 8월 18일, 9월 19일조.

4) 검률(檢律)

검률은 조선전기 이래 감영에 파견되었던 관찰사의 법률보좌관으로서 종9품관이었다. 검률의 기능은 관찰사의 지시에 따라 범죄사건을 조율(照律)하고 그 처리방안을 자문하였다.[23]

5) 비장(裨將)

비장은 조선전기 이래로 변진(邊鎭)이나 변성(邊城)에 설치하였던 무관직으로서, 대장(大將)·장수(將帥)·원수(元帥)·주장(主將)들을 보좌하는 부장직(副將職)이었지만, 때로는 부장직을 지칭하는 보통명사로 사용되기도 하였다. 다음에서 이를 확인할 수 있다.

> 節度使虞侯 雖有將裨之分 同鎭防戍之任則同 其任雖同 而主將專制之責尤重[24]

위 기사는 영의정 김근사(金謹思)와 좌의정 김안노(金安老)가 논의하여 중종에게 아뢴 내용인데, 즉 절도사와 우후 사이에는 비록 장수와 비장이라는 구분이 있지만 그 진(鎭)을 방수(防戍)해야 할 책임은 같고, 그 책임이 비록 같다하나 주장(主將)이 독자적으로 결정해야할 책임이 더욱 중하다는 내용이다. 보는 바와 같이 절도사는 장수이고 우후는 비장이며, 절도사는 주장이고 우후는 부장(副將)인 것이다. 다시 말하

---

23) 『경상감영계록』(『각사등록』 11), 계해 4월 19일. 「令檢律照律 則檢律劉慶祐手本內……」

24) 『중종실록』 30년 10월 13일(신축).

면 우후는 비장 곧 부장직이며, 비장은 부장직을 지칭하던 보통명사이기도 했다는 것이다.

조선전기에는 관찰사에게는 비장이 없었으며, 전라관찰사의 경우에 대솔군관이 있었던 것처럼[25] 군관(軍官)이 있었다. 그러나 군관은 비장이 아니었으며, 관찰사의 신변보호와 업무수행을 보좌하던 사적인 비서관과 같은 존재였다. 그러다가 임진왜란을 계기로 관찰사들이 군사를 거느리고 전쟁을 수행하게 되면서, 관찰사가 주장이 되고 그 밑에 비장(裨將, 副將)을 두었던 것인데, 그 후 군사와 행정을 분담하여 중군은 관찰사의 수하친병(手下親兵)인 순영속아병(巡營屬牙兵)의 총지휘관으로, 비장은 대솔군관 혹은 계청군관이라는 호칭으로서 관찰사의 행정업무를 보좌하는 사적 보좌관의 직임으로 분리되어 갔던 것으로 보인다.

이렇게 등장한 조선후기 비장들은 관찰사를 대신하여 많은 행정업무를 수행하였다. 영리들이 작성한 곡부(穀簿)를 감사하고[26] 관찰사를 대신하여 도내 농사들이 진행되어가는 형편[農形]을 살피며,[27] 군・현에 저치(儲置)되고 있는 유고곡(留庫穀)의 실수(實數)에 난잡함이 없나 조사하고,[28] 재해를 입은 지역의 이재민들을 위문하며,[29] 수령들의 현부(賢否)와 근만(勤慢)을 염탐하였다.[30]

---

25)『미암일기초』 신미 2월 11일.
26)『대전회통』 호전, 참고조(註記).
27)『전라감형계록』 道光 9년 8월 27일.
28)『전라감영계록』 도광 9년 9월 24일.
29)『전라감영계록』 咸豊 4년 7월 7일.
30)『經濟野言』 守令擇差之議「每於貶前 潛遣士卒營裨 使之廉探於列邑」

비장에는 관찰사가 출행할 때 앞뒤에서 화살통을 메고 호위하던 전배비장(前陪裨將)·후배비장(後陪裨將)[31]과 6방비장[32]을 포함하여 대체로 8·9명의 비장이 있었는데, 대개 행정실무에 밝은 전관인(前官人)들을 관찰사가 국왕에게 아뢰고 차임(差任)하였다. 18세기 말엽의 전라도관찰사의 비장은 전술한 바와 같이 대솔군관 7명, 사자군관 1명, 화사군관 1명으로 총 9명이었다. 그러나 19세기 이후에는 『완영일록』에서 확인되는 것처럼 6방비장 외에 보군비장(補軍裨將), 고마비장(雇馬裨將), 영고비장(營庫裨將), 선자비장(扇子裨將), 진휼비장(賑恤裨將) 등 군관 대신 비장으로 호칭을 바꾸었을 뿐만 아니라, 행정업무가 다양해짐에 따라 점차 비장의 수도 늘어났던 것이 아닌가 생각된다.

6) 영리(營吏)

영리는 사무기구인 감영의 이서(吏胥)들을 말한다. 영리라고 하면 원래 영방(營房)의 6방과 색리(色吏)를 의미하였으나 광의의 영리에는 승발(承發)·계서(啓書)·지인(知印, 通引)·마두(馬頭)까지도 포함되었던 것으로 여겨진다. 『영남감영사례』에 육방영리 외에 보이는 승발영리, 계서영리, 통인영리라는 표현이며,[33] 『미암일기초』에서 발견되는 「一番營吏 馬頭入番」[34] 이라는 기사가 이를 말해준다.

---

31) 『목민심서』 예전, 빈객조.

32) 『完營日錄』 갑오(1834) 2월 25일조에 호방비장, 3월 9일조에 공방비장, 4월 2일조에 예방비장이 보이는 것으로 미루어 6방비장이 있었음이 분명하다.

33) 『영남감영사례』 營庫, 每朔上下.

34) 『미암일기초』 신미 10월 1일.

영리는 6방조직으로 구성되어 있었으며, 내무직(內務職)과 외무직(外務職)으로 이중구조를 이루고 있었던 것으로 여겨진다. 1760년경에 편찬된 『여지도서』 관찰영, 관직조를 보면 영리(營吏)와 인리(人吏)가 구분되어 있고, 자인(慈仁)현감 오횡묵(吳宖默)이 『자인총쇄록(慈仁叢鎖錄)』무자년(1888) 9월 14일 일기에서 경상감영의 공해(公廨)에 대하여 설명하면서,

> 吏廳 在布政門內東(人吏 二百二十一人)……營吏廳 在布政門內西(營吏 十餘人 無恒定).

이라고 기술하고 있는데, 영리는 순력하는 관찰사를 수행하면서 군현의 통치행정수행을 보좌하고 군현에 대한 감독과 규찰을 담당하던 외무(外務)였으며, 인리는 감영 자체를 꾸려가는 일을 담당하던 내무(內務)였던 것이다.[35)]

『전라감영지』에 의하면, 전라감영에 영리 30명, 계서 6명, 마두 3명과 영속리 110명, 지인 39명이 있었다 하였으니, 앞의 39명은 외무를 맡았던 영리였고, 뒤의 149명은 내무를 담당하였던 인리였던 것이다.

영리들은 번차(番次)에 따라서 매월 교대로 입번(入番)하여, 도내를 순력하는 관찰사를 수행하면서 수령들의 직무에 관계되는 일을 염탐하기도 하고,[36)] 관찰사를 도와 소장(訴狀)을 처리[37)] 하는가 하면, 관찰사

35) 이훈상, 『조선후기의 향리』, 일조각, 1990, 105쪽 주 51) 참조.
36) 『목민심서』 이전, 찰물.
37) 『목민심서』 호전, 평부(上).

가 국왕에게 보고하는 장계(狀啓)를 기초하기도 하였다.[38] 관찰사가 처리하는 부첩(簿牒)이며 곡부(穀部)·보장(報狀)·소첩(訴牒)들도 실은 모두 영리들이 담당·처리하였던 것이다.[39]

4. 전라감영의 청사(廳舍)와 부고(府庫)

전라감영은 전라도 56개 군현의 통치행정업무를 총괄하던 곳이었으므로, 그 업무만큼이나 많은 청사(廳舍)와 부고(府庫)들이 갖추어져 있었다. 다음은 『전라감영지』 공해(公廨)·창고(倉庫)조와 1871년경에 찬한 『완산지(完山誌)』, 1895년경에 찬한 『완산지』를 참고하여 작성한 것이다.

① **선화당(宣化堂)** : 부성(府城) 내에 있으며, 관찰사가 도정을 수행하던 곳이다.

② **내아(內衙)** : 내사(內舍)라고도 하며, 부녀자들이 거처하는 관청의 안채로서 선화당 북쪽에 있었다.

③ **관풍각(觀風閣)** : 관찰사가 민정과 풍속을 살피던 누각으로 선화당 동쪽에 있었다.

④ **응청당(凝淸堂)** : 내아에 속한 관사인 듯하다.[40] 선화당 북쪽에

38) 『미암일기초』 신미 8월 5일.
39) 『미암일기초』 신미 4월 3일, 4월 9일.

있었다.

⑤ **연신당(燕申堂)** : 관찰사가 정무를 보다가 휴식을 취하던 곳으로 선화당 북쪽에 있었다.

⑥ **포정루(布政樓)** : 정령(政令)을 반포하는 누각으로 선화당 앞쪽에 있었다.

⑦ **비장청(裨將廳)** : 관찰사의 사적보좌관인 비장들이 집무하던 곳으로 관풍각 앞쪽에 있었다.

⑧ **진상청(進上廳)** : 각종 진상품을 관장하는 색리들이 집무하던 곳이다.

⑨ **영리청(營吏廳)** : 관찰사의 도정수행을 보좌하는 외무를 담당하던 영리들의 관청이다.

⑩ **작청(作廳)** : 감영 자체를 꾸려가는 내무를 맡은 인리들이 집무하던 곳이다.

⑪ **소성청(小星廳)** : 관기(官妓)들의 처소인 듯하다.[41]

⑫ **사령청(使令廳)** : 감영의 심부름꾼인 사령들의 처소다.

⑬ **영노청(營奴廳)** : 감영의 노복들의 처소다.

⑭ **현도관(玄都館)** : 도사(都事)가 거처하던 곳으로 선화당 북쪽에 있었다.

⑮ **심약당(審藥堂)** : 심약이 집무하던 곳이다.

⑯ **검률당(檢律堂)** : 검률이 집무하던 곳이다.

---

40) 『여지도서』 경상관찰영, 公廨조에 凝香堂을 內衙라고 註記하고 있다.
41) 小星은 妾을 이르는 말이다.

⑰ **주필당(籌筆堂)** : 순영중군(巡營中軍)이 직무를 수행하던 곳으로 선화당 남쪽에 있었다.

⑱ **재가군관청(在家軍官廳)** : 순영속아병의 재가군관(在家軍官)들의 집무처다.

⑲ **별군관청(別軍官廳)** : 순영속아병의 별군관들이 군무에 종사하던 곳이다.

⑳ **교련청(敎鍊廳)** : 군대를 교련하는 교련군관들의 집무처다.

㉑ **훈련청(訓練廳)** : 훈련군관들의 집무처인 듯하다.

㉒ **병방군관청(兵房軍官廳)** : 병방군관들의 집무처다.

㉓ **도이청(都吏廳)** : 영리들 중 제일 우두머리 서열에 있는 아전(이방)의 집무처다.

㉔ **인청(印廳)** : 지인청(知印廳)의 약칭으로 생각되는데, 지인청이란 관찰사의 잔심부름을 하던 지인(通引)들이 거처하는 곳이다.

㉕ **영군청(營軍廳)** : 관찰사의 아병(牙兵)인 중군 휘하의 병사에 관한 일을 관장하던 곳으로 생각된다.

㉖ **군뢰청(軍牢廳)** : 군대 내에서 죄인을 다루는 병졸인 군뢰들이 집무하던 곳이다.

㉗ **순령수청(巡令手廳)** : 대장의 명령을 전달하고 호위하며 영기(令旗)를 드는 기수들이 거처하던 곳이다.

㉘ 계서청(啓書廳) : 임금에게 상주(上奏)하는 글을 쓰는 계서영리들의 집무처다.

㉙ **선자청(扇子廳)** : 감영소속의 선자장(扇子匠)들이 일을 하던 청사

로 생각된다.

㉚ **의국청(醫局廳)** : 의약에 관한 일을 맡아보던 곳이다.

이 밖에도 공고(工庫)·보선고(補繕庫)·영고(營庫)·보군고(補軍庫)·지소(紙所)·진휼고(賑恤庫)·양사고(養士庫)·마위고(馬位庫)·수성창(守城倉)·고마고(雇馬庫)·영선고(營繕庫)·군기고(軍器庫)와 같은 많은 부고(府庫)들이 있었다.

5. 전라관찰사의 지위

조선시기 군현에는 종2품 부윤(府尹)이 파견되는 부(府)로부터 종6품 현감이 파견되는 현에 이르기까지 읍격(邑格)에는 현격한 차이가 있었지만, 모든 군현들은 읍격의 고하에 관계없이 동등한 독자적 행정구역을 이루면서 병렬적으로 편성되어 있었다. 따라서 모든 수령들은 품질(品秩)의 고하에 관계없이 관찰사를 정점으로 관찰사에게 병렬적(竝列的)으로 직결되어 있었으므로, 관찰사는 도내 모든 수령들을 직접 통할하고 민정·군정 등 일체의 도정(道政)을 전제(專制)하던 지방장관이었다.

문제는, 이러한 관찰사가 중앙정부의 지방통치체계상에서 점하는 위치가 어떤 것인가? 다시 말하면 국왕을 정점으로 하는 중앙통치조직과 관찰사가 서로 어떻게 연결되는가 하는 것이다. 이는 조선시대 중앙정부의 지방통치정책을 해명하는 데에도, 또 지방통치체계상에서의 관찰사의 위치를 규명하는 데 있어서도 선결해야할 중요한 과제이다.

이를 해명하는 데에 결정적 단서가 되는 것이 『경국대전』의 다음 규정이다.

(가) 二品衙門 直啓(註略)

(나) 直行移(相考事外 皆啓)

(다) 其餘衙門 竝報屬曹[42]

즉 (가)는, 2품아문은 국왕에게 바로 보고할 수 있다는 규정이다. 이 규정은 정2품아문인 6조를 국왕에게 직결시켜 육조직계체제(六曹直啓體制)를 확정한 선언적(宣言的)규정이며, 동시에 지방의 관찰사를 국왕에게 직결시켜 국왕의 관찰사 장악을 분명히 한 규정이었다.

말하자면 6조판서와 관찰사는 병렬적으로 다 같이 국왕에게 직결되어 있으므로, 결코 명령하고 따르는 상하관의 관계가 아니었다는 것이다. 국왕이 관찰사에게 명하고, 관찰사는 그 명을 수행하고 국왕에게 직접 보고하였던 것이 조산시대의 통치체계였다. 설사 실제로는 국왕이 어떤 것을 의정부나 6조 혹은 승정원을 통하여 관찰사에게 시달한다 하여도 그것이 국왕의 명령임에는 변함이 없는 것이다.

(나)는, 2품아문은 다른 관부에 곧바로 관문(關文)을 발송하여 조회할 수 있으나, 상고사(相考事) 즉 '국왕의 재결 없이 기정의 법규나

42) 『경국대전』 예전, 용문자식(用文字式). (가), (나), (다)는 해설의 편의상 필자가 붙인 것이다.

전례에 따라 관행적으로 행해지던 일' 외에는 모두 국왕에게 아뢰어야 한다는 규정이다. 이는 중앙관부들이 국왕의 재가 없이 지방관서에 함부로 지시하거나 명령하는 것을 차단하는 제도적 장치였다.

(다)는, 그 밖의 아문(3품 이하 아문)은 모든 일을 그가 속한 조(曹)에 보고해야 한다는 내용이다. 이는 3품 이하의 중앙관부들이 6조를 통하지 않고는 지방관서에 직접 조회할 수 없도록 하여, 지방관서에 대한 무분별한 의뢰와 구청(求請)의 폐해를 방지하려는 규정이었다.

우리는 위 규정의 검토를 통하여, 관찰사는 국왕에게 직속하였으므로 의정부나 6조 등 2품아문 이상의 중앙관부들도 국왕의 재가 없이 관찰사에게 지시하거나 명령할 수 없었다는 것을 확인하였다. 이는 국왕의 관찰사에 대한 절대적 지배권을 침범할 수 없게 한 것이다.

또 하나 중앙관청과 지방관청의 관계에서 유념해야 할 것이, 중앙관청들은 순영(감영)과 병영을 경유하지 않고서 외읍(外邑)에 곧바로 공문을 발송할 수 없다는 규정이다.[43] 이는 수령의 유일한 직속상관이었던 관찰사의 수령에 대한 배타적 지배권을 보장하려는 것이었다. 그리하여 중앙관청에서 지방관청에 의뢰하는 모든 일은, 그것이 단순한 조회사안이건 행정명령이건 간에 모두 관찰사를 통하여 수령들에게 시달되었으며, 관찰사 또한 모든 사안을 국왕에게 보고하였다.

지금까지 고찰한 바와 같이, 국왕을 정점으로 하는 중앙통치행정조직과 관찰사를 정점으로 하는 지방통치행정조직은, 국왕과 관찰사를 통하여 직결되어 있어, 관찰사는 오직 국왕에 의해서만 지배되고, 수령

---

43) 『속대전』 형전, 잡령. 「京司 不由巡兵營 而直關外邑者 二品以上重推 三品以下罷職」

은 관찰사에 의해서만 지배되었다. 이것은 조선왕조의 통치체계가 국왕 ↔ 관찰사 ↔ 수령의 체계였으며, 관찰사에 대한 지휘 · 감독권은 국왕에게, 수령에 대한 지휘 · 감독권은 관찰사에게 있었음을 말해주는 것이다. 3자 간의 이 같은 관계는, 세조가 경상도관찰사 윤흠(尹欽)에게 경계하여 말했던, '수령은 백성을 다스리고, 감사는 수령을 다스리며, 임금은 감사를 다스리는데, 모두 백성을 소중이 하는 때문이다.'[44] 라는 말속에서 잘 나타나 있다.

지금까지의 논의에서 밝혀진 바에 따라 전라관찰사의 지위를 규정한다면, 위로 국왕의 지시와 명령을 받아서 행정적으로는 56개 군현의 수령들을 지휘 · 감독하면서 지방통치행정을 수행하고, 군사적으로는 전라도 56수령 외에 5영장(營將)과 각 진포(鎭浦)의 첨사(僉使) · 만호(萬戶) 25명을 지휘하며,[45] 제주를 제외한 53명의 수령과 도사(都事), 6찰방(察訪), 조경묘(肇慶廟)의 령(令) · 별검(別檢), 경기전의 령(令) · 참봉(參奉), 위봉산성(威鳳山城) · 남고산성의 소모별장(召募別將), 심약, 검률, 순영중군 이하 53명의 순영소속 아병장관(牙兵將官)들의 근무성적을 평가하여 국왕에게 보고하였던,[46] 전라도 민정 · 군정상의 최고 책임자였다.

44) 『세조실록』 10년 3월 계해.
45) 『전라감영계록』 道光29년(1849) 3월 12일.
46) 『전라감영계록』 도광29년 6월 6일.

6. 전라관찰사의 지방통치행정 기능

1) 외헌(外憲)기능

외헌이란 외방(外方)의 헌부(사헌부)라는 표현으로서 관찰사가 행사하던 외관(外官)에 대한 규찰 탄핵기능 때문에 붙여진 별명이다. 관찰사는 고려시기의 안렴사의 순행·염찰기능을 승계한 방백(方伯)으로서, 선초 이래 도내의 군현을 수시로 순력하며 외관들의 불법과 비위를 규찰하고 탄핵하는 권한을 보유하고 있었다. 사실 관찰사를 정점으로 많은 수령들을 병렬적으로 편제하였던 군현제하에서는, 수령을 비롯한 모든 외관에 대한 감독과 규찰을 관찰사가 전담할 수밖에 없었던 것이다. 조선정부가 선초에 이미 관찰사에게 풍문탄핵권(風聞彈劾權)을 승인하였던 것도 그 때문이었다.

관찰사에게 규찰·탄핵권을 부여한 것은, 외관들의 현부(賢否)와 능부(能否)를 구별하여 어질고 능력이 있는 이는 올려 쓰고, 비리와 부정을 저지르고 무능한 이는 출척(黜陟)하려는 데에 목적이 있었던 것이며, 이를 위해 직계론탄권(直啓論彈權)을 부여하였던 것이다. 실제로 관찰사는 외관들의 비위를 규찰하여 그 죄상을 국왕에게 직접 보고하고 있으며,[47] 죄상(罪狀)이 중한 경우는 먼저 파직하고 이를 보고하기도 하였다.[48] 그러나 관찰사의 외관에 대한 규찰기능은 일반적으로

---

47) 『철종실록』 10년 5월 을미. 「慶尙監司洪祐吉 狀啓以爲 梁山郡守朴文泓 晋州營將權鳳夏 貪婪不法罷黜」.

48) 『완영일록』 갑오(1834) 4월 24일. 「昌平縣令罷黜事封啓. (狀啓)昌平縣令權涑 以其親病 受由上京 還官無期…… 當此荐歉之餘 課農催科 俱系緊急 一日曠官 委囑加悶 不得

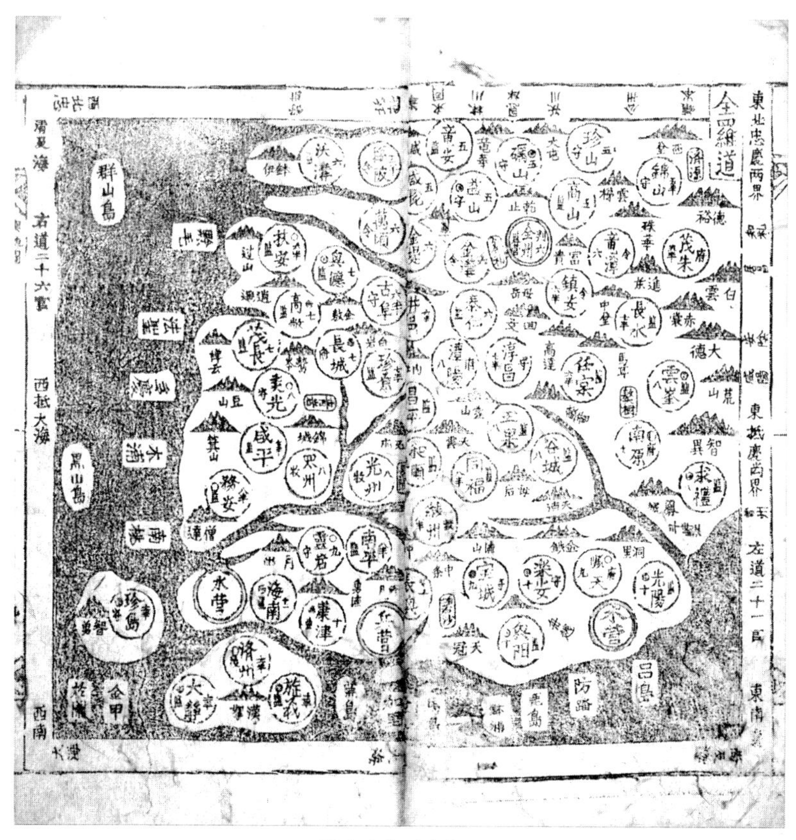

동국여지도(전라도)

외관들의 근무성적을 평가하여 등급을 정하는 포폄등제(褒貶等第)의 형태로 행사되었다.

『경국대전』에 의하면, 외관의 포폄은 매년 6월 15일과 12월 15일에 관찰사가 외관들의 포폄을 등제하여 국왕에게 보고하였으며,[49] 이 포

已罷黜爲白去乎 其代 令該曺各別擇差 催促下送爲白只爲」.

49) 『경국대전』 이전, 포폄.

폄등제는 국왕이 열람한 후에 이조로 내려 보내면 이조의 고공사(考功司)에서는 이를 기록해 두었다가 고과(考課)에 참고하였다.[50] 관찰사의 포폄등제가 바로 외관들의 고과자료가 되었고, 고과에 의해서 외관들의 가계(加階)와 승직(陞職) 및 파직이 행해졌던 것이니, 관찰사의 규찰에 의해서 외관들의 출척(黜陟)이 이루어졌던 것이다.

전라관찰사가 포폄등제 할 대상은, 도내 56군현 중 제주 3읍 수령을 제외한 53명의 수령과 도사, 6찰방, 조경묘의 영 · 별검, 경기전의 영 · 참봉, 위봉산성 · 남고산성의 별장, 심약, 검률, 순영 소속의 아병장관 53명이었다. 그리하여 매년 6월 6일, 12월 6일경이면 관찰사는 이들의 근무성적을 상 · 중 · 하로 평정(評定)하여, 제주목사가 전라관찰사에게 보고한 제주 3읍 수령과 수군만호, 산마감목관(山馬監牧官), 심약, 검률의 포폄등제와 함께 국왕에게 아뢰었다.[51]

2) 방백(方伯)기능

방백기능이란 한 도의 행정장관으로서의 통치행정기능을 의미한다. 주지하다시피 관찰사는 도의 장관으로서 행정, 사법, 군사 등 지방통치 행정상의 일체의 권한과 책임을 지고 있었다. 그것은 행정, 사법, 군사권의 직능적 분화가 불완전하고, 관찰사에 의해서만 수령들이 지배통제되도록 지방통치조직이 편성되었으며, 중앙통치조직과 지방통치조직의 유일한 행정통로가 관찰사였던 조선왕조의 사회적 특성에 말미

50) 『경국대전』 이전, 고과.
51) 『전라감영계록』 도광29년(1849) 6월 6일 및 같은 책, 함풍4년(1854) 12월 6일.

암은 것이었다. 그러면 전라관찰사는 어떤 권한과 책무를 가지고 구체적으로 어떠한 직무들을 수행하고 있었는지에 대하여 고찰하기로 하자.

(1) 관찰사의 행정적 기능

① 권농행정

중농정책은 조선전기 이래로 부단히 추구되어 오던 주요 국가시책의 하나였다. 이는 농업은 본(本)이고 상업은 말(末)이라던 성리학적 직업관과, 인민을 토지에 얽어매어 유리(流離)를 막으려던 중앙정부의 의지와, 농업이 그 시기의 주요 기간산업이었던 전통사회의 산업구조와 관련이 있는 것이었다.

『경국대전』에는 수령들의 권농업무의 근태를 참작하여 근무성적을 매겨 보고하도록 규정하고 있고,[52] 『대전통편』에는 도내의 강우량을 수시로 국왕에게 보고토록 규정하고 있다.[53] 그리하여 관찰사는 수령들의 권농업무를 감독하는 한편, 매월 도내의 농사일이 진행되어가는 형편[農形]과 우량, 소택(沼澤)의 형편[雨形]을 국왕에게 보고하는 것이 관찰사의 중요한 업무였다.

농형보고는 매년 춘분 때부터 시작하여 추수가 끝날 때까지 매월 농사의 진행상황과 농작물의 작황(作況) 등을 군현으로부터 보고받아 이를 관찰사가 국왕에게 보고하였는데, 가을보리 · 봄보리 · 올벼 · 늦

52) 『경국대전』 戶典, 務農.
53) 『대전통편』 예전, 장려.

벼·콩·팥·면화·메밀 등 모든 농작물의 파종(播種) 여부, 성장실태, 제초(除草) 횟수, 작황 등을 야읍(野邑)과 협읍(峽邑)으로 구분하여 매우 구체적으로 보고하였다.[54] 우형(雨形) 역시 매월 농형(農形)과 함께 보고하였으나 비가 오면 수시로 강우량을 매우 구체적으로 국왕에게 보고하고 있다.[55]

제언(堤堰)의 수축과 신축에 관한 일도 관찰사의 책무로서, 수축하는 일은 관찰사의 재가사항이었고, 신축하는 일은 국왕에게 보고해야할 사항이었다.[56] 또 굶주리는 백성들에게 진휼(賑恤)이 행해지는 춘궁기에는, 관찰사가 국왕에게 요청하여 육군과 수군의 습진(習陣)과 조련(操練)을 중지하고 이들을 동원하여 제언을 수축하기도 하였고,[57] 거도적으로 가뭄이 극심할 때면 관찰사가 기우제를 실행하기도 하였는데,[58] 이 모두가 권농행정의 실현이었다.

② 구휼(救恤)행정

백성을 나라의 근본으로 이해하고 있던 조선왕조의 위정자들은 흉년·수재·화재·역질 등 재난으로 어려운 일을 당하는 백성들의 구제를 중요한 통치의 하나로 생각하였다.[59] 때문에 매년 1월이면 국왕이 권농윤음(勸農綸音)을 발표하면서 관찰사들에게 빈민구제에 주력할

---

54) 『전라감영계록』 도광9년(1829) 8월 10일.
55) 『전라감영계록』
56) 『경국대전』 호전, 전택.
57) 『전라감영계록』 함풍4년 4월 7일.
58) 『정조실록』 18년 7월 병신.
59) 『영조실록』 39년 12월 계사. 「上教曰 恤四民 王政之大者也」

것을 당부하였고, 관찰사들은 실농(失農)이 극심한 고을에 진휼을 실시하여 기민(飢民)을 구제하였다.[60)]

기민과 이재민을 구제하는 것이 관찰사의 책무였으므로, 도내에서 사람이 굶어 죽는 일이 발생하면 관찰사를 잡아다가 심문하였고,[61)] 도내에 떠돌아 다니는 백성이 많으면 관찰사가 파직되었다.[62)] 때문에 관찰사는 수령들의 구휼업무를 감시 · 감독하였으며, 진곡(賑穀)이 부족하면 유고곡(留庫穀)의 가분(加分)을 국왕에게 요청하고,[63)] 공명첩(空名帖)의 발행을 요청하기도[64)] 하였다.

화재로 거처할 곳을 잃은 이재민에게 관찰사는 거처를 마련하여 주고 식량을 나누어 주는 구제를 폈으며,[65)] 물에 빠져죽거나 수재를 입은 백성에 대한 구휼도 관찰사의 책임 하에 이루어졌다.[66)]

③ 시취(試取)행정

조선전기 이래 관찰사는 제과(諸科)의 향시(鄕試)를 주관하였다. 『경국대전』에 의하면 문과와 생진시의 초시(初試)는 관찰사가 차사원(差使員)을 정하여 녹명(錄名) 시취(試取)한다고 규정하고 있고,[67)] 『속대전』에는 식년문과, 식년생진시, 증광문과, 증광생진시의 향시 때, 관찰

---

60) 『경기감영계록』 계묘(1783) 12월 15일, 같은 책, 갑진(1784) 1월 11일.
61) 『정조실록』 11년 2월 무진.
62) 『정조실록』 14년 2월 갑인.
63) 『영조실록』 44년 3월 신해.
64) 『정조실록』 16년 11월 갑인.
65) 『전라감영계록』 도광19년 3월 19일.
66) 『전라감영계록』 함풍4년(1854) 5월 19일 및 8월 19일.
67) 『경국대전』 예전, 제과(諸科).

사가 도내 문신수령 중에서 각 시소(試所)의 참시관(參試官)을 차송(差送)하여 향시를 설행(設行)한다고 규정하고 있다.[68)]

실제로 조선후기 식년문과에서 전라관찰사는 참시관을 정하여 향시를 실행하고, 입격자의 성명, 연령, 본관, 거주지, 부(父)의 관직과 명자(名字) 및 초장 · 중장 · 종장의 입문인수(入門人數)와 수권수(收券數)를 기록하여 국왕에게 보고하고, 우등시권(優等試券)을 책으로 만들어 규장각에 보내고 있다.[69)] 식년 생진시의 향시에서도 전라관찰사의 임무는 같았으며,[70)] 증광시의 경우도 같았을 것으로 생각된다.

합격자에게 식년 생진시 복시(復試)에 응할 자격을 부여하기 위하여 실시되는 공도회(公都會)에서도, 전라관찰사는 도회소(都會所)를 정하는 일과 참시관을 차정하는 일, 시험과목을 국왕에게 보고하는 일을 모두 수행하였으며,[71)] 선무군관들을 격려하기 위하여 설행했던 선무군관도시(選武軍官都試)며 마병(馬兵) 유인책으로 실시됐던 제도마병도시(諸道馬兵都試)도 관찰사가 주관하였다.[72)]

전라도관찰사는 무과(武科)의 향시도 주관하였던 것으로 보인다. 원래 무과 향시는 병사(兵使)가 주관하는 것이 원칙이었지만,[73)] 조선후기에 식년무과 향시를 2소(二所)로 분소(分所)하여 설행하게 되었는데,[74)] 전임 병사가 1명뿐인 전라도의 경우 두 시소(試所) 중 1시소의

---

68) 『속대전』 예전, 제과.
69) 『전라감영계록』 함풍4년 9월 10일.
70) 『전라감영계록』 함풍4년 8월 27일.
71) 『전라감영계록』 도광9년 10월 10일.
72) 『전라감영계록』 도광9년 11월 4일.
73) 『경국대전』 兵典, 試取.

시취는 겸병사인 관찰사가 주관할 수밖에 없었기 때문이다. 『전라병영계록(全羅兵營啓錄)』에 의하면 경과(慶科) 정시무과(庭試武科)를 설행하면서 매번 전라병사가 좌도(左道)의 초시(初試) 만을 주관하고 있는데,[75] 이것은 우도(右道)의 초시는 관찰사가 주관하였기 때문이라고 생각된다.

④ 수세(收稅)행정

조선중기 중앙정부의 세입(稅入)구조를 보면 조세(租稅) · 공납(貢納) · 환곡(還穀) · 상업세 등 세원은 많이 있었지만, 세입의 주종(主宗)은 역시 조세였다. 조선후기에도 같았을 뿐만 아니라 훈련도감 설치 후 토지에 부과했던 삼수미세(三手米稅)의 신설, 대동법(大同法)의 실시로 인한 공납(貢納)의 전세화(田稅化), 균역법 실시로 신설된 결미세(結米稅) 등으로 세입의 토지의존도가 증대함에 따라 농토는 더욱 비중 높은 세원으로 되어갔다.

조선정부는 주요 세원인 전결(田結)의 정확한 파악을 위해 20년마다 양전(量田)을 실시하여, 양안(量案)을 개정하여 호조 · 본도(本道) · 본읍(本邑)에 소장토록 규정하고 있는데, 양전은 중앙에서 균전사(均田使)를 파견하여 실시하기도 하였지만 관찰사와 수령이 주도적으로 실시하는 경우가 더 많았다. 거국적인 양전에는 막대한 경비가 소요되었고 부정 협잡 등의 폐단이 따랐으므로, 조선후기 정부는 전제의 문란이

74) 『속대전』 兵典 試取.
75) 『전라병영계록』 同治11년(1872) 2월 24일 및 同治13년 8월 17일.

우심한 지역에서부터 단계적으로 양전을 실시하는 방향으로 정책을 전환하였다. 이후 관찰사는 도내 군현들의 완급(緩急)을 살피고 풍흉(豊凶)을 감안하여 양전할 군현을 정하며, 양전을 담당할 수령과 감관(監官)·색리(色吏)를 간택하는 등 양전업무를 주관하였다.[76]

조선전기 공법(貢法)이 행해지던 시기에는 수령들이 보고한 연분등제(年分等第)를 관찰사가 심검(審檢) 확정하여 국왕에게 보고하였고,[77] 영정법(永定法)이 실시되던 시기에는 호조의 연분사목(年分事目)에 따라 수령들이 보고한 재(災)·실(實)·진(陳)·기(起)를 관찰사가 심검하여 국왕에게 보고하였으며,[78] 비총법(比摠法)의 시기에는 수령들이 답험(踏驗)하여 보고한 재실형지(災實形止)를 심검하여 도내 군현들을 초실(稍實)·지차(之次)·우심(尤甚)으로 분등(分等)하여 국왕에게 보고하였다.[79] 그리고 호조에서 내려준 재결액(災結額)과 수령들이 보고한 재결액을 비교하여 읍별로 재절액을 분배한 뒤 연분성책(年分成册)을 마감하여 국왕에게 보고하고 이를 등서(謄書)하여 호조에 보내었다.[80]

조창(漕倉)에 수납한 세곡을 상납기한 내에 경창(京倉)에 납부하는 하는 것도 관찰사의 책무였으며,[81] 요부(徭賦)의 근원인 호적을 작성

---

76) 『정조실록』 10년 1월 정묘. 「備局啓言……若依重臣所奏 付之各道道臣 察其緩急 隨其豊歉 每一年限 以六七邑 或三四邑 次第改量……而若其改量邑 揀守令擇監色等節 宜一委道臣 批曰先以此意 申飭」.

77) 『경국대전』 호전, 수세.

78) 『속대전』 호전, 수세.

79) 『전라감영계록』 도광9년 10월 13일.

80) 『만기요현』 財用篇 2, 年分.

81) 『전라감영계록』 도광29년 4월 7일.

하여 기한 내에 중앙에 올려 보내는 것 등 수세 및 그 관련 업무들이 관찰사의 책무였다.

⑤ 재정(財政)행정

관찰사는 조선전기 이래로 도내 모든 물품의 출납수량을 연말에 회계하여 국왕에게 보고하여야 했고,[82] 조선후기에 이르러는 도내의 전곡(錢穀) 회계문서를 매년 2월 말일에 국왕에게 보고하여야 했다.[83]

도내 군현들의 전곡을 감독하는 것도 관찰사의 책무였으므로, 수령이 교체될 때면 관찰사는 인근 수령들 중에서 반고차사원(反庫差使員)을 정하여 신임 수령과 함께 그 고을의 관고(官庫)를 반고(反庫)케 하여 그 결과를 국왕에게 보고를 하였고,[84] 반고차사원이 성책(成册)하여 보고한 각양 고곡(庫穀)의 분류실수(分留實數)와 감영에 비치되어 있던 회안(會案)과 대조하여 이상이 없으면 관찰사는 성책을 호조에 보내고 이를 국왕에게 보고하였다.[85]

그밖에 각 읍의 창고에 저치되어 있는 각양 미곡들이 규정대로 절반씩 유치되어 있는지, 그 허실을 적간(摘奸)하는 것도 관찰사의 직임이었으므로, 관찰사는 매년 초가을에 군현들 가운데 대·중·소 세 고을을 선발하여 유고곡(留庫穀)의 분류실수(分留實數)를 적간하여 이를 국왕에게 보고하였다.[86]

---

82) 『경국대전』 호전, 회계.
83) 『속대전』 호전, 회계.
84) 『속대전』 호전, 창고.
85) 『전라감영계록』 도광9년 9월 6일.

⑥ 기타 행정

지금까지 논의한 이외에도 관찰사가 수행하여야 할 일은 헤아릴 수 없이 많았다. 도내를 순력하면서 교생(校生)들을 고강(考講)하여 수령의 근무평정에 반영하고,[87] 신임 수령의 도임(到任)을 국왕에게 보고하며,[88] 근친(覲親) · 소분(掃墳) · 병친(病親) 등의 사유로 휴가를 원하는 수령에게 휴가를 주고,[89] 효열(孝烈)이 특이한 사람을 국왕에게 아뢰어 정문(旌門)을 세워 포상하였다.[90]

수령들에게 명하여 술의 밀매, 농우(農牛)의 도살, 소나무의 벌채를 금하고,[91] 각종 진상물(進上物)을 간품(看品)하며,[92] 지진이나 일식 · 월식과 같은 괴이한 일이 발생하면 이를 국왕에게 보고하였다. 사우(祠宇)와 서원의 사설(私設)을 금하는 일[93]도 관찰사의 직임이었다.

특별히 전라관찰사는 월령(月令)에 따라 조경묘(肇慶廟)에 철따라 생산되는 과일이나 농산물로 차례[薦新]지내고 국왕에게 이를 보고하며,[94] 춘향제(春享祭)와 추향제(秋享祭)때 전사관(典祀官)[95] · 축사(祝史) · 찬자(贊者)[96] · 알자(謁者)[97] · 재랑(齋郎)[98] 등 제집사(諸執

86) 『전라감영계록』 도광9년 9월 24일.
87) 『세종실록』 4년 11월 정묘.
88) 『전라감영계록』도광9년 9월 4일.
89) 『속대전』 이전, 給暇.
90) 『속대전』 예전, 奬勸.
91) 『가림보초』 무오(1738) 9월 18일.
92) 『경국대전』 호전, 진헌.
93) 『완영일록』 갑오년(1834) 3월 23일. 「祠院私設禁斷事 發甘 五十三州」
94) 『전라감영계록』 함풍4년 11월 29일.
95) 제단 안팎의 청소, 제기 · 제물 등의 일을 맡아보던 관원.
96) 笏記를 맡아 보던 사람.
97) 제관을 인도하는 집시

事)들을 차정(差定)하고, 자신은 헌관(獻官)이 되어 예문에 의해 설행(設行)하고 헌관과 제집사직의 성명을 열기(列記)하여 국왕에게 보고하였다.[99] 또 경기전의 정조제(正朝祭)·한식제(寒食祭)·단오제(端午祭)·추석제(秋夕祭)·동지제(冬至祭)·납향제(臘享祭)의 제관(祭官)들을 차정하고, 자신은 헌관이 되어 예문(禮文)에 따라 설행하고 헌관과 제집사직의 성명을 개록(開錄)하여 국왕에게 보고하였으며,[100] 건지산수호금양절목(乾止山守護禁養節目)에 따라 매년 춘추로 관찰사는 전주판관과 함께 건지산에 가서 경내의 개간이나 투장(偸葬) 등을 자세히 살피고 국왕에게 보고하였다.[101]

(2) 사법적 기능

조선왕조의 관찰사는 국왕에게 직속되어 국왕의 지시와 명령에 따라 한 도의 통치행정을 전담하였던 왕권대행자였으며, 당시는 아직 행정·사법·군사상의 직능적 구분이 지극히 미숙하였던 시기였으므로, 관찰사는 한 도의 행정·사법·군사권을 장악한 최고 통치자였다. 때문에 선초 이래의 법전들에는 관찰사의 사법상의 권한과 책임에 대하여 규정하고 있다. 『경국대전』에 의하면, 관찰사는 장형(杖刑) 이상의 죄를 범한 자를 옥에 가둘 수는 있으나, 문관(文官)·무관(武官)과 사족

98) 향로를 받드는 제관.

99) 『전라감영계록』 도광9년 10월 23일, 함풍5년 2월 2일.

100) 『전라감영계록』 함풍4년 3월 9일, 5월 5일, 8월 15일, 11월 3일, 12월 2일 및 함풍5년 1월 1일.

101) 『전라감영계록』 도광29년 3월 20일, 함풍4년 9월 24일.

(士族)의 부녀와 승인(僧人) 등은 먼저 국왕에게 아뢴 뒤에 가두어야 하며, 사형에 처해야할 죄를 범한 자는 먼저 가두고 뒤에 아뢴다고 규정하고 있다.[102] 그리고 실제로 광주목(光州牧)의 살인죄인 김사문(金士文)을 추문한 차사원(差使員)과 광주목사의 보고에 대하여, 전라관찰사 서유구(徐有榘)는 김사문 등을 격식을 갖추어 엄히 가두어 두고 판결 기한까지 엄히 심문하여 바른 진술을 받아 보고하라고 지시하고 있다.[103]

지방에서 죄인을 고문하려면 관찰사에게 보고하여야 했으며, 관찰사는 유형(流刑) 이하의 사건을 직결(直決)할 수 있었다. 다만 2품 이상에 대하여는 추문(推問)을 마친 뒤 국왕의 윤허를 받아 조율(照律)하고, 3품 이하에 대하여는 비록 공신(功臣)이나 의친(議親)일지라도 조율(照律)하여 국왕에게 아뢰었다. 지방에서 사형죄인이 발생하면 관찰사는 차사원을 정하여 그 고을 수령과 함께 추문케 하고, 또 차사원 2인을 정하여 옥안(獄案)을 복심(覆審)케 한 뒤, 자신이 친히 추문하여 국왕에게 보고토록 규정하였다.[104]

또 관찰사는 투옥중인 죄수를 검찰할 책무를 가지고 있었으므로, 죄수가 사망하면 치사(致死)한 근인(近因)과 구료형상(救療形狀)을 국왕에게 보고하고, 매 계절 말에 죄인의 죄명, 처음 구류된 일자, 고문 및 죄를 판결한 건수를 국왕에게 보고하여야 했다.[105]

---

102) 『경국대전』 형전, 囚禁.
103) 『완영일록』 계사(1833) 11월 25일.
104) 『경국대전』 형전, 推斷
105) 『경국대전』 형전 恤囚.

조선후기에는 관찰사의 사법상의 책무가 확대되어, 도내에서 살인사건이 발생하면 관찰사는 도내 강명(剛明)한 수령과 함께 조사하여 다스리고, 판결하기 어려운 사건은 국왕에게 아뢰어 사건을 형조로 옮겨 형조로 하여금 국왕의 분부를 받아 처리토록 하여야 했으며,[106] 치사자(致死者)의 검시(檢屍)에 있어 수령이 초검(初檢)을 하면 관찰사는 차원(差員)을 정하여 복검(覆檢)해야 하였고,[107] 사면령이 반포될 때마다 관찰사는 도내 죄수들 중 석방될 자와 되지 않을 자를 구분하여 국왕에게 보고하여야 했다.[108]

조선후기 관찰사들은 실제로 군현에서 발생하는 산송(山訟)사건이며,[109] 치사(致死)사건[110] 등 민사 · 형사사건들을 수령에게 지시하여 처결하고 있다. 수령의 판결에 불복하고 관찰사에게 상소하는 의송(議送)사건을 관찰사가 직접 심리하여 판결하였으며,[111] 신임 관찰사는 도임(到任) 3개월 이내에 도내 옥안(獄案)을 심리하여 국왕에게 보고해야 하였고,[112] 공무수행상의 과오나 비리와 불법을 저지른 외관(外官)들을 파직하였다.[113]

---

106) 『속대전』 형전, 殺獄.
107) 『속대전』 형전, 檢驗.
108) 『속대전』 형저, 赦令.
109) 『오산문첩』 기묘(1759) 3월 3일.
110) 『완영일록』 계사(1833) 4월 19일. 朴以孫에게 구타를 당한 뒤 죽은 金以哲의 시체를 검시한 남원부사의 보고에 관하여 전라관찰사는 박이손을 1차 엄히 형벌을 가한 후 放送하라고 지시하고 있다.
111) 『가림보초』 무오(1738) 11월 13일.
112) 『전라감영계록』 도광29년(1849) 윤4월 23일.
113) 암행어사가 강진현의 公私의 모든 창고를 封閉하자 현감 金益鍾을 관찰사가 파직하였고(『전라감영계록』 도광9년 8월 22일), 昌平현령 權涑이 어버이의 병환을 이유로 말미를 얻어 상경한 후 오래도록 돌아오지 아니하자 관찰사가 현령을 파직하고

이와 같이 조선왕조의 관찰사들은 사법권을 장악하고, 수령들의 사법업무 수행을 지시 감독할 뿐만 아니라 외관들의 불법과 비리를 처결하고, 각종 범죄에 대하여 유형(流刑) 이하의 형을 직결하는 등 사법상의 고유권한을 행사하였다.

(3) 군사적 기능

조선시기 관찰사가 병권(兵權)을 장악하고 있었음은 병사(兵使)와 수사(水使)를 겸하고 있었던 데서도 확인되는 바로서, 관찰사에게는 많은 군사상의 권한과 책무가 부여되어 있었다.

첫째로 관찰사는 군사지휘권을 가지고 있었다. 수령들이 바로 군지휘관이었던 조선왕조의 지방군체제하에서 수령의 지휘관인 관찰사가 군사지휘권을 가지는 것은 당연하였다. 관찰사의 군사지휘권은 발병부(發兵符)로서 확인되는데, 관찰사는 관찰사 발병부 우부(右部)와 도내 제진(諸鎭)의 발병부 좌부(左部)를 소지함으로서 제진의 군대를 징발할 수 있었다.114)

그리하여 전라관찰사는 겸병마수군절도사병부(兼兵馬水軍節度使兵符) 우부(右部) 1, 오영장병부(五營將兵符) 좌부(左部) 5, 각진관수령병부(各鎭管守令兵符) 좌부(左部) 56, 각진포병부(各鎭浦兵符) 좌부(左部) 25 등을 소지하였으며, 관찰사가 교체될 때마다 이를 인수인계하였다.115)

있다(『완영일록』 갑오(1834) 4월 24일).

114) 『경국대전』 병전, 符信.

둘째, 관찰사는 국토방위의 책무를 가지고 있었다. 그러기에 전라관찰사는 관할 해역(海域)에 외국의 선박이 나타나면 수사(水使)에게 명하여, 수영(水營)의 우후(虞侯)와 역학(譯學 : 한학, 왜학)을 즉시 현장에 보내어, 그곳 지방관과 함께 선체(船體)의 크기와 모양, 적재물 등을 점검하며, 탑승자의 생김새와 복장 등을 살피고 성명과 연령, 거주지, 행선지 등을 낱낱이 기록하여, 선체도(船體圖)와 함께 보고토록 조치하고 수사의 보고를 받아서 국왕에게 보고하였다.[116]

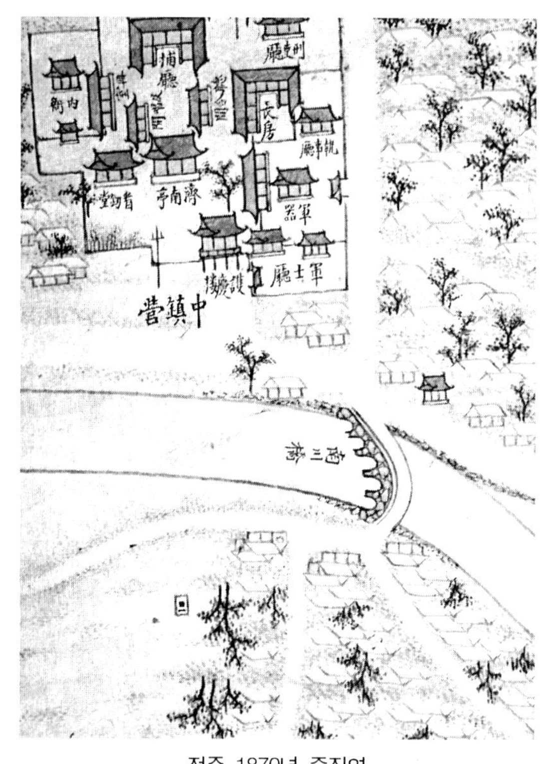

전주 1870년 중진영

관찰사에게 병권이 있었기 때문에 임진왜란 때 전라관찰사 이광(李洸)이 군대를 이끌고 전투에 참여하였던 것이고,[117] 정묘효란 때 조정

115) 『전라감영계록』 도광29년 3월 12일.
116) 『전라감영계록』 함풍4년(1854) 12월 18일 및 5년 1월 2일.
117) 『선조실록』 25년 5월 임술.

에서 하3도 관찰사에게 군대를 징발해 올라오도록 명하였던 것이다.[118)]

이처럼 관찰사에게 병사와 수사직을 겸임시켜 병권을 장악하게 한 것은, 외방의 병권을 한 사람에게 집중시킴으로써 초래될지도 모를 군사적 전횡을 예방하기 위한 것이었으며,[119)] 관찰사에게 민정 · 군정상의 최고지위를 확보케 함으로써 국왕 ↔ 관찰사 ↔ 수령의 지방통치 행정체계를 일원화 하려는 것이었다.

그러나 여기서 대두되는 문제가, 전문무관이며 각각 육군과 수군의 최고 지휘관이었던 병사 · 수사와 관찰사와의 군사상의 책임과 권한의 분한(分限)문제였다. 관찰사와 병사, 관찰사와 수사의 군사적 기능이 중첩되고 상충되는 경향마저 없지 않기 때문이다. 더욱 문제가 되는 것이 병사와의 문제였다.

병사(兵使)는 관찰사와 같은 종2품이었지만, 조선전기 이래의 지방군체제가 병사를 최고지휘관으로 그 밑에 모든 수령들이 병마절제사 이하 병마절제도위로 편성되었던 진관(鎭管)체제였으므로, 적어도 군정상에서는 병사도 절도사와 같이 수령에 대한 지휘권을 보유하고 있었다.[120)] 따라서 겸병사인 관찰사와 전임 병사의 관계를 분명히 할 필요가 있다고 생각한다.

물론 선초에도 관찰사와 병사의 관계에서 관찰사의 우위를 인정하고

---

118) 『인조실록』 5년 1월 신묘.

119) 장병인, 「조선초기의 병마절도사」 (『한국학보』 34, 1984) 및 오종록, 「조선초기 병마절도사제의 성립과 운용」 (『진단학보』 59, 1985) 참조.

120) 『경국대전』 병전, 외관직.

있었다. 태조 6년에, 도절제사(都節制使 : 후일의 병사)로서 외적이 닥쳐온대도 머뭇거리며 즉시 나가지 않거나 전쟁에 임하여 힘을 다하지 않는 자를, 관찰사로 하여금 국왕에게 아뢰고 죄를 논단토록 허락하였던 것이 그것이다.[121] 그런데도 왕왕 도절제사가 감사와 품질(品秩)이 같다하여, 체통과 소속의 본의를 돌아보지 않고 처사를 독단하는 일이 발생하였던 것으로 보아,[122] 병사에 대한 관찰사의 우위가 확고하지 못하였던 것이 사실이었다. 이 같은 군정상의 난맥상은 관찰사가 순찰사(巡察使)를 겸하면서 극복되었던 것으로 보인다.

순찰사는 태조 대에 이미 파견되고 있는데,[123] 선초의 순찰사는 왕명을 받들고 지방에 파견되는 종2품관에 대한 호칭이었으며,[124] 군사 외에도 양전(量田) · 쇄환(刷還) · 안접(安接) 등 여러 가지 임무를 띠고 파견하였다. 그러다가 명종 10년(1555) 을묘왜변을 계기로 순찰사가 한 지방을 위임받아 수륙 전군의 지휘권을 장악하는 특명대장으로 파견되었는데, 순찰사는 전군의 생살권(生殺權)과 상벌권(賞罰權)을 장악하고 모든 장관(將官)들을 제어하는 지위였다.[125]

그러나 창졸간의 왜변에 전례대로 도순찰사와 방어사를 나누어 보냈던 것인데, 거리가 멀어서 제때에 도착하기가 어려웠고, 또 방어사와 병 · 수사의 호령이 한결같지 않아 전쟁 수행에 불편이 많았으므로,

121) 『태조실록』 6년 2월 갑오.
122) 『세종실록』 5년 11월 병술.
123) 『태조실록』 8년 7월 기유.
124) 『성종실록』 19년 9월 을축. 「奉命出使宰相……正二品都巡察使 從二品巡察使 隨其職秩高下而異稱」.
125) 『명종실록』 13년 2월 계사.

전라 · 경상 양도의 관찰사에게 순찰사의 소임을 겸하게 하였던 것이며,[126] 임진왜란 이후 각 도의 관찰사들이 순찰사를 겸하였던 것으로 보인다.[127]

이처럼 선초에 군정 · 민정상의 왕명을 받들고 파견되는 '봉명출사재상(奉命出使宰相)'을 의미하였던 순찰사가,[128] 조선후기에는 일정지역의 전군지휘권을 장악하고 군무(軍務)로 파견되는 '재상이군무봉명자(宰相以軍務奉命者)'로 그 성격이 전환되었던 것이다.[129] 따라서 순찰사를 예겸하였던 조선후기 관찰사는 도내 전군의 최고지휘자로서 병사 이하의 장관(將官)들을 절제하는 상관의 지위에 있었다.[130]

『속대전』은 군문(軍門)에서 각 도에 발송하는 번상군(番上軍) 징발 공문을 순영을 경유하여 병영에 시달하도록 규정하고 있고,[131] 병조에서 무과의 설행을 알리는 공문이 순찰사를 통하여 병사에게 시달되고 있으며,[132] 병자호란 때 전라감사 이시방(李時昉)이 군령을 내려 병사 김준용(金俊龍)으로 하여금 5영(營)의 군대를 이끌고 여산으로 달려오게 하고 있는[133] 데서도 관찰사의 우위는 확인된다.

---

126) 『명종실록』 10년 10월 기묘.

127) 『광해군일기』 1년 3월 신묘. 「備邊司啓曰 我國觀察使之規 非但巡宣糾彈而已 凡一道水陸軍兵 無不摠統 亂後 又加巡察使之號 策應之權 與兵使常爲表裏」.

128) 주 122) 참조.

129) 『속대전』 이전, 관직. 「宰相以軍務奉命者 隨品稱號(……從二品則巡察使……)」.

130) 『증보문헌비고』 하, 직관고17, 관찰사(보). 「(肅宗)二十三年 全羅監司朴泰淳啓曰監司旣兼巡察使 故兵使 平時則待以上官 而或於習操時 不受監司節制……監司兼巡察則理當節制兵使以下……」.

131) 『속대전』 병전, 번상.

132) 『전라병영계록』 同治13년 4월 12일.

133) 趙慶男, 『속잡록』 인조 병자(1636) 12월 20일.

『완영일록』에서, 전라감영에서 병영에 발송하는 공문서에 '발관병영(發關兵營)'이라 기록하고 있는데,[134] 이때 '관(關)' 즉 관문(關文)은 상급관청에서 하급관청에 보내는 공문이라는 표현이며, 병영의 품의(稟議)에 관찰사가 판결해 주는 공문의 제목을 '제병영보장(題兵營報狀)'이라 기록하고 있는데,[135] 제(題)는 제사(題辭) 즉 판결문, 통지문을 의미하며, 보장(報狀)은 하급관청에서 상급관청에 올리는 보고문임을 나타내는 것이다. 이들 모두 감영이 병영의 상급관청임을 드러내는 기사들이다. 비록 전라병사가 전라관찰사와 같이 5영장(營將)의 병부(兵符) 좌척(左隻)과 각 읍의 병부 좌척 56개를 보유하고[136] 이들에 대한 지휘권을 확보하고 있었지만, 전라병사는 전라관찰사의 지시와 명령을 받아야만 하였다.

관찰사와 수사(水使)의 관계 역시 상하관계였음은 말할 것도 없다. 다음에서 이를 확인할 수 있다. 발포(鉢浦) 권관(權管, 종9품)이 파직된 뒤 전라도겸순찰사 이광(李洸)이 전라좌수사 이순신(李舜臣)에게 가장(假將)을 차송(差送)하도록 명하자 이순신이 나대용(羅大用)을 차송하고 있고,[137] 정조 17년(1793)에 경상도좌수사가 금송(禁松)을 남벌한 박문일(朴文日) 등 10인을 옥에 가두고 순찰사에게 처벌방법을 품의하자 순찰사가 장형(杖刑)을 가한 뒤에 유배하도록 지시하고 있다.[138]

---

134) 『완영일록』 계사(1833) 9월 21일.
135) 『완영일록』 갑오 2월 1일.
136) 『전라병영계록』 동치9년(1870) 윤10월 16일.
137) 『난중일기』 임진 4월 18일.
138) 『내영정적』 계축(1793) 3월 6일.

철종 6년(1855)에는 전라도 목도(木島) 앞바다에 외국선박이 표착(漂着)하였는데, 우수사 이용상(李容象)이 이를 관찰사에게 보고하였고, 관찰사는 좌수영의 역학(譯學)을 현장에 급파하여 속히 조사 보고케 하고, 승선인의 간호와 연안의 방수(防守) 등을 신칙하여 거행토록 하라고 지시하고 있다.[139] 이러한 사례들은 순찰사와 수사가 상하관계였음을 분명히 하여준다 할 수 있다.

7. 결어(結語)

조선시대 전라도는 오늘의 전북과 전남 · 제주도를 아우르는 행정구역이었으며, 전라도에 관찰사제가 정착된 것은 태종 2년(1402)의 일이었다. 따라서 전라감영이 개설된 것은 이로부터 머지않은 시기였을 것으로 생각되지만, 확실한 것은 태종 2년 이후 세종 28년 이전의 시기라고 밖에 말할 수 없다.

전라감영에는 관찰사의 수석보좌관인 도사(都事)와, 관찰사의 직속부대인 순영속아병(巡營屬牙兵)의 지휘관이자 관찰사의 군정(軍政)보좌관인 중군(中軍)과, 관찰사의 의료보좌관인 심약(審藥), 법률보좌관인 검률(檢律)이 있었으며, 그 밖에 관찰사의 사적(私的)보좌관인 비장(裨將) 9명과 외무를 담당하였던 영리(營吏) 39명, 내무를 담당하였던 인리(人吏) 149명이 감영기구를 구성하고 있었다.

---

139) 『전라감영계록』 함풍5년(1855) 1월 20일.

관찰사는 직계론탄권(直啓論彈權)을 가진 외헌(外憲)으로서 외관(外官)들의 비리와 부정을 규찰하고 탄핵할 권한을 가지고 있었으며, 한 도의 행정 · 사법 · 군사상의 최고 책임자였다. 행정적으로는 권농 · 구휼 · 시취 · 재정 · 수세 등 모든 도내의 행정을 총괄하였고, 사법적으로는 유형(流刑)이하 직결권(直決權)을 가지고 민사 · 형사상의 모든 사건을 처결하였으며, 군사적으로는 군사지휘권을 가지고 있는데다 순찰사를 겸하면서 병사(兵使) 이하의 장관(將官)들을 절제(節制)하였다. 관찰사는 명실공히 전라도의 민정 · 군정상의 최고 실권자로서 전라도 통치행정을 총괄하였다.

다시 말하면, 전라관찰사는 위로는 국왕의 지휘와 통제를 받으면서, 아래로는 전라도 56개 군현의 수령들을 지휘 · 통솔하였고, 군사적으로는 56명의 수령 외에 병사(兵使) · 수사(水使)와 5영장(營將), 25명의 첨사(僉使) · 만호(萬戶)를 지휘하던 방백(方伯)이었다.

이같이 전라도의 통치행정을 총괄하던 관찰사가 정령(政令)을 선포(宣布)하던 감영이 있던 전주는 바로 전라도의 수도(首都)이며 정치 중심지이자 문화 중심지였다. 때문에 성리학을 정치사회의 지도이념으로 수호해야했던 시기에는, 천주교를 사학(邪學)으로 몰아 처단함으로써 한국사상 최초의 천주교 순교자를 낸 곳이기도 하며, 동학농민혁명의 시기에는 봉건정부와 동학농민군 사이에 역사적인 전주협약이 체결되었고, 한국사상 최초의 농민통치기관이었던 집강소(執綱所)정치기에는 감영에 대도소(大都所)를 설치하여 전라도의 혁명적인 개혁정치를 지휘하였던 역사의 현장이기도 하였다.

정여립 모반사건의 관련사료 검토

1. 서언(序言)

선조(宣祖) 22년(1589) 10월 2일에 정여립(鄭汝立 : 1546~1589)이 모반하였다는 황해도 관찰사 한준(韓準)의 고변(告變)이 있었으나 반신반의 하던 조선 조정은 정여립이 자결하였다는 보고를 받고 정여립 모반사건을 부동의 역사적 사실로 확정 공포하였다. 그 결과 이 사건에 연루되어 1,000여명이 희생되었고, 전라도는 반역향이라는 오명을 안고 인재등용에서 일정한 제약을 받아야만 하였다. 조선정부가 전력을 다하여 모반의 결정적 증거를 찾았지만 모반을 확증할 만한 비밀문서 한 건, 거사에 사용할 무기 한 점 찾아내지 못하였다.

사건이 이렇다 보니 사건을 보는 시각도 사람마다 달라서, 오늘날 우리들은 하나의 사건에 대하여 서로 다른 증언을 하고 있는 여러 사료들을 접하게 된다. 따라서 우리들에게는 우리가 쉽게 접할 수 있는 사건 관련 핵심 사료들의 사료적 가치에 대하여 면밀하게 분석하고, 비교 검토하는 신중한 접근이 필요하다고 생각된다. 그렇게 해야만 정여립 모반사건의 실체 해명이 가능하리라 보기 때문이다. 다음에서

정여립 생가터 (완주 상관)

『선조실록(宣祖實錄)』, 『선조수정실록(宣祖修正實錄)』, 『괘일록(掛一錄)』, 『토역일기(討逆日記)』, 『동소만록(桐巢漫錄)』, 『연려실기술(燃藜室記述)』, 『동남소사(東南小史)』의 저작시기와 사료적 가치에 대하여 고찰하기로 하자.

2. 관련 사료의 검토

1) 『선조실록(宣祖實錄)』

『선조실록』은 광해군 1년(1609) 7월에 편찬에 착수하여 8년(1616) 11월에 완성되었으니 광해군 초년의 대북(大北)정권에서 편찬한 것이다. 『선조실록』을 편찬하는데 있어 핵심 사료는, 정부 각 기관의 기록들을 수집하여 년(年), 월(月), 일(日) 순으로 정리한 시정기(時政記)와 춘추관(春秋館) 사관(史官)들이 평소에 작성하여 비장(秘藏)하였던 사초(史草)였는데, 영사(領事) 기자헌(奇自獻), 감사(監事) 이항복(李恒福). 지사(知事) 이이첨(李爾瞻) · 윤방(尹昉) 이하 17인, 동지사(同知事) 박건(朴建) · 이수광(李睟光) 이하 24인, 편수관(編修官) 48인, 기주관(記注官) 김유(金瑬) 등 52인, 기사관(記事官) 81인[1] 등 총 224명이 작성한 사초와 시정기(時政記)가 핵심 사료였음이 확인된다.

선조가 서거한 후 『선조실록』을 편찬하기 위하여 춘추관에 실록청이 설치되고, 기자헌(奇自獻 : 1562~1624)이 총재관이 되었으며,[2] 도청(都廳), 낭청(郎廳) 12명이 임명되었고[3] 특별히 신흠(申欽 : 1523~1597)이 부총재관에 추가로 임명되었다.[4] 이들 당상과 낭청은 각각 3방(房)으로 나누어, 각 방에서 당상과 낭청이 정사(政事)기록을 살펴보고 긴요하지 않은 부분을 삭제하여 초초(初草)를 작성하여 도청에 올리면, 도청과 낭청이 교열하여 중초(中草)를 만들고, 이를 총재관과 도청 당상이 교열하여 『선조실록』을 완성하였던 것이다.[5]

이처럼 『선조실록』은 총재관 기자헌, 부총재관 신흠과 도청 당상 10명, 도청 낭청 12명 등 24명의 사관이, 춘추관에서 정리한 시정기와

---

1) 『선조실록』 부록 참조.
2) 『광해군일기』, 1년 10월 계축.
3) 『광해군일기』, 2년 3월 기묘.
4) 『광해군일기』, 2년 7월 계축.
5) 『광해군일기』, 2년 3월 임오.

224명의 춘추관 사관들이 작성한 사초를 핵심 사료로 하여 전례에 따라 협의를 통한 단계적 교열과정을 거쳐 완성하였던 정사(正史)였다. 『선조실록』의 개수를 주창하였던 사람들의 주장처럼, 사관의 글을 남몰래 삭제하고 근거 없는 말을 지어내어 편찬할 만큼 실록청의 구성이나 실록 편찬절차가 허술한 구조가 아니었다.

다만 임진왜란(1592) 이전의 사초를 춘추관과 승정원에 보관하고 있었는데, 사관 조존성(趙存性)과 김선여(金善餘) · 박정현(朴鼎賢) · 임취정(任就正) 등이 왜란이 발발하자 모두 불태우고 도망하였던 까닭에, 이 시기의 실록 편찬에 고증할 만한 자료가 없었던 것이다.[6] 때문에 사대부들의 문집 중 비명(碑銘) · 소(疏) · 차(箚)의 내용이 시정(時政)에 관계되어 채택할 만한 것이 있으면 수집하고, 가장일기(家藏日記)들을 모두 바치게 하여 실록을 편찬하였던 것이어서, 그 내용이 소략하고 빈약한 측면이 있을 뿐이다.

2) 『선조수정실록(宣祖修正實錄)』

『선조실록』은 왜 수정해야 하였는가? 거기에는 분명히 이유가 있을 것인데, 소위 수정론자들이 내세웠던 논리는 무엇인가 알아보기로 하자. 채유후(蔡裕後 : 1599~1660)가 『선조수정실록』을 편찬하고 쓴 권말(卷末)의 후기(後記)에서 '『선조실록』이 적신(敵臣)의 손에서 편찬되어, 은밀히 사관의 글을 삭제하고 근거 없는 말을 만들어내어 제멋대

6) 『광해군일기』, 1년 10월 계축.

로 속이고 비방하는 데 온 힘을 쏟아서, 그 비방이 끝내는 여러 신하로부터 조정에 까지 미쳤으니 어찌 통탄할 일이 아닌가?'하였고, 대제학 이식(李植 : 1584~1647)은 인조 21년(1643)에 『선조실록』의 수정을 청하는 상소문에서,[7] '광해군 조정에서 간사하고 불충(不忠)한 사람들(姦孼)이 제멋대로 명령을 내려 기자헌을 총재로 삼고, 이이첨 · 박건 등으로 실록 찬수를 전담하게 하여 몰래 옛 기록을 없애고 스스로 거짓 글을 추가하여, 옳고 그름[是非]과 명목과 실제[名實]가 모두 거꾸로 되어 있다'고 하여 『선조실록』을 마치 태어나서는 안 될 부정한 사서(史書)처럼 매도하고 있다.

다음은 인조 초년에 춘추관에서 『광해군일기』의 편찬을 위하여 실록청을 설치할 것을 주청(奏請)하는 내용인데, '시정기(時政記)를 수정하는 일은 이미 청(廳 : 실록청)을 설치하였으나, 다만 생각하건대 광해군 16년 동안의 사실을 기재하지 않을 수 없는데, 전에 붓을 잡았던 자들(광해군조의 춘추관 사신들 - 필자)은 대부분 흉악한 역적의 당여(黨與)이므로, 그 손에서 나온 시정기는 거칠고 괴이(怪異)하여 정리(情理)에 맞지 않아 규범(規範)을 이루지 못합니다.'[8] 하였다. 이와 같이 북인정권에서 편찬된 『선조실록』을 철저하게 부정하는 자기부정적인 태도와 입장이 서인정권인 인조 초년의 춘추관 사관들의 이념적 시각이며 분위기였다.

이처럼 인조 초년의 소위 『선조실록』수정 작업은 대북정권과 대북

---

7) 『선조수정실록』 채유후 후기 다음에 부록한 李植疏.
8) 『인조실록』, 2년 6월 신해.

인들에 대한 근본적인 부정적 시각에서 출발하였던 것이다. 말하자면 대북정권에 대한 극단적인 증오와 편견을 가진 서인들에 의해서 상당히 의도적으로 『선조수정실록』이 찬수되었다는 것이다.

생각해보면, 『선조수정실록』의 편찬에는 춘추관 사관들이 작성한 사초도 있을 수 없었고, 일반적인 경우 국왕이 서거한 뒤에 실록을 편찬하기 위하여 춘추관에 설치하였던 실록청도 기본적으로 설치될 수가 없었던 것이다. 실록의 개수란 사실 혁명적 시대가 아니고서는 가능한 일이 아니었으므로, 실록의 개수를 위한 실록청 설치라는 것도 전례가 없는 일이기 때문이다.

그렇기 때문에 인조가 『선조실록』의 개수를 명하고 영의정 김유(金瑬)에게 이를 관장하게 하였으나, 사실은 이식(李植)이 전담하여 개수하였던 것이다. 『인조실록』19년 4월 신해조의 다음 두 기사가 이를 말해준다.

(A) 지금 윤허를 받은 교지를 보건대, 완성부원군(完城府院君) 최명길(崔鳴吉)의 헌의(獻議)로 인하여 이 일[修史]을 전부 소신(小臣)에게 맡겨 집에서 편집[在家編輯]토록 하였는데,…… 감히 신(臣)과 같은 자가 홀로 담당하여 사사로이 저술할 수 있겠습니까?

(B) 선조(先朝)의 실록이 너무도 무함(誣陷)을 당하여 바로잡지 않을 수 없으나, 전례와 같이 사국(史局)을 설치한다면 시끄러운 사단이 야기될 걱정이 없지 않습니다. …… 더구나 이번에 의논하는 일은 여항(閭巷)의 문견(聞見)을 수습하여 사문(史文)의 소략함을 보충하는 것에 불과합니

다. 사기(史記)의 전례와는 본래 다르니 이식(李植)이 꼭 사양할 일은 아닌 듯합니다. …….

위 (A)는 대제학 이식이 인조에게 올린 차(箚)의 한 부분인데, 보는 바와 같이 이식에게 『선조수정실록』을 사실(私室)에서 저술하도록 허락하고 있었는데, 이식이 이를 사양하는 내용이고, (B)는 최명길(1586~1647)이 인조에게 아뢴 내용으로서, 실록을 수정하지 않을 수 없는데, 이는 전례가 없는 일이어서 실록청을 설치할 수 없는 일이니, 이식으로 하여금 사실에서 찬수케 하는 것도 무방하다고 아뢰고 있다. 최명길의 이 주청은 인조의 윤허를 받았다.

이렇게 해서 『선조수정실록』은 이식이 사실(私室)에서 편찬하게 되었는데, 『선조실록』 수정 범례에 의하면, 이때 먼저 강령(綱領)[9]에 실린 것을 기록하고 다음으로 시정기(時政記)와 승정원 주서(注書)의 일기, 가정에 보관돼 있는 통보(通報) 및 야사(野史), 잡기(雜記), 비기(碑記), 행장(行狀)을 찾아서 보충 · 정리하였던 것이다. 채유후(蔡裕後)의 후기(後記)에 따르면, 『선조수정실록』을 편찬하는 데 참여했던 사람들은 김유(金瑬) · 이식(李植) · 윤순지(尹順之) · 이일상(李一相) · 채유후(蔡裕後) 등 소수의 서인(西人) 일변인(一邊人)들이었다. 그러나 정확히 말하면, 선조 즉위년으로부터 선조 29년(1596)까지는 이식이, 선조 30년 이후는 채유후가 전담하여 수정하였다고 밝히고 있다. 결국 『선조수정실록』은 일변인들의 일방적 · 편파적 시각에 자료가 선

9) 실록을 개정하기 위해 서인들이 정한 취지 · 목적 따위를 요약하여 적은 것인 듯하다.

택되고, 그들의 사관(史觀)에 여과되어 편찬되는 태생적(胎生的) 취약성을 지닐 수밖에 없었다.

'수정(修正)'이란 원래 잘못 기록된 것을 바르게 고친다는 것을 의미하는데, 한 나라의 정사(正史)인 실록을 수정하는 작업이 사실(私室)에서 한 두 사람의 손에 이루어졌다면, 수정된 내용에 관계없이 공정성을 담보 받을 정사(正史)로서 일단은 문제가 있는 것이다. 정규의 실록편찬 때처럼 초초(初草) · 중초(中草) · 정초(正草)를 작성하던 단계적 교열이나 협의과정도 없었다. 이러한 사실만으로도 『선조수정실록』은 그냥 믿어버릴 수만은 없는 측면이 있을 것이라는 점을 부정할 수 없다.

문제는 정여립 모반사건과 같은, 붕당 간에 이해가 첨예하게 대립되는, 정치적으로 민감한 사건들에 더욱 집중적으로 나타날 것으로 예상된다. 실록을 수정하거나 개수하는 일이 붕당정치 이후에 나타난 집권세력의 변동에 따라 나타나는 현상으로 생각되기 때문이다.

우려되는 이러한 문제점이 실록에서 실제로 확인된다. 『선조실록』에서 기축년 고변(告變)이전의 정여립 기사(記事)는 ① 이이(李珥)가 정여립을 천거하였으며,[10] ② 정여립이 경연에서 이이를 공격하였다[11]는 것이 주요 내용인데 비하여, 『선조수정실록』에서는 ① 정여립이 학문을 강론하는 것으로 행세하며 세상 사람들을 속였고,[12] ② 정여립이 학문으로 이름이 있었으나 대부분의 사람들이 그를 불길한 인물

10) 『선조실록』, 16년 10월 경오.
11) 『선조실록』, 18년 5월 무술.
12) 『선조수정실록』, 14년 3월 갑자.

로 의심하였으며,[13] ③ 정여립이 경연에서 박순(朴淳)·이이(李珥)·성혼(成渾) 등 현인(賢人)들을 비방하고 배척하였으며,[14] ④ 심의겸이 정여립은 아비와 임금을 시해하는 일이라도 할 만한 위인이라고 지적하였다[15]는 등 정여립이 능히 모반을 하고도 남을 위인임을 증명하는 데에 초점을 맞추어 정여립을 악(惡)의 화신(化身)으로 꾸며놓고 있다는 점이다.

3) 『괘일록(掛日錄)』

『괘일록』의 저자는 저자가 누구임을 스스로 밝히지 않고 있다. 그렇지만 『괘일록』이 이조민(李肇敏)의 저술이라는 것이 사실상 밝혀진 셈이다. 이조민의 생몰연대는 확인하기 어렵지만, 그는 서인 심의겸(沈義謙 : 1535~1587), 동인 김효원(金孝元 : 1532~1590)과 가까운 친구였으니 저들과 비슷한 연대의 사람으로서 정여립과도 같은 시대를 살았던 사람이다. 불행이도 이조민은 외척 윤원형(尹元衡 : ?~1565)의 협박에 못 이겨 윤원형의 첩 정난정의 딸에게 장가들었는데, 이조민은 그것을 한스럽게 여기며 스스로 한평생을 폐인처럼 살고 벼슬에도 나가지 아니하였다. 따라서 그에게는 동인·서인과 같은 붕당은 관심 밖의 것이었다.

13) 『선조수정실록』, 17년 11월 계유.
14) 『선조수정실록』, 18년 4월 임인.
15) 『선조수정실록』, 18년 5월 신미.

『괘일록』은 저자 이조민이 중종조(中宗朝) 이후의 정치 · 사회적 사건, 예컨대 신사무옥(辛巳誣獄 : 1521), 정미벽서사건(丁未壁書事件 : 1547), 동서분당(東西分黨 : 1575), 정여립 모반사건(1589), 이몽학(李夢鶴)의 난(1596) 등 대부분 그가 살았던 시기에 발생하였던 정치 · 사회적 사건들을 정리한 것이었다.

그에게는 어떤 정치적 의도나 편견이 있지 아니하였다. 관직을 단념하고 초야에서 폐인처럼 살아가던 그에게 정치적 이해란 있을 수 없는 것이었다. 정여립 모반사건도 그렇게 객관적으로 정리된 것이었다. 그가 을사사화를 이야기하면서, 자기의 장인 윤원형이 그의 일당인 이기(李芑 : 1476~1552), 임백령(林百齡 : ?~1546), 정순붕(鄭順朋 : 1484~1548) 등과 을사사화를 일으켜 사림을 도륙(屠戮)하였던 죄과(罪過)를 논죄하고 있음에서도 그의 객관적 서술을 확인할 수 있다.

정여립 모반사건을 기술함에 있어서도, 정여립의 모반이 정부에 보고되자 동인 · 서인을 막론하고 모두 이를 믿지 아니하였다든지, 이 사건에 대하여 그 당시 일반인들은 그 죄가 송한필(宋翰弼 : 翼弼의 동생)에게 있다고 생각하였다는 등, 자신의 생각보다는 그 시대의 사회적 평판이나, 그 사건에 대한 세인(世人)들의 일반적인 이해가 어떤 것이었는가를 객관적으로 서술하는 방식을 취하고 있다. 따라서 『괘일록』은 정여립 모반사건의 전모와 그 실체를 이해하는 데에 매우 소중한 사료라고 판단된다.

4)『토역일기(討逆日記)』

『토역일기』의 저자 민인백(閔仁伯 : 1552~1626)은 서인 성혼(成渾 : 1535~1598)의 문인으로서, 진안현감으로 재직하던 중에, 정여립이 진안으로 도주하여 자결하였다고 보고하였을 뿐만 아니라, 그의 시신과 역도들을 전주까지 압송하였던 공로로 평난공신(平難功臣) 2등에 책훈되고 일약 예조참의로 발탁된 인물이다. 이러한 저자의 대인관계나 경력으로 보아도, 또 역적을 토벌한 기간의 기록을 의미하는『토역일기』라는 책명에서도, 이 책의 시각이나 내용은 짐작되고도 남음이 있다. 그러나 사실 민인백에게 있어 '토역'이란 가당치도 않은 것이다.

『토역일기』에서 민인백이 밝힌 내용에 그가 역적을 토벌한 기록은 없다. 민인백이 다만 자기가 신임하는 부하 두 사람을 시켜서 진안의 다복동에 숨어있던 정여립에게 자수를 권하였고, 이미 죽었거나 혼절(昏絶)한 역도의 신원을 확인하여 전주로 압송한 것이 전부였는데, 그것마저도 고작 2, 3일에 종결된 사건이었으므로, 하나의 책으로 그 사실만을 엮어내는 데에는 당초부터 무리가 따르는 일이었다.

그럼에도 불구하고 민인백에게는 그러한 작업이 필요하였던 것이다. 그것은 정여립이 모반할 위인임을 증명하고, 정여립이 도주하여 자결하였음을 입증함으로써 모반사건을 사실화하고 자신이 세운 공로를 과시하려는 의도에서였다. 그러나 정여립의 자결 장면은 묘사나 정황 설명이 너무 희화적(戱畵的)이고 자결로 규정하는 과정이 너무 과장되어 오히려 자결로 믿을 수 없게 만드는 수준의 의도적 저술이라는 느낌이다.

5) 『동소만록(桐巢漫錄)』

(1) 남하정(南夏正 : 1678~1751)의 가계

저자 남하정의 자(字)는 시백(時伯)이고 호는 동소(桐巢)이며 본관은 의령(宜寧)인데, 선초에 좌의정을 역임하였던 남지(南智)의 후예다. 증조부인 두화(斗華)는 사헌부 감찰을 지냈고, 조부 중유(重維 : 1626~1701)는 조선후기 문신으로서, 이이와 성혼의 학문과 도덕이 조잡하고 공명하지 못하다고 평하고 저들의 문묘배향에 반대하는 상소를 올렸던[16] 남인계열의 인물들이었다. 아버지 수교(壽喬)는 생원으로서 젊어서 세상을 떴다.

남하정은 숙종 4년(1679)에 공주에서 태어나서, 비록 사대부 가문이라지만 중앙 권력체계에서 이탈하여 있었던 데다가 아버지마저 일찍 여의는 불우한 처지에 놓여있었다. 게다가 세도(世道)마저 어지러웠으므로 숙종 40년(1714) 진사시에 합격하였지만 대과 응시도, 벼슬에 오르는 것도 단념하고 경기도 진위현(振威縣 : 평택군 진위면) 동천(桐泉)에 은거하면서 후진양성에 일생을 바쳤다. 그는 풍채가 장대하고 자기의 주장이나 견해가 명백하여 사람들을 감동시키기에 충분하였으므로, 알지 못하는 사이에 그를 공경하고 흠모하게 만들었다. 그는 평소의 품행과 지절(志節)이 확고하고 실행과 실천에 성실하였으며, 예악과 법도에 해박하고 논의가 공정하여 조선뿐만 아니라 천하에 훌륭한 분이었다.[17]

---

16) 『현종실록』, 4년 5월 정해.

(2) 저술의 사회적 배경

남하정이 살던 17세기 말 이후의 조선의 정치사회는 서인들이 정권을 독점하던 시기였다. 숙종 20년(1694)의 갑술옥사로 민암(閔黯 : 1636~1694)이 사사되고 권대운(權大運 : 1629~1711) · 목내선(睦來善 : 1627~1704) 등이 유배되면서 남인이 실권하고, 남구만(南九萬 : 1629~1711) · 박세채(朴世采 : 1631~1695) 등 소론이 집권한 이후 노론 · 소론이 교대로 정권을 장악하다가 영조 4년(1728)의 이인좌(李麟佐 : ?~1728)의 난 이후로 노론의 일당전제(一黨專制)시대가 열렸던 것이다.

이렇게 17세기 말엽 이후 서인의 세력이 번성하여 대대로 정권을 잡으면서, 그 세력과 위세가 하늘을 태울 정도로 기세가 대단하였으므로, 한번 뒤바뀐 시비(是非)를 어떻게 바꿀 수가 없었으며, 한번 뒤바뀐 충역(忠逆)을 다시는 바꿀 수가 없었다. 축복해 주어야할 사람을 해하고, 살려야 할 사람을 죽이는 일을 자기들 하고 싶은대로 하니, 길을 잃은 사람들은 너무 두려워서 한번 의기(義氣)를 분발할 수도, 소리를 한 번 지르지도 못하고, 길고 짧은 것은 서로 비교하지도, 잘잘못을 가지고 서로 다투지도 못하던 사회가 되어버렸다.[18] 남하정은 이러한 혼탁한 사회에 염증을 느끼고 벼슬살이를 단념하고 동천(桐泉)에 은거하였던 것이다.

그는 은거하는 동안 많은 문집들을 탐독하였고, 이를 통하여 동일

---

17) 『동소만록』, 朴思正 跋.
18) 『동소만록』, 朴思正 跋.

정치적 사건에 대한 이설(異說)들을 접하게 되었으며, 사건의 진실을 보는 안목을 갖추게 되었다. 그리하여 독서를 통하여 얻은 지식과 감상, 옛날에 들은 것들을 붓 가는 대로 정리하였던 것이다. 만록(漫錄)이라 붙인 책 이름이 이를 말해준다. 다시 말해서 집필의도가 어떤 특정의 정치적 사건에 대하여, 자기의 견해나 혹은 자기의 이해관계에 따른 아전인수 격인 해석을 하려는 것이 아니었고, 그가 접한 자료들을 가장 객관적 · 실증적으로 정리한 것뿐이었다.

『동소만록』에서는 고려 우왕 5년(1379)으로부터 조선왕조 영조 19년(1743)에 이르는 무려 360여 년간의 고사(故事)와 기이한 일들, 인물의 언행과 공적 등을 분석 · 정리하고 있다. 그런데 그 가운데 정여립 모반사건을 언급하면서, 이 사건은 송익필이 조작하고 정철이 완성하였다든가, 선전관과 민인백이 정여립을 살해하고 자결한 것으로 보고하였다는 등 조선왕조의 국시(國是)에 반하는 충격적이고 위험한 내용을 담고 있다. 때문에 이 책이 완성된 것은 1743년 무렵이었지만 이후 극비리에 보관되었고, 남하정이 죽은 뒤에는 그의 동생 남하행(南夏行)이 보관하다가 그가 죽기 직전인 1770년대 후반에 박사정(朴思正)에게 전하였고, 박사정이 언젠가 햇볕을 보게 될 날을 기다리며 3책이었던 원본을 2권으로 정리하고 발(跋)을 지은 것이 1779년의 일이었다. 그러고서도 또 140여년이 지나서 일제치하인 1922년에야 한정원(韓井源)이 다시 발(跋)을 지었고, 1925년에 이르러 비로소 김천희(金天熙)에 의해 발행되어 세상에 모습을 드러내게 되었다.

(3) 저술의 사회적 가치

『동소만록』의 사료적 가치에 대하여는 『동소만록』에 대한 세인(世人)들의 평가에 귀를 기울일 필요가 있다. 남하정보다 약간 늦은 시기를 살았던 박사정은, 그가 지은 발(跋)에서 이 책에 대하여 다음과 같이 소개하고 있다.

『동소만록』은 공적(公的) 사적(私的)으로 본받을 만한 고사(故事)와 멀고 가까운 곳의 기이(奇異)한 일들을 모두 수집하여 총괄하고, 중세(中世)이래의 공경(公卿) · 대부(大夫) · 사(士) · 필부(匹夫)에 이르기까지 선비로서 이름 있는 이들의 언행(言行)과 공적(功績), 현우(賢愚)와 사정(邪正)을 아주 작은 것까지도 자세히 분석하여 확실하게 분별하여 밝힘으로써, 포상(褒賞)할 것은 포상하고 징벌(懲罰)할 것은 징벌하는 엄정한 춘추(春秋)의 필법(筆法)에 깊이 도달하였으니, 진실로 역사책이 아닌 역사책이다. 이이 · 성혼 · 윤증 · 송시열 등이 일변인(一邊人)의 존경을 받아 문묘(文廟)에 배향(配享)되고 있으나, 그들의 평생에 마음 씀과 후세에 남긴 말이나 글을 보면 공정하지 못하고 바르지 못하였는데, 남하정이 저들의 생각과 속마음을 드러내어 책에 써서 조금도 용서하지 않았다.

아! 이 같은 위대한 문장과 훌륭한 저서를 끝내 사람들에게 보일 수 없으며 세상에 전할 수 없을 것인가! 그러나 세상에는 밝아지지 않는 밤이 없고, 항상 어두운 해와 달이 없듯이, 큰 의로움[大義]은 오랜 세월을 지내어도 끝내 없어지지 아니하고, 진실한 말[至言]은 가령 오랜 세월이 가로막혀도 믿게 되는 것이니, 소중하게 깊이 감춰 보관하여 두고 진실이 용납되는 나날을 기다린다 하였다.

이처럼 박사정은 『동소만록』을 대의(大義)요 지언(至言)이며, 춘추필법(春秋筆法)에 충실한 사서(史書)라고 칭송하였다. 이것은 그의 확신이요 신념이었다. 때문에 그는 신변의 위험을 감수하며 국시(國是)에 반(反)하는 내용이 담긴 『동소만록』의 발(跋)을 썼던 것이고, 이를 깊이 보관하는 일을 스스로 담당하였던 것이다.

또 하나 의 발(跋)을 썼던 한정원(韓井源)은 『동소만록』이 그 말이 분명하고 증거가 없는 것이 없어서, 후생으로 하여금 믿게 하고 세상을 일깨우기에 충분한데, 이 책이 오랜 세월 후에 없어져서, 후배와 후학들로 하여금 의혹을 분별하여 정도(正道)에 돌아가게 하지 못할까 두려운 마음에서 이 책을 인출(印出)한다고 말하고 있다. 이 말은, 이 책이 숫한 정치적 사건의 의혹을 밝혀서 바른 길을 알려줄 진실한 책인 까닭에, 후학들을 위해서 이 책을 간행한다는 최상의 평가였다.

이 밖에도 성호(星湖) 이익(李瀷 : 1681~1763)은 남하정의 도덕과 품행, 학문과 기예(技藝)에 대하여 평하기를 '군자(君子)라서 내심(內心)에 존재하는 천성(天性)이 숭상하는 바를 소중히 여겼다'[19] 하였다. 여기서 군자는 남하정을 높여서 부른 것이며, 남하정이 천성의 숭상하는 바에 따라 행동하는 군자라는 증언이었다. 또 순암(順菴) 안정복(安鼎福 : 1712~1791)은 남하정을 평하기를, '선생의 사상[道]은 오직 정도(正道)만을 보전하고, 선생의 글은 오직 정직[道]만을 소중히 여긴다'[20]

19) 『동소만록』, 桐巢先生略傳, 「星湖先生曰 君子貴內存所性也」.
20) 『동소만록』, 桐巢先生略傳, 「順菴先生曰 先生之道 惟正是保 先生之文 惟道是權」.

하였는데, 이것은 남하정이 정도와 정직만을 숭상하는 분이라는 찬사였다.

성호와 순암은 그 시기의 사회적 병폐를 과감하게 지적하고 비판하던, 개혁적 성향의 선각적 · 양심적 학자군(學者群)인 실학자들이었다는 한 가지 사실만으로도, 그들의 남하정과 『동소만록』에 대한 평가는 상당한 설득력을 가진다는 것을 우리는 부정할 수가 없다.

혜환재(惠寰齋) 이용휴(李用休 : 1708~1782)는 남하정을 존경한 나머지 그에게 '정(貞)'이라는 사적인 시호를 지어 올렸는데,[21] 의미심장하여 음미해볼 일이다. 『논어(論語)』 위영공(衛靈公)편에 「군자정이불량(君子貞而不諒」이라는 글이 있다. 정(貞)은 바르되 완고[正而固]함을 의미하며, 량(諒)은 시비를 가리지 않고 진실을 단정[不擇是非 而必於信]함을 의미하는 것이므로, 정(貞)을 시호로 정한 뜻은, 남하정이 정직하되 완고하여 하나하나 시비를 가리지 않고는 진실이라고 단정하지 않는 인물임을 드러내어, 『동소만록』의 기사가 모두 후대들이 신임할 만한 기사라는 것을 선언하려는 것이었다.

하려(下廬) 황덕길(黃德吉 : 1750~1827)은 말하기를, '내가 『동소만록』을 보니, 좋아하는 사람이라고 두둔하지 않고, 자기와 생각이 다른 사람이라서 소홀하지도 않았으니, 사관(史官)으로서 갖추어야 할 3가지 장점[三長][22]을 갖추었다'[23]고 찬탄하여 마지않았다. 이용휴는 이익

21) 『동소만록』, 桐巢先生略傳.
22) 才智와 學問과 識見을 말한다.
23) 주 21)과 같음.

의 조카이자 실학자인 이가환(李家煥 : 1742~1801)의 아버지로서 천문 · 지리 등 실학적 학문에 조예가 깊었으며, 황덕길은 안정복을 사사(師事)하였으며, 세상과 인연을 끊고 학문 탐구에만 몰두하였던 정서상 실학자의 범주에 분류될 인물이었다. 이렇게 한 저서에 대하여 많은 사람들의 찬사가 이어지는 일도 많은 일이 아니다.

오늘의 연구자들 중에는 『동소만록』이 기축옥사 사건 발발로부터 150여년이 지난 후대의 기술이라는 이유로, 그 신빙성을 평가절하하려는 이들이 있는 것으로 알고 있지만 그 점은 전혀 그렇지 않다. 남하정이 『동소만록』을 편술(編述)한 것이 1740년대인 것은 사실이지만, 내용상으로는 모두 16 · 7세기 인들의 문집들을 사료로 수집 · 활용하고 있기 때문이다. 16세기 말 이래의 모든 문집들을 섭렵하고 이를 총괄하여 정리하면서, 오히려 사건의 진상을 투시하는 혜안과 예리한 통찰력을 얻어 사건의 실체 파악에 확신을 가진 나머지, 누구보다도 과감한 필치로 사건이 날조되었음을 설파한 용기 있는 저술이라고 생각된다. 편술한 시기로만 말한다면 『동소만록』보다는 『연려실기술』이 더 후대의 저술이라는 사실을 상기할 필요가 있다.

6) 『연려실기술(燃藜室記述)』

저자 이긍익(李肯翊 : 1736~1806)의 가문은 소론 가문이었다. 그의 종조부 이진유(李眞儒 : 1669~1730)는 경종의 세제(世第) 영조의 대리청정을 건의하였던 노론 4대신(김창집 · 이이명 · 이건명 · 조태채)을 탄핵하고 김일경(金一鏡 : 1662~1724) 등과 함께 신임사화(辛壬士禍)를 일으켜 노론을 숙청하였으며, 그의 아버지 광사(匡師 : 1705~1777)는 영조 31년(1775)에 소론 일파의 역모사건에 연좌되어, 진도로 귀양가서 그곳에서 일생을 마쳤다. 때문에 이긍익은 처음부터 벼슬길을 단념하고 오로지 학문에만 전념하였는데, 특별히 국사(國史)에 관심이 많아 사서(史書)를 섭렵하고서 종래의 야사(野史)들이 너무 산만하고 체계를 잃은 데에 불만을 품고, 근세 조선 태조이래의 각 왕대의 주요 사건들을 기사본말체(紀事本末體)적 방식에 의거하여 『연려실기술』을 편찬한 것이다.

이 책의 특징은, 그가 『연려실기술의례』에서 밝혔던 것처럼, 동서분당 이후로 책을 편찬하는 이들이 한 편에 치우쳐, 하나의 기록에 대하여 헐뜯고 칭찬하는 것이 서로 반대이었으므로, 이긍익은 정치적 사건에 대하여 자신의 의견을 붙여 논평하지 않고, 모두 사실 그대로 수록하고 출처를 밝힘으로써, 독자들로 하여금 옳고 그름을 판단하도록 하는 서술 방식을 취하였다.

일관되게 유지하는 객관적 서술이라는 바로 그 때문에, 저자 이긍익이 소론 가문의 인물이고 기축옥사사건으로 본다면 200여 년이란 세월이 지난 후대의 저술이지만, 연구자들의 호평을 받는 사료로서의 위치를 확보할 수 있었던 것이라 생각된다.

7) 『동남소사(東南小史)』

『동남소사』의 ‘동(東)’은 이발(李潑 : 1544~1589)의 호인 동암(東巖)에서 따온 것이고, ‘남(南)’은 이길(李洁 : 1547~1589)의 호인 남계(南溪)에서 따온 것이니, 『동남소사』는 곧 정여립 모반사건에 연루되어 처형된 이발 · 이길 형제에 관한 일과 그들에게 관계가 있는 일들을 정리한 저술이다. 『동남소사』의 구성과 내용을 보면, 제1권에서 제4권까지는 열수(洌水) 정약용(丁若鏞 : 1762~1836)이 편집하였고, 제5권은 안세영(安世泳)이 편집하였으며, 제6권은 이발의 유문(遺文)으로 되어 있다.

일제강점기 독립운동가였던 장석영(張錫英 : 1851~1929)은 그가 지은 『교간동남소사서(校刊東南小史序)』에서, 정약용이 (정여립 모반사건이 있은) 200년 후에 태어나서, 정부의 기록과 야사에 실려 있는 기록들을 수집하여 『동남소사』를 편집하였다고 하였다.[24] 그런데 『여유당전서』에 실린 정약용 자신이 지은 『발동남소사(跋東南小史)』[25]에 의하면, 『동남소사』 2권을 동복이씨가에서 소장하고 있었는데, 마을에 사는 역사적 사실을 많이 아는 사람[文獻家]이 이씨를 위하여 역사를 편수(編修)한 것이라 하였고, 조씨(?)에게 위탁되었던 부모를 여읜 아이에 관한 것을, 정약용 자신이 나처사(羅處士)의 구술(口述)을 받아 적은 것을 손수 편집하여, 오늘날 우리들이 보는 바와 같은 『동남소사』

24) 「洌水丁公 生二百年之後 裒輯朝家文字 及野乘所載 作東南小史」.
25) 『여유당전서』, 詩文集, 跋.

4권으로 작성하였던 것이라고 생각된다.

말하자면, 『동남소사』는 실학의 집대성자로서 평생을 폐정개혁의 일념으로 살았던 정약용이 편집한 저술이며, 을사조약의 파기(破棄)와 을사5적의 처형을 요구하는 청참오적소(請斬五賊疏)를 올렸던 독립운동가 정석영이, 자기 개인적인 생각이라면서, 『동남소사』를 저술한 것은, 작당(作黨)하여 행악(行惡)하고 선류(善類)를 장해(戕害)하는 조선의 신하들로 하여금 경계할 줄을 알 수 있게 하기 위한 것[26]이었다고 칭송한 저술이란 점만으로도, 믿을 만한 저술임을 짐작케 하기에 충분하다고 생각한다.

3. 결어(結語)

지금까지 필자 자신도 그러하였거니와, 오늘의 많은 연구자들이 사료의 객관성이나 공정성의 문제에 대하여 별반 관심을 기울이지 않는 것 같다. 그런데 그것은 결과적으로 모든 사료를 동질(同質)의 사료로 간주하는 중대한 오류를 범하게 된다는 사실을 유념해야 한다. 이 글은 바로 그러한 생각을 염두에 두고 작성한 것이다.

결론적으로 우리에게 필요한 것은, 저자나 편술자(編述者)의 가계(家系)와 인품, 정치적 성향, 저술의 동기, 그리고 기술(記述)방법과 자세의 객관성과 공정성에 대한 충분한 검토를 통하여, 사료적 가치를

26) 『校刊東南小史序』, 「竊謂此史之作 而東方之爲人臣 而黨惡而戕善者 亦足叺知誡也」.

정확히 파악하고서 연구에 활용하는, 보다 신중한 연구 자세라는 것을 잊지 말아야 한다는 사실이다.

앞에서 검토한 바와 같이, 『선조실록』은 정여립사건에 관한 기술이 매우 소략하지만, 정규의 실록편찬 과정을 충실히 이행한 부정 못할 선조조의 정사(正史)이다. 반면에 『선조수정실록』은 『선조실록』의 특정 내용을 부정하고 그 잘못을 바로잡는다는 명분하에 가위 혁명적으로 편찬한 또 하나의 선조조의 엄연한 정사다. 그리하여 정여립사건에 대한 많은 자료들을 제시하고 있지만, 대부분 일변인(一邊人)들의 정치적 이해(利害)를 대변(代辯)하고 있어 사료로서의 공정성을 보장하기 어려운 측면이 있을 뿐만 아니라, 사실은 편찬 과정부터 정사(正史)로

정여립 파소봉(완주 상관)

서의 요건을 구비하지 못한 태생적(胎生的) 결점을 지니고 있다. 『괘일록』은 균형감각을 유지한 매우 객관적인 저술이라고 생각되며, 『토역일기』는 그 진실성이 의심되는, 사료적 가치를 논하기에 미흡한 저술이라 판단되고, 『연려실기술』은 균형감각을 유지한 객관적 편술로서 그 사료적 가치가 높다고 생각된다.

『동소만록』에 대하여는 그간, 정여립사건이 발생한 시기로부터 한참 뒤진 후대의 편술이라는 이유만으로, 일부의 논자들이 그 사료적 가치를 평가절하하려는 경향이 있어왔지만, 우리들이 주저 없이 사료로서 인용하는 『연려실기술』보다 앞선 시기의 편술이라는 점을 잊지 말아야 할 것이다.

우리가 명심할 일은 『동소만록』이 16, 17세기 자료들을 수집 · 편술한 것이지 창작물이 아니라는 사실이며, 설사 정여립사건에 대한 시각이나 이해가 『선조수정실록』과 근본적으로 대립되는 측면이 발견된다 해도, 적어도 이것은 정여립사건이 발생하였던 당시의 사회 저변에 엄연히 존재하였던 하나의 시각이며 이해였다는 사실이다.

우리들 연구자에게 필요한 것은, 어떤 사료가 사건의 진실을 말하는가를, 어떤 사료라야 그 사건의 정확한 설명이 가능한가를 탐구하는 자세일 뿐이다.